深度老龄化视角下
吉林省养老服务体系建设

马姗伊　王辉 ○著

中国社会科学出版社

图书在版编目(CIP)数据

深度老龄化视角下吉林省养老服务体系建设/马姗伊,王辉著.
—北京:中国社会科学出版社,2020.10
ISBN 978-7-5203-6882-7

Ⅰ.①深… Ⅱ.①马…②王… Ⅲ.①人口老龄化—影响—养老—社会服务—研究—吉林 Ⅳ.①D669.6

中国版本图书馆 CIP 数据核字(2020)第 132572 号

出 版 人	赵剑英
责任编辑	王 曦
责任校对	李斯佳
责任印制	戴 宽

出 版	中国社会科学出版社
社 址	北京鼓楼西大街甲 158 号
邮 编	100720
网 址	http://www.csspw.cn
发 行 部	010-84083685
门 市 部	010-84029450
经 销	新华书店及其他书店
印刷装订	北京君升印刷有限公司
版 次	2020 年 10 月第 1 版
印 次	2020 年 10 月第 1 次印刷
开 本	710×1000 1/16
印 张	16
插 页	2
字 数	216 千字
定 价	96.00 元

凡购买中国社会科学出版社图书,如有质量问题请与本社营销中心联系调换
电话:010-84083683
版权所有 侵权必究

前　言

大多数发达国家在20世纪50年代前后进入老龄化，老龄化虽然带来了巨大的民生压力与社会问题，却是在温和中完成了过渡，但是留给21世纪的是日益焦灼的深度老龄化与超老龄化问题。部分发达国家用近百年时间甚至更长的时间完成了老龄化10%到30%的过渡，中国作为世界第一人口大国，面对的却是40年左右的时间从老龄化进入超老龄化，可见养老工作时间之急、任务之巨。基于中国未富先老、未备先老的国情，党的十九大报告中明确指出，新时代社会主要矛盾已经转化为人民日益增长的美好生活需要和不均衡不充分的发展之间的矛盾。该论断是基于我国民生发展所做出的重大政治判断。① 中国的民生布局同时也深深地打上了经济发展不平衡的烙印，区域间民生发展不均衡、不充分。北、上、广、深等一线城市占据了经济优势、地理优势、制度优势和资源优势，站在了民生事业的最高端，获得了接近发达国家的民生服务，但是欠发达省份与城市在经济发展掣肘之下，成为马太效应的底端，处于民生服务的最底层。吉林省作为东北老工业基地，承担了国家建设的重任，但是在时代的发展中已经荣光不再。

自2000年起，吉林省就已经迈入人口老年型社会，而且老龄化的

---

① 郑功成：《知识报国，民生为重》，《群言》2018年第1期。

速度发展迅猛。据 2010 年第六次人口普查统计，吉林省 60 周岁及以上人口 362.65 万人，占该省总人口的 13.21%。到 2020 年，这一比例将高达 21.35%，而 2050 年这一比例将达到 43% 左右。[①] 这个预测与 2020 年吉林省颁布的《吉林省 2019 年国民经济和社会发展统计公报》基本接近。该《公报》显示，截至 2019 年年底，吉林省 60 周岁及上人口为 551.11 万人，占总人口的 20.48%，65 周岁及以上人口为 374.83 万人，占总人口的 13.93%。[②] 吉林省即将迈入深度老龄化社会是不争的事实。吉林省即将进入深度老龄化社会，沉重的养老负担与迫切的养老需求已经成为制约吉林省经济发展的重要障碍。吉林省作为东北老工业基地，原有的传统产业在新形势下在拉动经济增长与带动就业方面已经表现出一定的不足，而养老服务体系建设是否能够异军突起，进一步成功推动吉林省第一、第二产业向第三产业的转移，则成为缩小省内外经济增长与民生发展差距的积极探索与有益尝试。本书通过对深度老龄化与养老服务的基础理论介绍，阐述了国内外学者对于养老服务体系搭建的理论研究，介绍了国外发达国家与国内发达地区养老服务体系的建设，进而比较分析了上述国家与地区可供吉林省借鉴与参考的积极对策，在客观分析吉林省养老保障服务体系建设发展现状的基础上，借鉴发达国家与我国发达地区的经验，科学规划吉林省养老保障服务发展框架，搭建适合吉林省省情的养老保障服务体系，以应对深度老龄化的到来。

---

① 戈丽娜：《2020 年吉林省老年人口将达到总人口 21.35%》，http://www.cncaprc.gov.cn/contents/37/21351.html。

② 《吉林省 2019 年国民经济和社会发展统计公报》，吉林省统计局网站，http://tjj.jl.gov.cn/tjsj/qwfb/202004/t20200403_7024694.html。

目　　录

第一章　深度老龄化概述 ………………………………………（1）
　　第一节　老龄化 ……………………………………………（2）
　　第二节　深度老龄化 ………………………………………（6）
　　第三节　世界部分国家深度老龄化进程 …………………（10）

第二章　世界共同的危机——老龄化 …………………………（16）
　　第一节　联合国应对老龄化 ………………………………（16）
　　第二节　世界卫生组织应对老龄化 ………………………（22）
　　第三节　中国应对老龄化的实践探索 ……………………（35）

第三章　养老服务体系建设的若干理论问题 …………………（46）
　　第一节　社会保障的定义 …………………………………（46）
　　第二节　社会保障服务 ……………………………………（48）
　　第三节　养老保障服务 ……………………………………（49）
　　第四节　养老服务模式 ……………………………………（52）

第四章　养老服务模式的理论发展 ……………………………（55）
　　第一节　养老模式之争 ……………………………………（55）
　　第二节　养老服务模式的分类 ……………………………（58）

第五章 典型养老服务模式 …………………………………… (73)
- 第一节 居家养老(家庭养老) …………………………………… (73)
- 第二节 社区养老 …………………………………………………… (77)
- 第三节 机构养老 …………………………………………………… (84)

第六章 吉林省养老服务体系建设的现状与困境 ……………… (90)
- 第一节 吉林省养老服务体系建设的现状 ……………………… (92)
- 第二节 吉林省养老服务体系建设中的困境 …………………… (100)
- 第三节 吉林省养老服务体系建设的制约因素 ………………… (106)

第七章 部分深度老龄化国家养老服务体系的建设 …………… (109)
- 第一节 美国养老服务体系建设的现状与借鉴 ………………… (109)
- 第二节 英国养老服务体系建设的现状与借鉴 ………………… (120)
- 第三节 日本养老服务体系建设的现状与借鉴 ………………… (125)
- 第四节 加拿大养老服务体系建设的现状与借鉴 ……………… (135)

第八章 中国深度老龄化城市的养老服务体系建设 …………… (141)
- 第一节 北京养老服务体系建设的现状与经验 ………………… (141)
- 第二节 上海养老服务体系建设的现状与经验 ………………… (150)

第九章 探索构建中国特殊人群养老服务模式 ………………… (161)
- 第一节 失能失智老人的医养结合养老服务模式 ……………… (162)
- 第二节 失独老人的养老探索 …………………………………… (172)
- 第三节 失地农民的养老保障 …………………………………… (192)

第十章 深度老龄化:吉林省养老服务体系建设的提升路径 …… (203)
- 第一节 政府营造有利于养老服务建设的制度和政策环境 …… (203)
- 第二节 建立子女赡养老人的照护制度 ………………………… (208)

第三节	规范医养结合	(213)
第四节	养老企业创新驱动养老服务产业	(215)
第五节	搭建功能齐全的社会养老服务	(218)
第六节	构建养老服务从业人员的薪酬与福利制度	(220)
第七节	养老服务质量内涵的设计与监管	(222)
第八节	构建养老、孝老、敬老政策体系和社会环境	(226)
第九节	依托高校优势打造养老服务业的"志愿服务"	(227)

参考文献 ………………………………………………………… (230)

后记 ……………………………………………………………… (245)

第一章　深度老龄化概述

人口老龄化是 21 世纪初全球面临的共同危机，而中国将要成为世界上人口老龄化最为严重的国家之一。截至 2018 年年底，全国 60 周岁及以上老年人口为 24949 万人，占总人口的 17.9%，其中 65 周岁及以上老年人口 16658 万人，占总人口的 11.9%，享受高龄补贴的老年人 2972.3 万人，比上年增长 10.8%；享受护理补贴的老年人 74.8 万人，比上年增长 22.0%；享受养老服务补贴的老年人 521.7 万人，比上年增长 47.2%；享受其他老龄补贴的老年人 3.0 万人。[①]"十二五"期间，我国养老服务业发展进入快速发展期，最为显著的进步是养老机构的床位数从 200 多万张快速增长到了约 600 万张。但与此同时，一方面，面对数以亿计老年人的养老服务需求，我国养老服务业发展呈现出总量供给不足、有效供给不足的特征；另一方面，全国养老机构又存在大量床位空置状态。这种供求脱节的现象，进一步放大了养老服务供给短缺的效应。因此，"十三五"是留给我们应对老龄化挑战的最为宝贵的时机，国家以更高程度的重视、更大的投入、更合理的政策设计，促进养老服务业大发展。[②] 习近平总书记在十九大报告上明确指示："积极应对人口老龄化，构建养老、孝老、敬老政策体

---

① 《2018 民政事业发展统计公报》，http://www.mca.gov.cn/article/sj/tjgb/201908/20190800018807.shtml，2019-08-20。

② 郑功成：《养老服务业需做大调整》，《人民日报》2015 年 11 月 20 日。

系和社会环境,推进医养结合,加快老龄事业和产业发展。"① 吉林省作为老龄化情况较为严重的省份之一,如何成功应对深度老龄化、如何以养老服务拉动吉林省经济发展则成为当前亟须破解的难题。

养老服务是民生问题,是国家发展和社会进步的标志,具有问题出现的突发性与解决问题的复杂性、持久性等特点。正如郑功成所言:"民生不只是经济、社会建设的内容,也是政治、经济、文化、生态建设的内容。当然,在不同时代,民生会有不同的内涵与外延;不同的发展阶段,民生诉求也会有所差异;不同的制度安排,更会直接影响民生发展的状态与进程。但总体而言,民生是伴随国家发展与社会进步而不断升级的,解决了原有的民生问题,又会出现新的民生问题。经济社会越发展,民生问题的内涵和外延就越扩展,其致因就越复杂,而解决起来也就越需要智慧,这是一条难以逆转的客观规律。"② 无论是学术界、企业界,还是政策决策层,均对养老服务问题极为重视,展开了不同角度、不同层次的思考、探索和实践。然而,迄今为止,养老服务建设的相关文献相当零散,尚未形成理论体系与框架,这种混乱的研究现状对于进一步深入探讨养老服务体系建设问题造成困扰。本书将针对这一难题进行尝试性突破,即对养老服务体系的相关文献进行梳理,力求能够形成系统理论,为吉林省应对深度老龄化、搭建完善科学的养老服务框架的建构奠定理论基础和实践基础。

第一节 老龄化

老龄化是描述一国老年人口规模的指标。该指标为世界各国所通

---

① 习近平:《中国共产党第十九次全国代表大会报告》,http://www.gov.cn/zhuanti/2017-10/27/content_ 5234876,2017-10-27。
② 郑功成:《从物质文化需要走向美好生活需要——改革开放以来的中国民生发展》,《群言》2018年第10期。

用，它一方面反映了一个国家老年人口的比例，另一方面揭示了老年人口与劳动力人口赡养比。当一个国家或地区老年人口规模较为庞大时，就会对政治、经济、社会产生深刻而广泛的影响。

一 老龄化的标准

2019年6月，联合国经济和社会事务部人口司发布了《世界人口展望2019：发现提要》，揭示世界人口正在持续老龄化态势，65岁及以上人口成为增长最快的年龄组。2019年，全球人口每11个人中有1个人是65岁及以上的老人（9%），到2050年这一比例将增加到每6个人中将有1个人是65岁及以上的老人（16.7%）。[①] 纵观世界老龄人口发展走势，如图1-1所示，目前世界老年人口正处于不断上升时期，世界老龄化进程正在持续，但尚未达到峰值。在到达峰值之前，

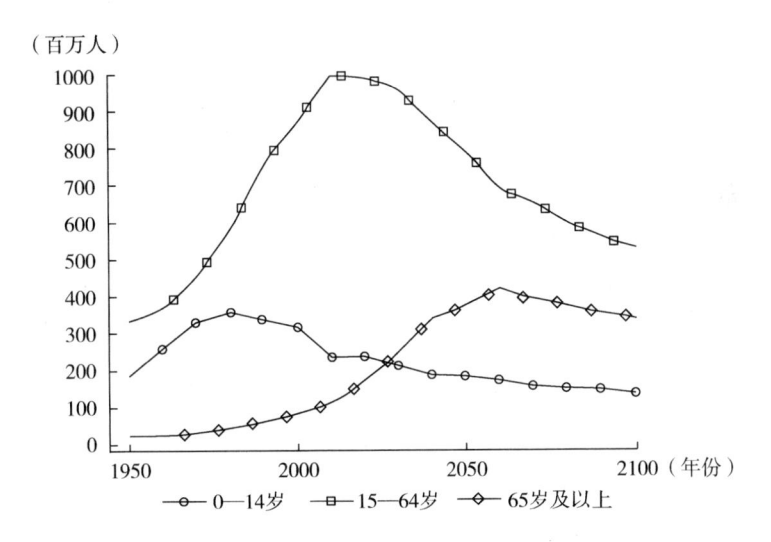

图1-1 总人口的年龄分组（1950—2100年）

资料来源：World Population Prospect, the 2015 revision.

[①] United Nations, "World Population Prospects 2019 Highlights", https://population.un.org/wpp/Publications/, 2019.

预防爆发大的养老服务危机尚有可为。一般而言，国际上判定一个国家是否属于老龄化，通常会采用两个衡量指标。第一，65岁及以上人口占总人口的比例。根据联合国1956年《人口老龄化及其社会经济后果》确定的标准，一个国家或地区如果65岁及以上老年人口数量占总人口比例超过7%，则该国家或地区即意味着进入老龄化，这个标准被联合国"World Population Ageing 2019"称为"最简单、最常见的衡量标准"。第二，60岁及以上人口占总人口的比例。在1982年召开的维也纳老龄问题世界大会上，确定把60岁及以上老年人口占总人口的比例超过10%认定为老龄化。从联合国经济和社会事务部人口司发布的《世界人口展望2019：发现提要》中我们可以看到，全球老龄化形势极为严峻，2019年，人类已经进入老龄化时代。

二 老龄化的成因

一般认为，老龄化的产生主要源自三个因素。第一，生育率下降。伴随着生活节奏的加快，年轻人生活、就业压力不断增大，再加上育儿成本与时间成本的提高，导致生育率不断下降，甚至出现了为数众多的单人家庭、空巢家庭、丁克家庭。如我国教育成本的增加、就业的艰难、独生子女对于照顾子女的抗拒以及养老负担的加重都是减少新生人口出生的重要因素。即使我国在2015年10月29日党的十八届五中全会上，正式宣布全面放开"二孩"政策，但政策调整效果依然不容乐观。2018年全国出生人口1523万人，较2017年减少约200万人，这是放开"二孩"政策后连续第二年下降，而"一孩"出生人口占比已从2013年的64.3%大幅下滑至2017年的42.0%，这意味着许多年轻人连一孩都不愿意生，未来生二孩的可能性会更低。联合国2017年发布的"World Population Prospects"（修订版）中就证实，中国已经是最大的低人口出生率国家之一。第二，随着医疗技术不断进步，公共卫生水平不断提高，导致人均寿命普遍延长。如世界卫生组织 2018 年发布的《世界卫生统计》报告显示，中国人口平均寿命：男性预期为 75 岁，女性预期为 77.9 岁，平均预期寿命为 76.4 岁。从这些数字可以看出，以老年人口占总人口的比重的老龄化指标推算，人口出生率偏低和人均寿命普遍延长的确都会加剧老龄化的严重程度。第三，计划生育等政府限制生育政策的实施。中国是世界人口大国，与其他发达国家鼓励人口出生不同，人口压力迫使中国实行了限制人口增长的"一对夫妻只生育一个孩子"的政策，导致中国人口结构发展极不合理，加剧了中国老龄化的趋势。即使自 2015 年 10 月正式宣布全面放开"二孩"政策，中国放松人口出生政策，甚至酝酿放开对人口出生的管制，但是对于人口出生的拉动效果目前尚不显著。"World Population Prospects"预测，2030 年之前，中国人口将会保持相对稳定，2030 年之后，将会出现缓慢下降。这与我国部分学者提出的 2030 年前后中国即将进入全面深度老龄化的日程表吻合。

三 老龄化界定的争议

国内关于老龄化的概念界定，学者们各抒己见，尚无定论，但其中不乏对于老龄化定义的批评之声。这类学者认为，仅仅用老龄人口占总人口的比重这个指标衡量老龄化有失偏颇。人口老龄化是一个结构失衡的问题，并不能因为年轻人口的减少或者老龄人口数量的增加就导致老龄化，年轻人口增加或者老龄人口减少同样也会出现老龄化。一个国家年轻人口的增加速度小于老龄人口增加速度，就会出现老龄化，同样，一个国家年轻人口的减少速度大于老龄人口的减少速度也会出现老龄化，因为老龄人口占总人口的比重是增加的。即老龄化和一个国家总人口没有任何关系，不管总人口增加的国家还是总人口减少的国家都会出现老龄化。这些学者把老龄化定义为总人口中因年轻人所占比重减少、老龄人口比重增加而导致的人口结构比例失衡的动态演化过程称为老龄化。

但毫无疑问，当学者们把目光聚焦老龄化的定义而引发争论的时候，我们不难发现争论背后所隐匿的实质。联合国所做出的定义侧重衡量一个国家老龄人口与总人口之间呈现的关系，以此种指标衡量的结果必然落脚于政府制定政策的重点要侧重解决养老问题，而与此相对应的老年问题、养老服务问题、养老质量等问题则是政府和社会关注的重点。后者所定义的老龄化即关注年轻人口与老年人口变化走势的定义则会让政府侧重人口政策的变化与走势，国家政策应倾向于鼓励或抑制人口出生，会因此出现政府与社会对国家人口政策的关注。两种不同定义从不同思考角度出发将会引发不同的政策制定空间，可见，两种不同的定义体现了不同的政策效应与应对结果。作为限制人口出生的中国目前已经适时地调整了人口政策，虽然还不能完全与其他国家接轨，但是人口政策的松动已昭示人口政策的走向。如果说，后一种统计口径对于中国更具有特殊的参考价值，联合国所指定的口径则适合大多数国家，人口老龄化是世界共同的问题，我们是在为我们的父辈以及我们自身乃至我们的子孙后代的养老服务模式做出探索与规划，其紧迫性与研究价值的可持续性毋庸置疑。

第二节　深度老龄化

老龄化通常是被冠以阶段性的内涵：一种观点认为，按照老年人口的比例攀升可以分为老龄化、深度老龄化与超老龄化；另一种观点认为，可以分成老龄化社会、老龄社会与超老龄社会。

一　联合国深度老龄化界定

深度老龄化是联合国结合老年人口发展进程提出来的定义，是对老年人口发展阶段过程的一个界定。根据1956年联合国《人口老龄化及其社会经济后果》确定的划分标准，一个国家或地区65岁及以上老年人口占总人口比例超过 7% 时，则意味着这个国家或地区进入老龄化。1982 年维也纳老龄问题世界大会确定 60 岁及以上老年人口占总人口比例超过 10%，意味着这个国家或地区进入严重老龄化。比例达到 14% 即进入深度老龄化；达到 20% 则进入超老龄化。

2001 年《联合国世界人口老龄化报告（1950—2050）》将 60 岁及以上人口占比达 10% 或 65 岁及以上人口占比达 7%，作为国家或地区进入老龄社会的标准，届时老年赡养比约为 1∶10，即 10 个劳动人口供养 1 个老龄人口。2000 年发达国家 65 岁及以上人口占比已达到 14.3%，通常老年赡养比达到 1∶5（21.2%），将此作为该地区或者国家进入深度老龄社会的标准。预计在 2035 年前后，发达国家 65 岁及以上人口占比将达 21.2%，老年赡养比为 1∶2—1∶3，这被视为超老龄社会。① 这种划分与发达国家延迟退休年龄有着极大的关系，大多数发达国家的退休年龄为 65 岁，所以深度老龄化即以 65 岁及以上的老年人口达到 14% 作为深度老龄化的衡量标准，后面会对这一问题进行详尽阐述。

二 中国深度老龄化的界定

中国大多数研究把 65 岁及以上老年人口比例超过 14%，或者 60 岁及以上人口比例达到 20%，也就是两倍老龄化衡量指标称为"深度老龄化社会"。如 2016 年年底，新闻媒体报道中国大连正式进入深度老龄化，当时报道的统计数据为：截至 2016 年年底，大连市 60 周岁及以上老年人口为 143.43 万人，占户籍人口总数的 24.08%，远高于全国 16.7% 的平均水平，并已进入深度老龄化阶段。② 2017 年，辽宁省老龄办公布的数据显示，辽宁省已经进入深度老龄化社会。《辽宁省 2017 年老年人口信息和老龄事业发展状况报告》数据显示，截至 2017

---

① 杨燕绥：《中国老龄社会与养老保障发展报告》，清华大学出版社 2014 年版。
② 于强：《大连进入深度老龄化阶段》，《大连日报》2017 年 6 月 28 日。

年年末,辽宁省户籍总人口为4232.57万人,60岁及以上户籍老年人口958.74万人,占总人口的22.65%。这意味着辽宁省已经是深度老龄化社会。① 2018年4月,南京市发布《2017年老年人口信息和老龄事业发展状况报告》,截至2017年年底,南京市60岁及以上(户籍)老人已达141.89万人,其中65岁及以上老年人口数量占总人口比例超过14%。这标志着南京已进入深度老龄化社会。② 2018年10月16日,江苏省发布《江苏省2017年老年人口信息和老龄事业发展状况报告》,截至2017年年底,全省老龄化率仅次于上海市、北京市,位居全国第三位。无论是按照60岁及以上还是65岁及以上人口比例,江苏省都已进入深度老龄化社会。③ 北京市与上海市也早已悄然进入深度老龄化,其中上海市老龄化程度尤为堪忧。截至2017年年底,北京市共有户籍老年人口333.3万人,占全市户籍总人口的24.5%,其中65周岁及以上户籍老年人口219.9万人,占比16.2%,80岁及以上高龄老年人口占老年人口的16.72%,失能老年人口占比4.78%。④ 2017年,上海市户籍常住人口中65岁及以上老年人口达到315.06万人,户籍人口老龄化率为21.8%,即平均不到5个户籍人口中就有1个65岁及以上的老年人,而60岁及以上的占比更高达33.2%,即每不到3个户籍人口中就有1位60岁及以上的老年人。⑤ 可见,我国的一些发达城市与发达省份已经率先进入深度老龄化。

三 国内深度老龄化发展现实

无论是60岁及以上的老年人口占总人口的比例,还是65岁及以

---

① 贾庆森:《深度老龄化来临,养老变局如何接招?》,《东莞日报》2018年7月6日。
② 唐悦:《南京市进入"深度老龄化"社会》,《南京日报》2018年4月17日。
③ 马道军:《江苏进入"深度老龄化社会" 老龄化率仅次于上海北京》,《南京日报》2018年10月16日。
④ 李斌、邰思聪、侠客:《应对老龄化看首都北京如何"攻坚"》,新华网,2018年6月23日。
⑤ 《2017年中国上海人口老龄化现状及发展趋势分析》,中国产业信息网,http://www.chyxx.com/industry/201805/645507.html,2018-05-30。

上人口所占的比例，中国进入深度老龄化已经为时不远。国务院发展研究中心副主任张来明分析了我国严峻的人口老龄化走势。在发达国家，人口老龄化是一个平缓的过程。我国受特殊计划生育政策、生育意愿下降等多种因素影响，人口老龄化速度大为加快。据预测，到2025年前后，我国60岁及以上老年人口占总人口的比例将超过20%，65岁及以上老年人口比例将达到14%左右，将进入深度老龄化社会。即从2000年进入老龄化社会算起，中国将仅用25年左右的时间走完西方发达国家上百年的人口老龄化路程。如此快速的老龄化，使得政策体系和相关能力建设缓冲时间大为减少，从而极大地增加了应对难度。① 预计到2025年，我国60岁及以上老年人口将达到3亿人，占总人口的1/5；到2033年将突破4亿人，占总人口的1/4左右；而到2050年前后将达到4.87亿人，约占总人口的1/3，老年人口和占总人口比例双双达到峰值。② 英国、法国和美国等西方发达国家人口老龄化水平从10%到30%用了近百年甚至更长时间，我国可能只用了不到40年。这意味着发达国家近百年来分阶段逐步呈现的养老、医疗、照料问题以及老龄化条件下经济可持续发展等问题，将在我国短时期内集中呈现、同步爆发，应对任务繁重艰巨。③

学者们给出了我国进入深度老龄化的日程表。董克用指出，2030年前后，我国将整体步入深度老龄化社会。④ 杨燕绥则认为，中国的深度老龄化时间更为紧迫，将在2025年前后进入深度老龄化社会。⑤ 深度老龄化——我们恐惧的时代已经拉开了序幕，深度老龄化时代已经层层逼

---

① 张来明：《积极应对人口老龄化》，《经济日报》2016年4月7日。
② 新华社：《到2050年老年人将占我国总人口约三分之一》，新华网，http://www.xinhuanet.com/health/2018-07/20/c_1123151851.htm，2018-07-20。
③ 王建军：《加快推进现代养老服务体系建设》，《中国社会工作》2018年第9期。
④ 转引自贾庆森《深度老龄化来临，养老变局如何接招？》，《东莞日报》2018年7月6日。
⑤ 杨燕绥：《深度老龄化社会的养老制度改革建议》，《中国人力资源社会保障》2017年第8期。

近。李克强总理在2018年10月27日召开的世界生命科学大会上做出重要批示："携手应对重大疾病、人口老化、环境污染、资源短缺等挑战，促进世界经济社会可持续发展，为各国人民带来更多福祉。"[1] 尤其是在我国"未富先老、未备先老"的国情之下，养老服务的发展已经迫在眉睫。

第三节 世界部分国家深度老龄化进程

一 发达国家"65岁"的统计口径

为了缓解养老金压力，发达国家自1989年以来，早已实施延迟退休计划，先后已有170个国家延迟了退休年龄，如德国目前的法定退休年龄是65岁，政府计划到2029年逐渐将退休年龄提高至67岁；美国在1983年修订《社会保障法案》时提出，到2025年将职工的正常退休年龄从65岁提高到67岁；日本也采取65岁退休制度。[2] 所以原有的使用60岁及以上人口占总人口的比例衡量深度老龄化已经不再适合，当今发达国家一般以65岁及以上的人口占总人口比例大于14%来测算深度老龄化。65岁是世界发达国家测算老龄化的一个惯用指标，如经济合作与发展组织（OECD）定义的老年人口一般为65岁及以上的老年人口，在总体上也表现为赡养比，即1名65岁及以上的老年人由多少名15—64岁劳动人口赡养。[3] 而把65岁及以上的人口占总人口的20%及以上称为超老龄化社会。本书通过整理经合组织统计数据，得到世界部分国家老年人口占总人口的比例（Elderly Population Total,% of Population），如表1-1所示。

---

[1] 《李克强对2018世界生命科学大会作出重要批示》，http://www.gov.cn/home/2018-10/28/content_5335152.htm，2018-10-27.

[2] 《全世界都要工作一辈子了？看看别国怎么延迟退休》，腾讯财经，https://finance.qq.com/a/20160816/033722.htm，2016-08-16.

[3] OECD, "Elderly Population", https://data.oecd.org/pop/elderly-population.htm, 2014.

表 1-1　世界部分国家老年人口占总人口比例

单位：%

时间 国家	以10年为跨度				以1年为跨度									
	1970	1980	1990	2000	2010	2011	2012	2013	2014	2015	2016	2017	2018
韩国	3.08	3.82	5.12	7.22	10.83	11.04	11.49	11.94	12.37	12.82	13.20	13.75	14.29
中国	3.76	4.70	5.65	6.91	8.40	8.59	8.79	9.02	9.31	9.68	10.12	10.64	11.19
日本	7.06	9.10	12.08	17.37	23.02	23.28	24.15	25.06	25.97	26.65	27.25	27.74	28.14
俄罗斯	7.72	10.29	10.02	12.36	12.79	12.73	12.86	13.03	13.31	13.68	14.02	14.26	14.75
加拿大	7.89	9.40	11.28	12.55	14.13	14.43	14.85	15.26	15.64	16.03	16.40	16.79	17.16
澳大利亚	8.35	9.62	11.10	12.43	13.56	13.82	14.14	14.40	14.66	14.92	15.18	15.41	15.66
新西兰	8.44	9.74	11.19	11.76	12.95	13.23	13.68	14.09	14.42	14.67	14.88	15.08	15.29
芬兰	9.15	11.98	13.38	14.92	17.26	17.82	18.45	19.07	19.66	20.21	20.68	21.14	21.61
西班牙	9.61	13.57	14.57	16.64	16.95	17.22	17.49	17.91	18.31	18.59	18.84	19.08	19.29
美国	9.81	11.31	12.52	12.43	13.09	13.27	13.74	14.12	14.50	14.86	15.24	15.62	16.03
意大利	10.89	13.15	14.90	18.27	20.46	20.66	21.00	21.30	21.58	21.89	22.18	22.44	22.68
瑞士	11.35	13.85	14.57	15.32	16.92	17.03	17.28	17.50	17.70	17.87	18.02	18.18	18.37
丹麦	12.27	14.41	15.59	14.83	16.58	17.12	17.65	18.07	18.45	18.74	18.97	19.20	19.46
英国	12.82	14.95	15.73	15.81	16.35	16.52	17.02	17.36	17.66	17.83	18.00	18.16	18.31
法国	12.87	13.93	14.03	15.87	16.67	16.94	17.35	17.79	18.19	18.63	19.05	19.45	19.84
挪威	12.87	14.76	16.31	15.16	14.98	15.25	15.53	15.78	16.03	16.28	16.52	16.78	17.09
德国	13.67	15.60	14.92	16.45	20.63	20.67	20.71	20.81	20.96	21.05	21.14	21.30	21.47

续表

时间 国家	以 10 年为跨度					以 1 年为跨度								
	1970	1980	1990	2000	2010	2011	2012	2013	2014	2015	2016	2017	2018
比利时	13.39	14.26	14.92	16.80	17.18	17.32	17.55	17.77	18.00	18.21	18.41	18.62	18.84
瑞典	13.67	16.29	17.78	17.26	18.28	18.64	18.98	19.27	19.52	19.70	19.77	19.80	19.86

资料来源：OECD.

二　部分国家深度老龄化进程

学术界公认，中国于 1999 年正式进入老龄化，而西方发达国家进入老龄化的时间则要远远早于中国。大多数发达国家在 1960 年之前就纷纷进入老龄化，而从 20 世纪 70 年代初开始，部分发达国家纷纷进入深度老龄化，如瑞典、德国、英国、比利时、挪威、丹麦等国家。尤其是日本在 20 世纪 70 年代进入老龄化，在短短的二十年间就已经快速进入深度老龄化，其发展速度之快令人瞠目。就目前统计数字显示，日本、德国与意大利目前也已超前进入了超老龄化，公共养老金占 GDP 比重较大，是养老压力最突出的几个国家。从具体进入时间来看，日本进入超老龄化用了十几年，德国用了近 30 年，意大利用了 20 年左右。对于大多数国家而言，深度老龄化进入超老龄化所花费的时间都快于老龄化进入深度老龄化所花费的时间，过渡时间明显加快，如表 1-2 所示。可见，对于各国而言，准备应对深度老龄化的时候就要同时为超老龄化布局，如果不能尽早布局，可能会造成深度老龄化与超老龄化接踵而至，一个国家的养老负担加重、社会问题突出，最终可能导致一个国家政治、经济全面崩盘。

表 1-2　　　　部分国家深度老龄化时间、老年人口占比、
公共养老金支出占 GDP 比重　　　　　单位：%

国家	深度老龄化时间	老年人口占比	公共养老金支出占 GDP 比重（时间）
瑞典	1972 年	14.21	7.168（2015 年）
德国	1972 年	14.11	10.084（2015 年）
英国	1975 年	14.05	6.238（2015 年）
比利时	1977 年	14.05	10.709（2015 年）

续表

国家	深度老龄化时间	老年人口占比	公共养老金支出占GDP比重（时间）
挪威	1977年	14.12	6.568（2015年）
丹麦	1978年	14.07	8.13（2015年）
瑞士	1985年	14.07	无数据
意大利	1988年	14.15	16.183（2015年）
法国	1990年	14.03	13.909（2015年）
希腊	1992年	14.35	无数据
西班牙	1992年	14.19	11.015（2015年）
芬兰	1994年	14.01	11.421（2015年）
日本	1994年	14.06	9.369（2015年）
加拿大	2010年	14.13	4.698（2015年）
澳大利亚	2012年	14.14	4.176（2016年）
波兰	2012年	14.02	无数据
美国	2013年	14.12	7.056（2017年）
新西兰	2013年	14.09	4.843（2017年）
俄罗斯	2016年	14.02	无数据
韩国	2018年	14.29	3.01（2017年）
中国	预计2025年前后	无数据	无数据

资料来源：OECD.

三 我国深度老龄化的时间表

大多数发达国家是在20世纪70年代进入深度老龄化的，据估算，进入深度老龄化的时间要早于我国大约60年。中国最为显著的问题是无论是进入老龄化还是进入深度老龄化的速度都非常迅猛。发达国家用了几十年甚至一百多年进入老龄化，如法国用了115年，瑞士用了85年，英国用了80年，美国用了60年，而中国只用了18年（1981—1999年），而且老龄化的速度还在加快。[①] 按照估算，中国预

---

① 智研数据中心整理。

计在2030年前后进入深度老龄化，即我国由老龄化进入深度老龄化大约要30年，与大多数发达国家的发展时间大致相同，即我国还有10年左右的时间来备战深度老龄化，而这10年将是我们应对老龄化的最后机会。

第二章　世界共同的危机——老龄化

第一节　联合国应对老龄化

人口老龄化有望成为 21 世纪最重要的社会变革之一，对社会的几乎所有领域，包括劳动力和金融市场，对住房、交通、社会保障、商品和服务的需求以及家庭结构和代际关系都会产生影响。[1] 世界卫生组织《老龄化与健康的全球战略与行动计划》前言中指出，如果我们要实现可持续发展目标，我们就需要考虑到几乎每个国家都在迅猛发生的人口老龄化问题。这种人口转变是前所未有的，几乎将影响社会所有方面。到 2050 年，1/5 的人口将要达到 60 岁或以上，全世界将会有 20 亿老年人口。[2]

一　世界正在"老龄化"

2017 年，在全世界的总人口当中，60 岁及以上的人口已高达 9.62 亿人，占全世界人口总数的 13%，尤其引人注目的是 60 岁及以上人口的年增长率约为 3%。当前，欧洲拥有世界上最大的老年人口

---

[1] United Nations, "Ageing", http://www.un.org/en/sections/issues-depth/ageing/.
[2] World Health Organization, "Global Strategy and Action Plan on Ageing and Health", https://www.who.int/ageing/WHO－GSAP－2017.pdf? ua=1, 2017.

数，60 岁及以上人口的比例为 25%。老龄化进入更为严重的阶段同样也将会发生在世界其他国家，到 2050 年，除非洲以外，世界所有地区 60 岁及以上的老年人口将会达到 25% 或者数值更高。2030 年，60 岁及以上的老年人口将达到 14 亿人，2050 年将达到 21 亿人，2100 年将达到 31 亿人。在接下来的几十年中，按照近几十年的人口出生规模，老年人口的增加将不可避免。老龄化对于赡养比的影响较为突出，赡养比主要为每个退休老年人所对应的劳动力人口的数量，虽然无法得到完全精确的数字，但是赡养比却是借助年龄来测算劳动力与老年人口的一个有效工具。因此，赡养比被定义为每个 65 岁及以上人口所对应的 20—64 岁的劳动人口的数量。2017 年，非洲 12.9 个 20—64 岁的劳动人口对应 1 个 65 岁及以上的人口，亚洲则为 7.4∶1，拉丁美洲与加勒比海为 7.3∶1，大洋洲为 4.6∶1，北美洲为 3.8∶1，欧洲为 3.3∶1。日本 2017 年的赡养比为 2.1∶1，是世界上赡养比最低的国家。与此同时，9 个欧洲国家以及美国的处女岛数值也在 3∶1 以下。预计到 2050 年，亚洲的 7 个国家，欧洲的 24 个国家，拉丁美洲和加勒比海的 5 个国家赡养比也会低于 2∶1。之后的几十年，低赡养比将会让许多国家凸显出由于公共医疗健康卫生体系、养老金压力、对于正在增加的老年人口的社会保障而带来的财政与政治压力。①

二　联合国应对老龄化

2017 年，世界 60 岁及以上的人口为 9.62 亿，与 1980 年的 3.83 亿相比，已经增长了 151%。预计到 2030 年将达到 14 亿，到 2050 年将接近 21 亿。② 据《世界人口展望 2019》显示，世界老龄化仍在

---

① United Nations, "Department of Economic and Social Affairs, Population Division, World Population Prospects: the 2017 Revision: Key Findings and Advance Tables", Working Paper No. ESA/P/WP/248, 2017.

② United Nations, "Department of Economic and Social Affairs, World Population Ageing 2017 Report", https://www.un.org/en/development/desa/population/theme/ageing/WPA2017.asp, 2017.

进行时，65岁及以上人口已经成为增长最快的年龄组。2019年，全球人口中每11个人中就有1个人是65岁及以上的老人，比例为9%，到2050年，将会发展成为每6个人中就有1个65岁及以上的老年人，比例为16%。整个世界正在被老龄化问题困扰，老龄化的阴霾正围绕在世界的上空，国际组织对于老龄化问题的应对从未放松，先后召开了若干次老龄问题大会，老龄化问题正在打破国家间壁垒，国家之间正在联手应对老龄化这个21世纪的共同主题。

早在联合国1977年首次表达召开老龄问题世界大会之前，就已经开始关注老年人问题。甚至更早可以追溯到1948年，当时联合国大会通过了213号决议，该决议草案的主要内容为关注老年人权益以及老年人社会地位。1969年12月11日，《社会进步和发展宣言》第2542号决议，也提到了保护老年人的权利与福利。1973年，联合国大会通过了3137号题为《老年人与老龄问题》的决议。这一决议也得到了国际劳工组织、国际卫生组织与联合国教科文组织的关注。1974年召开的世界人口大会通过《世界人口行动计划》，号召各国政府要充分考量本国的发展政策，改变老年群体的人口总量以及所占比例。1977年12月16日，联合国大会通过了32/132决议，首次表达了召开老龄问题世界大会的构想，并于1978年12月14日，通过了33/52决议，决定在1982年召开老龄问题世界大会，会议以论坛的形式，发起一个国际行动计划，旨在保护老年群体的经济和社会安全以及为国家发展做出贡献的机会，并且着手准备起草大会的草案。1979年12月17日，大会通过了34/153号决议，要求一些专门组织、政府间组织，尤其是联合国货币基金组织、非政府组织等持续关注与老龄问题相关的活动。

第一届老龄问题世界大会于1982年在维也纳召开。大会制定了62项"维也纳老龄问题国际行动计划"。该计划呼吁：就健康、营养、保护老年消费者、住房、环境、家庭、社会福利、收入保障、就业、教育以及研究数据的收集和分析等问题采取具体行动。① 在此次会议中，对人口老龄化的走势进行了预测。据联合国预测，1950年全世界大约有2亿的人口处于60岁及以上，1975年将会增加到3.5亿，2000年将增加到5.9亿，2015年将达到11亿，即从1975年以来，已经增长了214%。与此同时，世界总人口也由41亿增加到82亿，增长100%。因此，45年后的老年人口将达到总人口的13.7%。② 45年后即为2027年，我们发现，对照联合国的统计数字，2017年全球60岁及以上的人口已达9.62亿人，占全世界人口已达13%，与当年推算的时间相比已经提前将近十年，可见，全世界老龄化速度之快已经远远超过了当年的预期。

1990年12月14日，联合国大会第45/106号决议决定将每年的10月1日定为国际老年人日。这一提议源自第一次老龄问题世界大会批准的《国际老龄问题行动计划》。③ 虽然国际老年日几经酝酿、磋商，并最终确定为10月1日，但具体执行日期尚未明确。

1991年，联合国大会通过了"联合国老年人准则"，列举了18项老年人应该享有的权利，涉及独立、参与、照顾、自我实现和尊严。次年，国际老龄问题会议通过了"行动计划"的后续行动，通过了《老龄问题宣言》。根据大会建议，宣布1999年将要启动"国际老年人日"。④ 从1999年到2019年，已经先后召开过21次国际老年人日大会，大会每年都会围绕不同的主题（见表2-1）展开，致力于解决老

---

① United Nations, Department of Economic and Social Affairs, Population Division, World Population Prospects, "the 2017 Revision: Key Findings and Advance Tables", Working Paper No. ESA/P/WP/248, 2017.

② Commission on Social Development, "Report of the World Assembly on Ageing Vienna 26 to 6 August 1982", *Australian Journal on Ageing*, 1982（12）.

③ United Nations, "Department of Economic and Social Affairs Ageing, International Day of Older persons", https://www.un.org/development/desa/ageing/international-day-of-older-persons-home-page.html.

④ United Nations, "Department of Economic and Social Affairs, Population Division, World Population Prospects: the 2017 Revision: Key Findings and Advance Tables", Working Paper No. ESA/P/WP/248, 2017.

年问题，共同应对老龄化。

时隔20年，2002年4月马德里举行的第二届老龄问题世界大会继续围绕老龄问题行动而展开。为了制定21世纪老龄化国际策略，通过了《政治宣言》和《马德里老龄问题国际行动计划》（MIPAA）。该计划呼吁在态度、政策和实践等方面要全方位转变，以应对21世纪老龄化问题。①《马德里老龄问题国际行动计划》和《政治宣言》被视为世界应对"建立一个不分年龄人人共享的社会"这一关键挑战的转折点，《马德里老龄问题国际行动计划》为处理21世纪的老龄问题提供了一个大胆的新议程。该计划认为，应优先考虑老年人和发展、促进老年人的健康和福祉，并确保有利和支持的环境，为各国政府、非政府组织和其他行动者重新定位和照顾他们的老年公民提供了可行建议和政策依据。这是各国政府首次同意将老龄问题与社会和经济发展、人权以及特别是在过去十年联合国各次会议和首脑会议上商定的框架联系起来。②正如会议秘书长在马德里所言：老龄问题无疑不再仅仅是"第一世界"的问题。这个问题在20世纪仅在脚注里一笔带过，而在21世纪正在成为一个占主导地位的主题。③

表2-1　　　　　　　　历年国际老年人日大会主题

年份	主题
1999	建立一个适合所有年龄的社会
2000	建立一个适合所有年龄的社会：继续执行国际老年人年的使命
2001	第二届老龄问题世界大会的挑战：建立一个适合所有年龄的社会

---

① United Nations, "Second World Assembly on Ageing", http://www.un.org/en/sections/issues-depth/ageing/, 2012.

② United Nations, "Department of Economic and Social Affairs Ageing, Madrid Plan of Action and its Implementation", https://www.un.org/development/desa/ageing/madrid-plan-of-action-and-its-implementation.html, 2002.

③ Ibid.

续表

年份	主题
2002	迎接老龄化的挑战：我们从哪里开始？
2003	将老龄化纳入主流，建立与马德里老龄问题行动计划之间的联系和千年发展目标
2004	代际社会中的老年人
2005	新千年的老龄化：关注贫困、老年妇女和发展
2006	提高老年人的生活质量：推进联合国全球战略
2007	应对老龄化的挑战和机遇
2008	老年人的权利
2009	庆祝国际老年人日十周年：建立一个适合所有年龄的社会
2010	老年人和实现千年发展目标
2011	马德里+10的启动：全球老龄化日益增长的机遇与挑战
2012	积极老龄化和代际之间的团结
2013	我们想要的未来：老年人正在说什么
2014	不遗余力：促进人人共享的社会
2015	城市环境中的可持续性和年龄包容性
2016	坚持反对年龄歧视
2017	踏入未来：挖掘老年人在社会中的才能、贡献和参与
2018	庆祝老年人权的倡导
2019	年龄平等之旅

资料来源：https://www.un.org/development/desa/ageing/international-day-of-older-persons-homepage/2018unidop.html，笔者整理所得。

从表2-1历年国际老年人日（UNIDOP）大会主题，可以一窥联合国应对老龄化的政策走向。

2018年，国际老年人日大会提到要致力于促进老年人充分和平等享有所有人权和自由的基本权利，年龄的增长不应削弱一个人固有的尊严和基本权利。大会主题旨在：第一，推动"宣言"所载的权利实现以及其对老年人日常生活中的意义；第二，提高并推动老年人作为社会成员在生活中许多领域所应享受到的人权；第三，审视确保老年人充分和平等享有人权和基本自由所取得的成绩和面临的挑战；第四，让世界各地的广大民众参与进来，并发动人民在生活的各个方面争取人权。

2019年，国际老年人日大会主题围绕老年人的不平等问题展开。2019年的主题与可持续发展目标（SDG）保持一致，重点关注应对现有和预防未来老年人不平等的途径。可持续发展目标旨在，通过减少国家内部和国家之间的不平等，确保机会均等并减少结果的不平等。通过采取措施消除年龄、性别、残障、种族、血统、宗教、经济或者其他情况方面所形成的歧视，赋予并推动老年人参与社会、经济与政治生活。

从历年国际老年人日大会的主题中，我们不难发现，1999年到2001年三年的大会主题都围绕"建立一个适合所有年龄的社会"，正式确立把研究解决老年人问题提上议程。2002年与2003年两届大会主要摸索各国应对老龄化的具体路径与举措。2004年、2005年与2006年三年分别针对代际社会中老年人问题、老年人的贫困与老年妇女及发展问题、老年人的生活质量等具体问题展开。2007年探讨老龄化所面临的挑战与机遇。2008年深入研究老年人的权利问题。2009年对于"建立一个适合所有年龄的社会"十年发展进行回顾。2010年、2011年、2012年集中探讨老年问题所引发的机遇、挑战以及代际之间关系的问题。2013—2016年则主要围绕老年人的社会包容问题，2017年开始了对于老年人的社会参与及贡献研究。2018年、2019年则围绕老年人的人权问题进行研究。国际老年人日大会从确立研究老年人问题，逐步渗透到老年人的权利、社会对老年人的包容以及对老年人的社会参与与贡献，正在全面搭建老年问题的一系列框架。

第二节　世界卫生组织应对老龄化

根据世界卫生组织定义，65岁及以上人口占总人口比例达到7%时为"老龄化社会"，达到14%时为"老龄社会"，达到20%时为

"超老龄社会"。① 世界卫生组织在应对老龄化方面做出了同样令人瞩目的成绩。20世纪80年代后期,世界卫生组织提出了"健康老龄化",该提法是由于世界人口老龄化的发展而产生的一个新概念。主要包括三方面内容:①老年人个体健康、老年人生理和心理健康与良好的社会适应能力;②老年人口群体的整体健康,健康预期寿命的延长以及与社会整体相协调;③人文环境健康,人口老龄化社会的社会氛围良好与发展持续、有序、合规律。"健康老龄化",一方面是指老年人个体和群体的健康,另一方面是指老年人生活在一个良好的社会环境。② 1995年,世界卫生组织把"健康老龄化"更名为"老龄化与健康",这一更名具有重大意义,即"健康老龄化"的目标是通过制定政策以确保尽可能多的老年人尽可能获得好的生活质量。1999年,世界卫生组织总干事格罗·哈莱姆·布伦特兰博士发起了"全球积极老龄化运动",布伦特兰博士表示:在整个生命周期中保持健康和高质量生活将对建立充实的生活、和谐的代际社区和充满活力的经济起到很大作用(WHO,2002)。2000年,世界卫生组织计划再次更名为"老龄化和生命历程",借以反映生命历程观点的重要性。2002年,世界卫生组织发布《积极老龄化:政策框架》,详尽阐述了积极老龄化的定义、决定因素、挑战和应对等方面,对世界老龄化问题的解决具有重要借鉴意义。2015年,世界卫生组织形成了《老龄化和健康的全球战略和行动计划》草案。

一 积极老龄化

"积极老龄化"一词是世界卫生组织在20世纪90年代末提出的,旨在传达比"健康老龄化"更具包容性的内涵,老年问题除了包括医

---

① 中国社会保障学会理论研究组:《全球经济发展与社会保障的关系和实践——第13届社会保障国际论坛论要》,《社会保障评论》2018年第1期。
② 吴忠观:《人口科学辞典》,西南财经大学出版社1997年版。

疗保健之外，还需要关注其他影响因素①。积极老龄化策略是基于承认老年群体的人权以及联合国的"独立、参与、尊严、照顾和自我满足"而提出的。

（一）积极老龄化的定义

世界卫生组织在2002年《积极老龄化：政策框架》中建构了积极老龄化的定义与基本框架内容。他们认为，如果老龄化是一种积极的过程，那么老年人健康长寿的同时必须伴随着可持续的健康、参与和保障的机会。世界卫生组织采用"积极老龄化"一词来表达实现这一愿景的过程，积极老龄化被定义为提高老年人的生活质量，创造老年人获得健康、参与、保障（安全）的最佳机遇。"积极老龄化"一词既适合个体也适合群体，它能够使人们在整个生命历程中实现身体、社会以及心理健康的潜能，并根据他们的需要、愿望和能力来参与社会。同时在他们需要帮助时为他们提供充分的保障和照顾。第一，关于"积极"的界定。"积极"一词是指老年人能够继续参与社会、经济、文化、精神和公民事务等，而不仅仅是身体尚能活动或尚能参与就业。退休、生病或残疾的老年人依然可以持续为家庭、同龄人、社区和国家做出积极贡献。老龄化旨在伴随着年龄的增长延长老年人对健康寿命的预期，提高他们的生活质量，同时包括那些身体虚弱、残疾和需要照顾的人。第二，健康。积极老龄化中的"健康"是指世界卫生组织定义中表达的身体健康、精神健康和充分的社会福祉。因此，在积极的老龄化框架中，促进心理健康、加强社会联系的政策和计划与改善身体健康状况的政策和计划同样重要。第三，自主性与独立性。自主性是指根据自己的价值判断和个人偏好，对日常生活做出决策与应对的能力。独立性通常被定义为处理与解决日常生活的能力——在社区中没有他人的照顾而依然可以独立生活的能力。第四，生活质量。

---

① Alexandre Kalache & Llona Kichbusch, "World Health 50th Year", No. 4, July-August 1997, https://apps.who.int/iris/bitstream/handle/10665/330616/WH-1997-Jul-Aug-p4-5-eng.pdf?sequence=1&isAllowed=y.

生活质量是指个人根据自身设定的目标、期望、关注等，依托自身所处的文化和价值体系背景对自己生活所做出的定位。这是一个融合了个人的身体健康、心理状况、独立程度、社会关系、个人与环境的调试关系的广义概念（WHO，1994）。随着人们年龄的增长，老年人的生活质量在很大程度上取决于他们的自主和独立能力，保持老年人的自主与独立性是个人和政策制定者的重要目标。老龄化也与老年群体周围人群社会背景密切相关，如朋友、工作伙伴、邻居与家庭成员，这就是为什么相互依赖以及代际团结是积极老龄化的重要原则。昨天的孩子是今天的成年人、明天的祖父母，他们作为祖父母将要享受的生活质量取决于他们整个生命历程中所经历的风险和机会，以及后代在必要时提供的反哺式的帮助和支持。第五，健康寿命预期。健康寿命预期通常被视为无残疾寿命预期的同义词。虽然出生时的预期寿命仍然是衡量人口老龄化的重要指标，但人们预期无残疾生活的时间长短对人口老龄化尤为重要。①

（二）积极老龄化的决定因素

积极老龄化取决于包括个人、家庭和国家在内的诸多因素，而了解这些因素对于应对老龄化政策的制定有着重要作用。《积极老龄化：政策框架》给出了详细说明，文化与性别都会对积极老龄化产生影响，此外，卫生和社会服务、行为因素、个人因素、自然环境、社会因素、经济因素也会对积极老龄化产生影响。第一，文化。在理解积极老龄化的框架内，文化是一个贯穿各领域的决定因素，因为文化对每一个人的渗透无处不在，它影响着制约积极老龄化的其他因素。文化价值观和传统在很大程度上决定了既定社会如何看待老年人和老龄

---

① World Health Organization, "Noncommunicable Diseases and Mental Health Cluster, Noncommunicable Disease Prevention and Health Promotion Department, Ageing and Life Course. Active Aging a Policy Framework", http://apps.who.int/iris/bitstream/handle/10665/67215/WHO_NMH_NPH_02.8.pdf;jsessionid=AD4F973BF4D1C2E8DBE737A1139FBFC5?sequence=1, 2002-04.

化过程。社会更有可能将老年人疾病归因于衰老，不太可能提供预防、早期发现与精准治疗服务。文化还决定着家庭是否会选择代际共同居住、谋求健康的行为等。一个国家内部以及世界各国和地区之间存在巨大的文化多样性和复杂性，所以相关政策的制定需要尊重当前的文化和传统，同时消除过时的陈规腐律。第二，性别。性别为我们提供了一个"视角"，通过它可以考虑各种政策选择的适当性以及它们将要如何影响男性和女性的福祉。在许多国家，妇女的社会地位较低，获得营养食品、教育、有意义的工作和保健服务的机会较少。妇女作为家庭照顾者的传统角色导致她们在年老时会陷入贫困境地和营养不良。第三，卫生和社会服务。为了积极促进老龄化，卫生系统需要聚焦解决预防疾病、公平获得优质初级卫生保健和长期护理等生命历程各个阶段的重要问题。第四，行为因素。采用健康的生活方式并积极配合治疗在生命中的各个阶段都十分重要，生命晚期意识到这一点为时已晚。相反，进入老年时期就进行适当的身体锻炼、健康饮食、不吸烟、不喝酒和正确使用药物，可以预防疾病、延缓身体功能衰退、延长寿命并提高生活质量。第五，个人因素。生物学、基因与老龄化有着重要关系，国外的学者研究显示，虽然基因可能与疾病有关，但对于许多疾病而言，其根源在于环境和外因，而不在于遗传和内因。有证据表明长寿与基因有关，但是，人们普遍认为，人类的健康和疾病在很大程度上是遗传、环境、生活方式、营养甚至是机遇等综合作用的结果。心理因素即智力和认知能力对老龄化也有重要影响。第六，自然环境。自然环境、安全的居住环境、老人摔倒、干净的水、空气和安全的食物也可以影响积极老龄化。第七，社会因素。社会支持、接受教育和终生学习的机会、和平、免受暴力与虐待都是社会环境中的关键因素，这些因素可以提高老年人的健康程度、参与度与社会保障水平。孤独、社会孤立、文盲和受教育程度不足、虐待和处于冲突环境会大大增加老年人的残疾和早逝风险。第八，经济因素。经济环境中将会有三个方面对积极老龄化产生显著影响，分别为收入、工作和社会保障。积极的老龄化需要运用综合政策来削减各个年龄段的贫困问题。通常家庭为需要帮助的老年人提供大部分支持。然而,随着社会的发展和代际同居的传统开始衰落,各国越来越多地被要求建立社会保障机制,为无法谋生、孤独和脆弱的老年人提供社会保障。在全世界范围内,如果有更多的人在生命早期能够享受到体面工作的机会,在老年将依然会参与就业,因此,整个社会都会受益。在世界各地,人们越来越认识到老年人在正式工作、非正式工作、家庭无偿劳动和志愿劳动方面做出的积极和富有成效的贡献。[1]

纵观积极老龄化的决定因素,可以分为内因与外因两大方面:个人因素与行为因素多为内因,文化、性别、社会、经济、自然环境等外因既有时间沉淀而形成的习惯与习俗,也有政府政策的干预与保护。总之,积极老龄化既需要个人对生命的积极参与和自律保护,进而延缓身体机能的下降,提高生命质量,还需要政府以及全社会为老年人提供体面尊严生活的政策、环境与氛围。"积极老龄化"在关注老人基本健康的基础上,融入了"积极"的因素,再就业与积极融入社会将是老年人关注健康之外的重点。毫无疑问,再就业和社会融合既可以增加老年人健康的动力,同时也不会抹杀老年人依然可以为社会创造更多价值的事实。

(三)积极老龄化面临的挑战

尽管积极老龄化已经摒弃了原有的仅仅关注健康的视角,增加了再就业与社会融合度,但是世界卫生组织认为,积极老龄化仍要面临九大挑战。第一,疾病的双重压力。世界卫生组织研究发现,伴随着工业化以及人们工作与生活方式的转变,人类疾病的模式也在变化。

---

[1] World Health Organization, "Noncommunicable Diseases and Mental Health Cluster, Noncommunicable Disease Prevention and Health Promotion Department, Ageing and Life Course. Active Ageing: A Policy Framework", http://apps.who.int/iris/bitstream/handle/10665/67215/WHO_NMH_NPH_02.8.pdf;jsessionid=AD4F973BF4D1C2E8DBE737A1139FBFC5?sequence=1, 2002-04.

人类不仅要对抗传染病、营养不良、并发症等疾病，还要面临非传染性疾病的快速增长，疾病的双重负担已经使稀缺资源消耗到接近极限，而此问题在发展中国家尤为明显。第二，残疾风险增加。无论是发展中国家还是发达国家，慢性病是导致残疾和生活质量下降的重要原因。当身体或精神残疾使得老年人难以开展日常正常活动时，老年人的独立性就会受到威胁。第三，视听障碍。在全球范围内，目前大约有1.8亿人患有视力残疾，其中多达4500万人失明，这些人中绝大多数是老年人。总体而言，大约有4%的60岁及以上人士被视为盲人，其中60%生活在撒哈拉以南非洲、中国和印度。造成失明和视力残疾的主要原因包括白内障（近50%的失明）、青光眼、黄斑性病变和糖尿病性视网膜病变（WHO，1997）。第四，一个有利的环境。世界卫生组织认为，随着人均寿命的延长，世界各国都迫切需要建立有效的方案来预防和减少老年人残疾的发生。实施老年人互助政策不仅可以预防老年人残疾的发生，同时还可以推动老人充分参与社区活动。第五，为老年人提供护理。世界卫生组织认为，卫生政策面临的最大挑战是如何在自我护理（自己照顾自己）、非正规护理（家庭与朋友）与正规护理（社区与养老机构）之间寻求平衡。由于在世界范围内，许多家庭成员、朋友和邻居（大多数是女性）为需要帮助的老年人提供了大量的支持和照顾，所以一些决策者担心，如果提供更正规的护理服务会减少家庭的参与。但世界卫生组织研究表明情况并非如此，在提供适当的正规养老服务时，非正式护理仍然是关键的合作伙伴（WHO，2000）。第六，老龄化中的女性问题。虽然世界各国女性的寿命几乎高于男性，虽然在生命周期方面占有优势，但是在获得教育、收入、食物、较好的工作、医疗保健、遗产、社会保障和政治权力方面，她们比男性更有可能遭受家庭暴力和歧视。与男性相比，这些不利因素的累积意味着女性老年时遭遇贫穷或身患残疾的风险更高。第七，道德与不公平。随着人口老龄化，道德问题开始与之相伴，道德问题常常与下面的问题密切相关：在资源分配方面表现出来的年龄歧视、生命晚期的相关事宜以及长期护理困境、贫困和残疾老年公民的人权困境等。此外一个公平的社会必须赋予各个年龄段人群获得充分保障的权利。第八,老龄化中的经济问题。世界卫生组织研究显示,政策制定者担心人口老龄化将会导致医疗保健和社会保障成本出现无法控制的爆炸性增长。但是研究表明,老龄化本身不太可能导致"医疗保健成本失控",原因有两个:首先,根据经合组织的数据,不断攀高的医疗成本与既定人口的老龄化无关,而与一些其他情况相关,包括医疗服务提供无效率、医院建立太多、鼓励长期住院的支付系统、过多的医疗干预以及不恰当地使用高成本技术等因素;其次,如果政府可以制定政策预防并减缓老年人衰老的进程,同时非正规护理发挥一定作用,长期护理成本则是可控的。第九,打造养老新范式。传统的观点认为,老龄化与退休、疾病与依赖性相关,但是这种过时的范式已经无法正确反映当前现实。当今社会老年人的生活方式已经发生了巨大改变,世界上大多数国家已经实施延迟退休政策,许多60岁及以上的老年人仍在参加正规就业与非正规就业,亟须打造养老新范式替代已经与现实不相符的旧范式[1]。

(四)积极老龄化的应对

世界卫生组织认为,老龄化需要世界共同面对与共同解决,以联合国老年人准则"独立、参与、照护、自我实现与尊严"为基础,世界卫生组织制定了"积极老龄化"三个主要举措:健康、参与和保障,主要内容包含在"Active Ageing: A Policy Framework"中。

健康。其主要目标是通过制定不同性别的、可衡量的目标,以改善老年人的健康状况,减少慢性病、疾病和过早死亡情况。主要包括

---

[1] World Health Organization, "Noncommunicable Diseases and Mental Health Cluster, Noncommunicable Disease Prevention and Health Promotion Department, Ageing and Life Course. Active Ageing: A Policy Framework", http://apps.who.int/iris/bitstream/handle/10665/67215/WHO_NMH_NPH_02.8.pdf;jsessionid=AD4F973BF4D1C2E8DBE737A1139FBFC5?sequence=1, 2002-04.

以下几个方面。

首先，预防和减轻老年残疾、慢性病和过早死亡的负担。第一，经济因素影响健康。制定政策和方案，解决导致晚年疾病和残疾发生的经济因素（即贫困、收入不平等、社会排斥、文化水平低与缺乏教育），优先改善贫困和边缘化群体的健康状况。第二，预防和有效治疗。为老年人提供有效的、负担得起的筛查，并且为低收入人群提供有效的、支付较少的治疗，以减少疾病的发生。第三，建立适合老年人的安全环境。制定有利于老年人的医疗保健中心和标准，预防残疾的发生或恶化。通过适当的预防措施减少可避免的听力损伤，并支持听力障碍老人使用助听器，旨在到2020年减少和消除可避免的失明（WHO，1997）。第四，无障碍生活。为老年残疾人开发无障碍住房，为所有残疾人提供无障碍公共住宅和无障碍交通工具。在公共场所和工作场所提供无障碍厕所。第五，有质量的生活。制定改善残疾人和慢性病患者生活质量的政策和计划。通过改变环境，为家庭提供康复服务和社区支持，增加能够让家庭负担得起的有效辅助设备，推动其继续保持独立生活。第六，社会支持。运用各种方式与手段督促独居老人以及与社会隔离老人积极融入社会。如支持老人们的社区组织、自助组织和互助组织等。第七，艾滋病。取消与艾滋病毒、艾滋病有关的数据收集的年龄限制，积极应对艾滋病感染者照顾引致的感染者或艾滋病孤儿等对老年群体的负面影响。第八，心理健康。通过提供有关心理健康问题和精神疾病的信息，打破陈腐观念，促进积极的心理健康的形成。第九，清洁的环境。制定有效的政策和计划，确保所有人能够平等地获得清洁的饮用水、安全的食品和清洁的空气，在生命历程中尽量减少污染，尤其是在儿童和老年时期。

其次，减少会诱发主要疾病的风险因素，并提出相关举措增进健康。第一，烟草。采取综合措施控制烟草制品的营销和使用，为老年人提供戒烟帮助。第二，体力活动。为老年人提供适度的体育活动，让人们认识到老年人参与体育活动、保持活跃的重要性。第三，营养。第四，健康饮食。第五，口腔健康。第六，心理因素。第七，酒精和毒品。第八，药物。

再次，制定出一系列经济实惠、可实现、高质量、适合老年人的健康和社会服务，以满足老年人随着年龄增长的需求和权利。第一，提供老年进程中的一系列照料。第二，确保能够公平、有效地获得高质量的初级卫生保健。第三，非正规护理人员。第四，专业护理人员。第五，心理健康服务。第六，和谐的人性化的护理系统。第七，预防医源性疾病。第八，力争在家庭或者社区养老。第九，加强合作，提供优质的护理服务。

最后，为护理人员提供培训和教育，为非专业护理人员提供专业的护理知识与培训，培养专业护理人员[①]。

世界卫生组织在老年人参与方面提供的建议为：首先，在整个生命历程中提供教育和学习机会。第一，在整个生命历程中通过提供医学方面的教育来提高医学知识。第二，通过制定能够支持老年人"活到老、学到老"的教育和培训，保证老年人充分参与。其次，根据个人的需要、偏好和能力，尊重并督促老年人积极参与经济发展活动、正式或非正式的工作以及志愿者活动。最后，鼓励老年人不要因为年龄的增长而减少参与家庭社区活动。

在老年人的保障方面，满足老年人在社会、财产和人身安全方面的权益，保证老年人获得充分的社会保障、足够的安全和尊严。支持为贫困和独居的老年人提供社会安全网，推行保障其获得稳定充足收入来源的社会保障政策。同时在艾滋病患者、消费者保护、社会正义、

---

① World Health Organization, "Noncommunicable Diseases and Mental Health Cluster, Noncommunicable Disease Prevention and Health Promotion Department, Ageing and Life Course. Active Ageing: A Policy Framework", http://apps.who.int/iris/bitstream/handle/10665/67215/WHO_NMH_NPH_02.8.pdf; jsessionid = AD4F973BF4D1C2E8DBE737A1139FBFC5? sequence = 1, 2002 - 04.

住房、危机、虐待老人等方面也要采取相应举措，消除老年人保障权益和需求方面的不平等。①

二 健康老龄化

在人的生命周期中，通常认为青壮年时期所创造的社会财富最大，随着年龄的增长，创造财富与价值的能力在递减，但事实上老年人进入老年阶段所创造的价值同样不容忽视。英国2011年的统计研究显示，通过计算税收、消费和其他相关经济价值活动，扣除养老金、福利和卫生保健支出之后发现，老年人对社会经济的净贡献接近400亿英镑，而到2030年预期将达770亿英镑。世界卫生组织《老龄化与健康的全球战略与行动计划》（草案）在2015年提出，经执行局2016年1月讨论之后，第六十九届世界卫生大会发布《关于健康老龄化的生命历程的多部门行动：关于老龄化和健康的全球战略和行动计划》（文件A69/17）。该战略是世界卫生组织会员、秘书处和合作伙伴建立框架的重要一步，为实现所有人能够长寿和健康生活的愿景做出贡献。具体而言，该战略侧重于五个战略目标：承诺每个国家都应采取积极行动促进健康老龄化；发展关爱老年人的环境；促进卫生系统与老年人口的需求保持一致；建立可持续、公平的长期护理系统（家庭，社区，机构）；改善健康老龄化的测量、监测和研究。世界卫生组织的执行局于2016年1月27日在瑞士日内瓦讨论了"关于老龄化和健康的全球战略和行动计划"的修订版，来自30个世界卫生组织和民间社会组织的代表参与了讨论。2016年5月，世界卫生组织的41

---

① World Health Organization, "Noncommunicable Diseases and Mental Health Cluster, Noncommunicable Disease Prevention and Health Promotion Department, Ageing and Life Course. Active Aging a Policy Framework", http://apps.who.int/iris/bitstream/handle/10665/67215/WHO_NMH_NPH_02.8.pdf; jsessionid = AD4F973BF4D1C2E8DBE737A1139FBFC5? sequence = 1, 2002 – 04.

个会员审议并通过了题为《2016—2020年老龄化与健康全球战略和行动计划：建设每个人都能健康长寿的世界》的决议草案。①

（一）健康老龄化的定义

在《关于老龄化与健康的全球报告》中，健康老龄化被定义为：开发和保持老年人实现晚年福祉能力的行动。这种能力取决于个体的内在能力、居住的环境以及这些因素之间的相互作用。内在能力，指个体在任何时候都能动用的全部体力和脑力的组合。但是，内在能力只是决定老年人能做什么的因素之一，另外一个因素是老年人居住的生活环境以及老年人与生活环境的相互关系。当老年人的内在能力条件允许时，能否完成自己认为重要的这些事情，最终取决于其生活环境中存在的各种资源以及障碍。所以即使老年人内在能力有限，如果能够得到抗炎药物、辅助器材（如拐杖、轮椅、助力车）或者居住在可负担的、便捷的交通设施附近，他们仍然能够去商场购物。这种个体内在能力与环境的结合及其相互关系就被称为功能实现，在本文中被定义为：个体能够按照自身观念和偏好的实现来生活和行动的健康相关因素。②

健康老龄化，即从生命全过程的角度，从生命早期开始，对所有影响健康的因素进行综合、系统的干预，营造有利于老年健康的社会支持和生活环境，以延长健康预期寿命，维护老年人的健康功能，提高老年人的健康水平。③

面对迫切的老龄化问题，整个世界尚未做好足够的准备。2017年，世界卫生组织老龄化与生命全程司司长 John Beard 指出：在老年护理领域，世界卫生系统尚未做好准备。即使在富裕国家，人们也不

---

① World Health Organization, "Global Strategy and Action Plan on Ageing and Health", https://www.who.int/ageing/WHO-GSAP-2017.pdf?ua=1, 2017.

② Ibid.

③ 《"十三五"健康老龄化规划》, http://www.nhfpc.gov.cn/jtfzs/jslgf/201703/63ce9714ca164840be76b362856a6c5f.shtml, 2017-03-17.

一定都能获得所需的综合服务。国际卫生组织对 11 个高收入国家进行的一项调查结果显示,高达 41% 的老年人(即 65 岁及以上的人)称在过去两年间遇到护理协调问题。① 世界卫生组织发布的《老年人综合护理指南》提出,可以通过社区服务帮助预防、延缓或扭转老年人身体和智能退化现象。《指南》还要求卫生和社会服务提供者采取综合评估和护理计划等方法,围绕老年人的需求提供协调一致的服务,指出,从一线服务人员到高层领导,各级卫生和社会服务人员都可发挥作用,帮助改善老年人健康。世界卫生组织新指南为初级卫生保健工作者提供了证据,认为应将老年人的综合需求置于护理服务的中心,而不是仅讨论如何治病。老年人往往有慢性疾患或问题,而且往往同时面临多种问题和疾患。然而当今卫生系统通常仅注重对急性疾病的检测和治疗。John Beard 认为,为满足老年人的需求,卫生系统必须针对老年人面临的重大问题,如经常性疼痛,听力和视力减退,行走困难,或日常生活困难等,提供持续护理服务。这需要大幅改进护理服务提供者之间的协调。一些国家已根据世界卫生组织全球老龄化与健康战略采取了明智的选择。巴西在进行全面评估后扩大了对老年人的服务;日本实行长期护理保险,为人们提供护理费用保障;泰国正加强服务,尽量在住家附近提供卫生和社会护理综合服务;越南卫生部将建立综合卫生保健系统和大量老人护理点,以更好地满足社区老年人的需求。毛里求斯卫生部为老年人提供全民健康覆盖,包括建立护理网络和初级保健诊所,并在医院提供更为先进的服务;阿拉伯联合酋长国正创建关爱老人城市以满足老年人的健康需求;法国图卢兹大学医院的"老龄中心"(Gerontopole)是世界卫生组织新的合作中心,正帮助推动健康老龄化的研究、临床实践和培训工作。John Beard 博士总结说:"综合护理有助于促进包容性经济增长,改善健康和福

---

① WHO, "Health Services Must Stop Leaving Older People Behind", http://www.who.int/zh/news-Room/detail, 2017 – 09 – 29.

祉，并确保老年人不被遗忘，使其能够为发展做出贡献。"①

第三节 中国应对老龄化的实践摸索

中国社会保障制度从20世纪80年代中期开始地方试点工作，40年来，中国现代社会保障制度从无到有、从地方试点到制度统一、从经办体系到综合立法、从融资端到支付端、从缴费型制度到非缴费型制度等都取得了长足发展。② 中国的社会保障制度是世界上规模最大的社会保障制度，40年的改革实践中国已经搭建了基本的制度框架，但是广覆盖、低水平却是社会保障制度当前发展的现实，尤其是深度老龄化问题方面仍需加大探索的力度。

截至2019年年底，中国60岁及以上老年人口为25388万人，占总人口的18.1%，其中65岁及以上老年人口17603万人，占总人口的12.6%③。随着我国迈入老龄化社会，党和国家政府高度重视老龄工作，在政策实践与理论研究方面都进行了尝试与探索。截至2018年年底，全国各类养老机构和设施16.8万个，养老床位合计达到727.1万张，比上年增长3.3%，每千名老年人拥有养老床位29.1张。其中，全国共有注册登记的养老机构2.9万个，比上年增长10.0%，床位379.4万张，比上年增长3.9%；社区养老照料机构和设施4.5万个，社区互助型养老设施9.1万个，社区留宿和日间照料床位达到347.8万张。④ 虽然都出现了一定程度的增长，但是与养老需求仍存在一定

---

① WHO, "Health Services Must Stop Leaving Older People Behind", http://www.who.int/zh/news-Room/detail, 2017-09-29.
② 郑秉文：《中国社会保障40年：经验总结与改革取向》，《中国人口科学》2018年第4期。
③ 《中国2019年国民经济和社会发展统计公报》，http://www.tjcn.org/tjgb/0029/36162.html.
④ 《2018民政事业发展统计公报》，http://www.mca.gov.cn/article/sj/tjgb/201908/20190800018807.shtml, 2019-08-20.

数量与质量的差距。

一 我国应对老龄化的政策探索

2000年8月,《中共中央、国务院关于加强老龄工作的决定》(以下简称《决定》)提到老龄工作的重要性并对老龄工作做出了全面部署。老龄问题涉及政治、经济、文化和社会生活等诸多领域,是关系国计民生和国家长治久安的一个重大社会问题。全党全社会必须从改革、发展、稳定的大局出发,高度重视和切实加强老龄工作。[①]《决定》肯定了我国老龄工作取得的进步,已经"初步建立了养老、医疗等社会保障制度,老年福利、卫生、文化、教育、体育等事业有了一定发展,老年人的生活水平和生活质量不断提高"。[②] 但是仍然存在一定的矛盾,"对人口老龄化问题认识不足,老龄工作政策、法规不够健全,社会保障制度尚不完善,社区管理和老年服务设施、服务网络建设滞后,老年思想政治工作薄弱,侵犯老年人合法权益的现象时有发生"[③],应该"建立以家庭养老为基础、社区服务为依托、社会养老为补充的养老机制;逐步建立比较完善的以老年福利、生活照料、医疗保健、体育健身、文化教育和法律服务为主要内容的老年服务体系,切实提高老年人的物质和精神文化生活水平,基本实现老有所养、老有所医、老有所教、老有所学、老有所为、老有所乐"。[④] 确立了以家庭养老为基础、社区服务为依托、社会养老为补充的养老服务模式。

2011年,为积极应对老龄化,加快推进老龄事业的发展,《中国老龄事业发展"十二五"规划》中提出,应"建立以居家为基础、社

[①] 《中共中央、国务院关于加强老龄工作的决定》,http://www.nhfpc.gov.cn/jtfzs/s3581c/201307/e9f0bbfea6c742ec9b832e2021a02eac.shtml,2000-08-21。
[②] 同上。
[③] 同上。
[④] 同上。

区为依托、机构为支撑的养老服务体系"。① 更加明确了养老服务的三大主体,奠定了养老服务三足鼎立的格局,自此以后,养老服务模式都是在此基础之上不断完善。

2012年,党的十八大报告明确提出:"积极应对人口老龄化,大力发展老龄服务事业和产业。"党的十八届三中全会提出,要"积极应对人口老龄化,加快建立社会养老服务体系和发展老年服务产业"。我国养老服务的搭建日益迫切与重要。

2016年2月,习近平总书记对加强老龄工作做出重要指示,强调有效应对我国人口老龄化,事关国家发展全局,事关亿万百姓福祉。要立足当前、着眼长远,加强顶层设计,完善生育、就业、养老等重大政策和制度,做到及时应对、科学应对、综合应对。此事要提上重要议事日程,"十三五"期间要抓好部署、落实。② 我国养老服务不仅要侧重解决当前问题,更要做好长远布局。

2016年3月,《中华人民共和国国民经济和社会发展第十三个五年规划纲要》(以下简称《"十三五"规划纲要》)正式颁布。《"十三五"规划纲要》中对人口老龄化与养老服务体系设计进行了明确的设计。我国应开展应对人口老龄化行动,加强顶层设计,构建以人口战略、生育政策、就业制度、养老服务、社保体系、健康保障、人才培养、环境支持、社会参与等为支撑的人口老龄化应对体系。③ 建立以居家为基础、社区为依托、机构为补充的多层次养老服务体系。统筹规划建设公益性养老服务设施,支持面向失能老年人的老年养护院、社区日间照料中心等设施建设。全面建立针对经济困难高龄、失能老年人的补贴制度。加强老龄科学研究。实施养老护理人员培训计划,

---

① 《中国老龄事业发展"十二五"规划》,http://www.gov.cn/zwgk/2011-09/23/content_1954782.htm, 2011-09-23.
② 习近平:《加强顶层设计完善重大政策制度及时科学综合应对人口老龄化》,http://www.xinhuanet.com/politics/2016-02/23/c_1118133430.htm, 2016-02-23.
③ 《中华人民共和国国民经济和社会发展第十三个五年规划纲要》,http://www.xinhuanet.com/politics/2016lh/2016-03/17/c_1118366322.htm, 2016-03-17.

加强专业化养老服务护理人员和管理人才队伍建设。推动医疗卫生和养老服务相结合。完善与老龄化相适应的福利慈善体系。推进老年宜居环境建设。全面放开养老服务市场，通过购买服务、股权合作等方式支持各类市场主体增加养老服务和产品供给。加强老年人权益保护，弘扬敬老、养老、助老社会风尚。① 我国特殊的国情以及经济发展现实决定了我国养老服务模式必须不断探索，在原有居家、社区与机构养老基础上，面对不同人群、不同需求，整齐划一的养老模式不能涵盖所有需求，必须探索多层次养老服务体系的搭建，做好供给，以应对不同需求。

2016年5月27日，习近平总书记在参加中共中央政治局第三十二次集体学习时再次强调，我们党历来高度重视老龄工作。党的十八大和十八届三中、四中、五中全会以及《"十三五"规划纲要》都对应对人口老龄化、加快建设社会养老服务体系、发展养老服务产业等提出了明确要求。各地区各部门加大投入、扎实行动，积极推动老龄事业发展，在应对人口老龄化工作方面取得了显著成效。同时，我们的政策措施、工作基础、体制机制等还存在明显不足，与广大老年人过上幸福晚年生活的期盼差距较大。② 在此次会议上，习近平总书记还对老龄工作做出重要部署，要在思想观念、老龄政策制度、养老服务业和老龄产业、发挥老年人积极作用、健全老龄工作体制机制等方面深入开展老龄工作。提出我国要构建"居家为基础、社区为依托、机构为补充、医养相结合的养老服务体系，更好满足老年人养老服务需求"。③ 随着老年人口的急剧增长，如何体面尊严、高质量地养老已经成为当务之急，医养结合为老年人的养老提供了一定的保障，医养

---

① 《中华人民共和国国民经济和社会发展第十三个五年规划纲要》，http://www.xinhuanet.com/politics/2016lh/2016-03/17/c_1118366322.htm，2016-03-17.
② 习近平：《推动老龄事业全面协调可持续发展》，http://www.cncaprc.gov.cn/contents/2/174584.html，2016-05-29.
③ 同上。

结合开始成为继三大主体之后的补充养老模式。

2016年12月,国务院办公厅发布《关于全面放开养老服务市场提升养老服务质量的若干意见》,其中提到我国养老服务的发展目标,到2020年,养老服务市场全面放开,养老服务和产品有效供给能力大幅提升,供给结构更加合理,养老服务政策法规体系、行业质量标准体系进一步完善,信用体系基本建立,市场监管机制有效运行,服务质量明显改善,群众满意度显著提高,养老服务业成为促进经济社会发展的新动能。① 从供给的角度分析了我国养老服务对于养老需求的满足与促进经济发展都具有重要意义。

2017年2月28日,国务院发布了《"十三五"国家老龄事业发展和养老体系建设规划》(以下简称《规划》)。预计到2020年,全国60岁及以上老年人口将增加到2.55亿人左右,占总人口比重提升到17.8%左右;高龄老年人将增加到2900万人左右,独居和空巢老年人将增加到1.18亿人左右,老年抚养比将提高到28%左右;用于老年人的社会保障支出将持续增长;农村实际居住人口老龄化程度可能进一步加深。② 我国养老形势愈加严峻,深度老龄化在我国已经开始逐步凸显,我国"十三五"养老服务体系的目标为"居家为基础、社区为依托、机构为补充、医养相结合的养老服务体系更加健全"。在《规划》中,还提到了养老服务发展的短板:涉老法规政策系统性、协调性、针对性、可操作性有待增强;城乡、区域老龄事业发展和养老体系建设不均衡问题突出;养老服务有效供给不足,质量效益不高,人才队伍短缺;老年用品市场供需矛盾比较突出;老龄工作体制机制不健全,社会参与不充分,基层基础比较薄弱。③ 我国养老服务的短

---

① 《关于全面放开养老服务市场提升养老服务质量的若干意见》,http://www.gov.cn/zhengce/content/2016-12/23/content_5151747.htm,2016-12-23.
② 《"十三五"国家老龄事业发展和养老体系建设规划》,http://www.gov.cn/zhengce/content/2017-03/06/content_5173930.htm,2017-03-06.
③ 同上。

板重在供给，在供给方面下足功夫，才会使养老服务供需均衡。

2017年3月17日，国家卫生计生委等部门联合发布了《"十三五"健康老龄化规划》。其中提到，"我国目前尚未建立起适应老年人健康需求的包括保健—预防—治疗—康复—护理—安宁疗护的综合性、连续性的服务体系"，"为积极应对人口老龄化，实现健康老龄化，大力推进老年健康服务供给侧结构性改革，实现发展方式由以治病为中心转变为以人民健康为中心，服务体系由以提高老年疾病诊疗能力为主向以生命全周期、健康服务全覆盖为主转变，保障老年人能够获得适宜的、综合的、连续的整合型健康服务，提高老年人健康水平，实现健康老龄化，建设健康中国"。这预示着我国在养老服务内涵方面开始深入拓展，不仅侧重于解决养老问题，也开始关注生命周期中的其他问题，如疾病预防以及安宁服务。

2017年10月18日，习近平总书记在十九大报告中提到"积极应对人口老龄化，构建养老、孝老、敬老政策体系和社会环境，推进医养结合，加快老龄事业和产业发展"。这标志我国的养老不仅局限在民生领域，逐渐开启以老年视角推动社会价值观的重塑，运用政策手段对社会与家庭养老、孝老、敬老加以引导，构建养老的社会氛围。

2019年3月5日，李克强总理在《政府工作报告》中提出，要继续推进多层次养老保障体系建设。我国需要做实多层次养老服务体系建设，并以此为引领，搭建能够满足多元养老需求的体系。

2019年4月16日发布的《国务院办公厅关于推进养老服务发展的意见》中提到："养老服务市场活力尚未充分激发，发展不平衡不充分、有效供给不足、服务质量不高等问题依然存在，人民群众养老服务需求尚未有效满足。按照2019年政府工作报告对养老服务工作的部署，为打通'堵点'，消除'痛点'，破除发展障碍，健全市场机制，持续完善居家为基础、社区为依托、机构为补充、医养相结合的养老服务体系，建立健全高龄、失能老年人长期照护服务体系，强化信用为核心、质量为保障、放权与监管并重的服务管理体系，大力推动养老服务供给结构不断优化、社会有效投资明显扩大、养老服务质量持续改善、养老服务消费潜力充分释放，确保到 2022 年在保障人人享有基本养老服务的基础上，有效满足老年人多样化、多层次养老服务需求，老年人及其子女获得感、幸福感、安全感显著提高。"该意见针对养老服务体系建设中的"堵点""痛点"加以梳理，进一步推动多层次养老服务体系尽快落地。

2019 年 7 月 7 日发布的《国务院办公厅关于同意建立养老服务部际联席会议制度的函》，旨在协同 21 个养老服务相关部委，形成工作合力，共同推进养老服务发展，是国务院加快发展养老服务的重大决策部署。

2019 年十九届四中全会提出，坚持和完善统筹城乡的民生保障制度，满足人民日益增长的美好生活需要。增进人民福祉、促进人的全面发展是我们党立党为公、执政为民的本质要求。必须健全幼有所育、学有所教、劳有所得、病有所医、老有所养、住有所居、弱有所扶等方面国家基本公共服务制度体系，注重加强普惠性、基础性、兜底性民生建设，保障群众基本生活。满足人民多层次多样化需求，使改革发展成果更多、更公平地惠及全体人民。要健全有利于更充分、更高质量就业的促进机制，构建服务全民终身学习的教育体系，完善覆盖全民的社会保障体系，强化提高人民健康水平的制度保障。坚决打赢脱贫攻坚战，建立解决相对贫困的长效机制。①

2019 年 11 月 22 日，中共中央、国务院印发了《国家积极应对人口老龄化中长期规划》（以下简称《规划》）。《规划》近期至 2022 年，中期至 2035 年，远期展望至 2050 年，是到 21 世纪中叶我国积极应对人口老龄化的战略性、综合性、指导性文件。《规划》明确了积极应对人口老龄化的战略目标，即积极应对人口老龄化的制度基础持

---

① 《中国共产党第十九届中央委员会第四次全体会议公报》，《人民日报》2019 年 10 月 31 日。

续巩固，财富储备日益充沛，人力资本不断提升，科技支撑更加有力，产品和服务丰富优质，社会环境宜居友好，经济社会发展始终与人口老龄化进程相适应，顺利建成社会主义现代化强国，实现中华民族伟大复兴的中国梦。到2022年，我国积极应对人口老龄化的制度框架初步建立；到2035年，积极应对人口老龄化的制度安排更加科学有效；到21世纪中叶，与社会主义现代化强国相适应的应对人口老龄化制度安排成熟完备。积极推进健康中国建设，建立和完善包括健康教育、预防保健、疾病诊治、康复护理、长期照护、安宁疗护的综合、连续的老年健康服务体系。健全以居家为基础、社区为依托、机构充分发展、医养有机结合的多层次养老服务体系，多渠道、多领域扩大适老产品和服务供给，提升产品和服务质量。①

我国养老服务体系在发展起步的初期阶段，试图模仿国外社会化养老的路线，大力发展机构养老，因此在"十一五"和"十二五"期间，大力发展机构养老，但是运行的效果并不令人满意：养老机构及床位发展很快，但是却出现了大量的床位闲置。郑功成分析认为，这一方面是养老机构自身的原因，更重要的是中国的老年人并不喜欢与陌生老年人以集体生活的方式来度过人生的最后阶段。西方发达国家的养老服务体系也是在不断摸索中确立的，经历了一个从家庭养老到机构养老又回归居家养老的过程。这足以说明机构养老虽然曾经被寄予厚望，承接了一定的养老功能，但与养老意愿相违背，并不适合承担养老的主体地位，居家养老依然是首选。习近平总书记提出的"养老、孝老、敬老政策一体化，实质上是将现代化的西方机构养老方式和中国传统的家庭养老模式、城乡社区邻里互助养老方式有机地结合在一起"，这是对中国人的真正了解和理解，也是对中国传统文化的尊重，它应当是应对中国老龄化和使中国老年人安度晚年的唯一正确

---

① 《国家积极应对人口老龄化中长期规划》，http：//www.gov.cn/zhengce/2019－11/23/content_ 5454778.htm，2019－11－23.

的选择。中国的发展已经证明，由于家庭结构日益小型化、多样化，以及人口高流动性使熟人社区变成陌生人社区，只有传统的家庭孝老与社区敬老方式已经无法保障老年人的晚年生活，但如果忽略家庭孝老与社区敬老的传统方式，绝大多数老年人可能在失望中度过晚年，因为中国独特的文化传统与一代一代人的经验积累与选择偏好，就是希望能够在熟悉的环境中与亲近的人一起度过人生最后阶段。因此，养老、孝老、敬老三位一体的养老保障理念就是适合中国国情的一种科学养老保障理念。在这种理念的指引下，中国的养老保障特别是养老服务政策将更加尊重中国老年人的意愿，更加尊重家庭、重视社区，进而提供更加符合中国老年人安度晚年的服务保障。① 西方70%的老人选择居家养老，中国90%的老人选择居家养老，中西方的养老服务发展实践证明，以居家养老为基础，构建"居家+社区+机构+医养结合"，从注重养老到健康防御的多层次养老服务体系是中国现实国情的选择。即便如此，严峻的养老现实依然不容乐观，我国部分城市已经先后进入深度老龄化，而且深度老龄化将会在不久席卷全国，人数之众、来势之猛，让我们必须科学规划养老服务，按照国家养老服务的中长期发展规划进行布局，防范养老危机对经济、社会产生大的冲击与震荡。

二　我国养老服务模式的理论探索

日益严峻的老龄化拷问着我国脆弱的养老服务体系，如何更好地保障高质量、适合中国国情的养老服务模式在理论与实践上都困扰着我们。我国的养老服务体系经历了一段摸索中的失误，曾经尝试模仿西方的养老服务模式，打造以机构养老为主的养老服务模式，部分地抑制了居家养老与社区养老的发展速度，放缓了我国养老服务的发展

---

① 王宏禹、王啸宇：《养护医三位一体：智慧社区居家精细化养老服务体系研究》，《武汉大学学报》（哲学社会科学版）2018年第7期。

速度，事实证明，我国的国情不适合建立以机构养老为主的养老服务模式。邬沧萍提出，积极老龄化指的是应该从年轻时开始就应该有健康。一个人要终身健康，要终身学习，终身参与，而且还要终身有保障。一个人要有尊严，这样才是积极的老龄化，全社会也应该参与到这个一个人从小就重视健康、重视学习、重视参与、重视社会保障制度的建设中，社会保障还应包括安全在内，包括食品安全、人身安全。①

张来明认为，我国应该加大对居家养老和社区养老的支持力度，合理发展养老机构。② 我国的现实情况和国外经验都表明，居家养老和社区养老是养老服务体系的主体。同时还要加快养老保障、医疗以及就业领域的制度建设，以适应我国人口老龄化需要。因此我国必须做出一些重要的调整与转变。一是加快养老保障制度改革。我国的养老保障已经实现了制度上的全覆盖，但仍存在资金平衡压力较大、城乡居民保障水平较低的问题。未来，在城镇职工养老保障方面，应该逐步落实"坚持精算平衡，完善筹资机制，分清政府、企业、个人等的责任"以及"实现职工基础养老金全国统筹，建立基本养老金合理调整机制"的要求，尽快实现基础养老金全国统筹以平衡地区间养老压力，并通过完善精算平衡机制以解决赡养率过高带来的资金平衡压力。在城乡居民养老保障方面，应该通过稳步提高保障水平、改革完善宅基地和承包地等土地流转机制、确保农村老人的土地收益、完善社会救助等多种方式，为城乡老年居民提供基本的经济保障条件。二是适应老年人的需求变化，加快医疗卫生服务体系改革。针对疾病模式转变趋势，强化对各种慢性非传染性疾病的早期干预和管理；加强基层医疗卫生体系建设，加快发展康复护理机构；改革服务方式，逐步推进家庭病床和上门服务、即时服务和主动监测。三是以提高大龄劳动力的劳动参与率为目标，完善就业政策。随着人口老龄化加剧，劳动力会从过剩走向短缺，且劳动力年

---

① 邬沧萍：《积极应对人口老龄化》，《人民政协报》2013年10月23日。
② 张来明：《积极应对人口老龄化》，《经济日报》2016年4月7日。

龄结构会逐步老化，人口红利逐步削减，调动大龄劳动力的工作积极性事关中国经济持续健康发展。未来应该通过实施延迟退休、就业补贴、避免就业歧视、加强对大龄劳动力的培训和就业服务等政策举措，不断提高大龄劳动力的劳动参与率，支撑中国经济持续健康发展。

利用信息技术整合资源，加快智能化养老发展。互联网和智能技术在养老服务领域大有可为。利用信息技术促进养老服务资源整合，能够很好地缓解养老服务人员不足的压力。一是要运用信息和智能技术整合医疗和养老服务资源，促进医养结合。近年来，智能化产品大量涌现，给老年人的生活带来极大便利。例如，在健康领域，各种可穿戴设备快速发展，有些具有健康监测功能，能够帮助老年人进行健康管理，及时发现跌倒等意外情况；有些可以进行定位和追踪，防止老年人特别是患有老年痴呆的老人走失。信息技术和远程医疗技术的快速发展，能够为老年人就近看病提供便利。二是要利用信息技术整合为养老生活服务资源，建立起整合家政、送餐、就医、出行等各种信息的居家养老服务信息平台。三是借助互联网技术，为老年人打造更广阔的参与、沟通平台，促进老年人的经济和社会参与。

还要鼓励市场力量参与老年服务产业发展。老年服务产业发展滞后一直是制约我国养老服务水平提高的重要问题。党的十八大和十八届三中全会都提出了加快发展老年服务产业的要求，国务院先后出台了《国务院关于加快发展养老服务业的若干意见》《国务院关于促进健康服务业发展的若干意见》，民政部等十部委发布了《关于鼓励和引导民间资本进入养老服务领域的实施意见》，对老年服务产业发展做出部署。《"十三五"规划纲要》明确提出：全面放开养老服务市场，通过购买服务、股权合作等方式支持各类市场主体增加养老服务和产品供给。这无疑为企业开发和提供养老服务和产品提供了巨大的发展机遇，从事健康养老的企业大有可为。①

---

① 张来明：《积极应对人口老龄化》，《经济日报》2016年4月7日。

第三章　养老服务体系建设的若干理论问题

第一节　社会保障的定义

社会保障是21世纪最热门的词语之一，最早出现于美国1935年颁布的《社会保障法》当中。被作为概念明确解释则源自美国在1999年出版的《社会工作词典》中。社会保障被定义为：一个社会对那些遇到了已经由法律做出定义的困难的公民，如年老、生病、年幼或失业的人提供的收入补助。《新大不列颠百科全书》对社会保障的定义是：对病残、失业、作物失收、丧偶、妊娠、抚养子女或退休的人提供现金待遇。国际劳工局对社会保障的定义是：社会保障即社会通过一系列的公共措施对其成员提供的保护，以防止他们由于疾病、妊娠、工伤、失业、残疾、老年及死亡而导致的收入中断或大大降低而遭受经济和社会困窘，对社会成员提供的医疗照顾以及对有儿童的家庭提供的补贴。[①] 国外关于社会保障定义的界定从模糊日益走向清晰，口径也日益扩大，即由于非主观因素导致的收入中断或降低而给予的收入补贴与救助，是缩小社会收入差距的重要手段。

在中国，学者们根据自己的理解也给出了相同或不同的诠释。陈良瑾将社会保障定义为国家和社会，通过国民收入的分配与再分配，

---

① 孟醒：《统筹城乡社会保障》，经济科学出版社2005年版，第6页。

依法对社会成员的基本生活权利予以保障的社会安全制度。① 葛寿昌认为，社会保障是社会（国家）通过立法，采取强制手段，对国民收入进行分配和再分配形成社会消费基金，对基本生活发生困难的社会成员给予物质上的帮助，以保证社会安定的一种有组织的措施、制度和事业的总称。② 郑秉文等认为，社会保障是与社会主义市场经济的体制基础相适应，国家和社会依法对社会成员基本生活予以保障的社会安全制度。③ 郑功成认为，社会保障是国家依法强制建立的、具有经济福利性的国民生活保障和社会稳定系统；在中国，社会保障应该是各种社会保险、社会救助、社会福利、军人保障、医疗保健、福利服务以及各种政府或企业补助、社会互助保障等社会措施的总称。④

经过梳理与比较，中国学者与国外研究对于社会保障的定义既有共性又存在较为明显的差异。

共同之处在于：国内外的定义都侧重关注社会上的某些弱势群体，并以提供收入的方式保障其生活所需。

不同之处在于以下两点。第一，社会保障提供的主体不同。国外的社会保障承担的主体表现为"社会"，这一泛泛的概念在理解上常常会产生一定的歧义。笔者认为，由于美国慈善意识常态化，美国的社会保障需要承担责任的主体较为广泛，它不仅囊括宏观管理的政府，还包括体制健全完善的各种非营利组织、企业捐赠再加上美国的普通公民。美国全民慈善这一说法并不夸张，个人捐赠一向被视为美国慈善捐赠最重要、最稳定、数量最大的来源，根据美国 Giving USA Foundation 统计，2016 年美国慈善捐款总额约 3900 亿美元，创历史新高，其中个人捐款额为 2818 亿美元，按现有人口 3.23 亿人计算，人均捐款 872 美元。在慈善捐赠中，来自个人的慈善捐款额占总数的 72.3%；

---

① 陈良瑾：《社会保障教程》，知识出版社 1990 年版，第 5 页。
② 葛寿昌：《社会保障经济学》，复旦大学出版社 1990 年版，第 2 页。
③ 郑秉文、和春雷：《社会保障分析导论》，法律出版社 2001 年版，第 3 页。
④ 郑功成：《社会保障学》，商务印书馆 2000 年版，第 11—12 页。

其次是基金会捐款，为 592 亿美元，占 15.2%；遗产捐赠为 303 亿美元，占 7.8%；公司捐款为 185 亿美元，占 4.7%。[①] 所以社会保障所定义的社会包括政府、非营利组织、企业和每一个有捐赠行为的公民，这些主体决定了美国社会保障资金的源头。中国长期以来缺少慈善捐赠的制度保障，社会保障制度中起着主导支配作用的是政府，其次才是非营利组织、企业与个人。政府社会保障支出占财政支出的 11% 左右，对于支撑社会保障的发展具有决定性作用。而中国并没有培育出令人满意的非营利组织，致使其公信力明显下降，而中国的公民也没有培育出良好的慈善文化。"世界捐助指数（2015）"由英国慈善救助基金会发布，世界著名调查公司盖洛普对全球 145 个国家和地区超过 13 万民众的调查结果显示，中国慈善捐赠指数排名 144，与美国人均捐款相差 93 倍。[②] 2018 年世界慈善指数显示，中国的慈善捐赠指数在 144 个国家和地区中排名倒数第三，仅仅超过越南与也门。[③] 所以，中国社会保障的主体绝大部分仍要依赖于政府。第二，社会保障支撑之下的福利目标定位。中国的学者多数认为，社会保障是保证居民基本生活所需、维持生存的一个调节手段，所涉及的人群范围较为广泛，把贫困列在首位，这与中国作为发展中国家的经济地位较为匹配。在国外的定义中，侧重关注的是致穷原因，把一些特殊非主观因素致穷列为保障的对象。

第二节　社会保障服务

社会保障服务的定义在百度百科上所做出的解释是：社会保障服

---

① 北京公旻汇咨询中心：《美国慈善捐款一年 3900 亿美元》，《中国发展简报》2018 年第 1 期。
② 同上。
③ 英国慈善救助基金会：《从 2018 年"世界捐赠指数"看慈善行为》，*CAF World Giving Index*，2018。

务是指政府及其所属社会保障组织，依照法律对其社会成员提供现金福利或实物福利，或以税收减免等优惠政策提供财政资助来满足他们的基本生活需要的价值转移活动。

包括安置住院、医疗护理、伤残重建（即对残疾人员采取测试、医疗、锻炼、安装人造器官，以及配置特种辅助器材等办法，使其恢复工作和生活能力）；为老年人设立老年公寓、敬老院、老年病治疗中心、老年人婚姻介绍所；为家长和儿童提供幼儿园、托儿所、小学生午餐服务；面向全民的其他社会服务；等等。社会保障服务提供的主体为政府及其所属社会保障组织；服务的手段主要以现金、实物和服务为主，中国对于此定义的研究尚欠清晰。

第三节　养老保障服务

关于养老保障服务的定义与内涵，中国学术界尚未形成一致的观点。部分学者认为，养老服务是指为老年人提供必要的生活服务，满足其物质生活和精神生活的基本需求。部分学者认为，社会养老服务（或称养老社会服务）是针对中国家庭养老功能弱化、高龄老人和空巢老人增多而需要从社会角度对老年人提供的帮助服务，是由政府、社会组织、企业、志愿者为老年人提供的各种生活所需的服务。社会养老服务又可以分为基本养老服务（福利性养老服务）、非营利性养老服务和市场养老服务（后两种养老服务也称为非基本养老服务）三大类。非基本养老服务是对老年人生活所需的具有一定幸福指数的享受型服务。在老年人的生活中，社会养老服务和家庭养老服务相互联系、相互依赖、相互补充、相互促进，共同支撑了老年人的生活生命质量。有的学者则认为，养老服务外延界定可以从两个方面考察。从构成要素方面看，广义的养老服务包括资金保障和服务保障体系。资金保障体系包括养老金保障体系和老年人医疗保障体系（目前归属于社会医疗保险体系）；养老服务保障体系包括狭义的老年人养老服务体系（民政的养老福利和老龄服务）和得到医保支付的卫生护理服务，以及社会和市场提供的养老服务。从人群覆盖面看，广义的养老服务对象是所有的老年人。①

2014年8月26日，财政部等四部门下发了《关于做好政府购买养老服务工作的通知》（以下简称《通知》），在《通知》中提到，需要部署加快推进政府购买养老服务工作，到2020年，我国将基本建立比较完善的政府购买养老服务制度，推动建成功能完善、规模适度、覆盖城乡的养老服务体系。同时要根据养老服务的性质、对象、特点和地方实际情况，重点选取生活照料、康复护理和养老服务人员培养等方面开展政府购买服务工作。《通知》提到了关于政府购买养老保障服务的详细内容，主要包括居家养老、社区养老与机构养老等五个方面。在购买居家养老服务方面，主要包括为符合政府资助条件的老年人购买助餐、助浴、助洁、助急、助医、护理等上门服务，以及养老服务网络信息建设；在购买社区养老服务方面，主要包括为老年人购买社区日间照料、老年康复文体活动等服务；在购买机构养老服务方面，主要为"三无"（无劳动能力，无生活来源，无赡养人和扶养人或者其赡养人和扶养人确无赡养和扶养能力）老人、低收入老人、经济困难的失能半失能老人购买机构供养、护理服务；在购买养老服务人员培养方面，主要包括为养老护理人员购买职业培训、职业教育和继续教育等；在养老评估方面，主要包括老年人能力评估和服务需求评估的组织实施、养老服务评价等。② 同时《通知》也提到，各地要根据养老服务的项目范围，结合本地经济社会发展水平、财政承受能力和老年人基本服务需求，制定政府购买养老服务的指导性目录，明确服务种类、性质和内容，细化目录清单，并根据实际情况变化，及时进行动态调整。对不属于政府职责范围内的服务项目，政府不得

---

① 胡苏云：《上海养老服务思路与对策研究》，《科学发展》2012年第12期。
② http://www.gov.cn/xinwen/2014-09/03/content_2744690.htm，2014-09-03。

向社会力量购买。

养老服务的发展需要依托中国国情，但同时也需要与世界养老服务的发展看齐。中国政府为了比肩国际养老服务，多次举办各种形式的养老服务的交流与合作，并取得了不菲的成绩。其中，中国国际养老服务博览会就是中国政府所举办的能够提供国际上最为领先的养老服务理念与养老服务产品的博览会，截至2018年已经召开了七届。我国养老保障服务发展的理论与实践表明，自中国进入老龄化以来，老龄化的危机凸显，养老服务需求群体日益增加，生活经济水平的差异导致养老需求多样化，所以在当前未富先老、未备先老的国情背景下，养老保障服务的内涵较难界定，但是笔者认为主要应该包括如下几个方面。第一，制度建设。养老保障服务的制度建设可以为养老服务推进提供总体布局，从我国养老服务发展的实践来看，我国老龄化的严重程度低于日本，然而我国对老龄化的恐慌甚于日本，其根源在于我国老龄化恐慌的背后是制度恐慌，是对养老服务制度制定的迫切心情的一种折射，是对养老保障服务制度搭建由无到有的信心缺乏。第二，设施建设。养老保障服务所需的各种设施的配置，保障老年人社会生活参与、疾病康复等活动的实现。第三，养老专业人员的配备。从管理到提供养老服务各级专业养老人员的供给，我国在此方面存在巨大供给缺口，专业养老服务人员严重匮乏，供给仍处于低门槛、低水平运行现状。如中国在2019年提出降低养老护理员的学历限制，以保障供给人数的增加。第四，养老保障服务内容的标准。应编制不同服务等级的服务标准。中国目前仍处于不断完善标准的起步阶段，2019年10月，颁布了《养老护理员国家职业技能标准》（2019年版）。第五，养老保障服务的质量监督。养老服务的行业标准与准入资格界定。我国的养老服务业的质量监督尚缺乏高效率的成熟模式，在规避养老服务业的逐利行为方面尚显不足。第六，养老保障服务资金的保证。多渠道筹集养老服务资金，保证养老保障服务的可持续性，我国养老服务资金的主体尚需进一步扩大。

第四节　养老服务模式

中国学者根据中国养老的真实需求，并结合中西方的发展实践，在探索养老模式方面已进行了艰辛的努力与尝试。

谢琼提出，养老模式是指人们进入老年阶段后如何安度晚年生活的制度安排与机制保障，它包括老年人的经济保障、服务保障与精神保障三个层次，但核心是满足老年人的生活照料需求。并从中国改革开放与时代发展的背景出发，基于传统养老模式遇到的严峻挑战和流行于西方国家的机构养老又很难被中国广大公众接受的客观事实，提出中国养老模式的中庸之道，即"居家养老＋社区照料"型养老模式是适合中国最广大老年人需求的理想模式。这种模式既能够保留传统家庭养老模式的诸多优势，又借鉴了西方发达国家的有益做法，可以利用超越家庭之外的社区照料来弥补家庭保障的不足，确保老年人的生活质量，从而形成中式为主、西式为辅的中西结合的养老模式。① 丁方等界定了养老模式的内涵，他们认为养老模式具有两方面的含义：一种是奉养老人，养老送终；另一种是老年人的闲居休息。他们对养老模式的定义是指从现存老人的养老选择中调查所得出的较为普遍的选择。现阶段学界关于养老模式还有其他的提法，如"养老方式""养老制度""养老体系""养老形式""养老服务模式"等，他们列举了部分学者对于养老模式内涵的界定。如宋健提出，所有现在的概念都可以归为三类，即"养老体系""养老模式""养老方式"。原野、穆光宗都认为，养老包括经济供养、生活照料（主要指身体照料）和精神安慰三个基本方面。陈赛权同大多数学者一样，都同意以上观点。杨宗传指出，养老方式比较重要的有两方面：经济供养和居住方式，具体是生活服务由谁提供和老年人同谁生活在一起。陈建兰则只是定义了城

---

① 谢琼：《中国养老模式的中庸之道》，《山东社会科学》2008年第11期。

市养老模式，将其理解为城市养老中核心的、相对稳定的、区别于农村养老的特征和存在形式。李中秋定义养老模式为一个国家或地区的养老体系，分别包括主要和辅助的养老方式，以及为这些养老方式提供的法律制度和政策措施支持。根据以上所述，总结来说"养老模式"指在一个特定的社会中满足老龄人口各方面需求的典型的生活方式，主要指满足老年人经济来源、生活照料及精神慰藉三个方面需求的生活方式。[①]

郑功成关于中西方养老模式的选择上做出过这样的评价，关于养老服务，欧美国家推崇机构养老，而中国的文化却推崇居家养老，如果硬要仿效国外，就可能逆主流民意，不能以制度规律为由超越现实国情，也不能以国情为由扭曲制度规律，这是两个尊重，需要理性地调适。

2011年中国政府明确提出了建设"以居家养老为基础、社区养老为依托、机构养老为支撑"的社会养老服务体系。[②] "十二五"时期，我国老龄事业和养老体系建设取得长足发展（见表3-1）。初步建立了"以居家为基础、社区为依托、机构为补充、医养结合的养老服务体系"。《中国老龄事业发展"十二五"规划》《社会养老服务体系建设规划（2011—2015年）》确定的目标任务基本完成。老年人权益保障和养老服务业发展等方面的法规政策不断完善；基本养老、基本医疗保障覆盖面不断扩大，保障水平逐年提高；以居家为基础、社区为依托、机构为补充、医养相结合的养老服务体系初步形成，养老床位达到672.7万张；老年宜居环境建设持续推进，老年人社会参与条件继续优化；老年文化、体育、教育事业快速发展，老年人精神文化生活日益丰富；老年人优待项目更加丰富、范围大幅拓宽，敬老养老助老社会氛围日益浓厚，老年人的获得感和幸福感明显增强。[③] 我国的

---

① 转引自丁方等《我国养老模式研究综述》，《中国市场》2014年第15期。
② 张文娟、魏蒙：《城市老年人的机构养老意愿及影响因素研究——以北京市西城区为例》，《人口与经济》2014年第6期。
③ 《国务院关于印发"十三五"国家老龄事业发展和养老体系建设规划的通知》，http://www.gov.cn/xinwen/2017-03/06/content_5174100.htm，2017-03-16。

养老服务模式又出现了新的发展与创新。我国在"十三五"期间又提出了新的目标与发展方向（见表3-2）。

表3-1 "十二五"期间国家老龄事业发展和养老体系建设主要指标完成情况

主要指标	完成情况	预期目标	完成率（%）
城镇职工基本养老保险参保人数（亿人）	3.54	3.57	99
城乡居民基本养老保险参保人数（亿人）	5.05	4.5	112
企业退休人员社会化管理比例（%）	81.1	80	101
离退休人员养老金待遇年均增长率（%）	10.7	7	152
农村五保供养平均标准年均增长率（%）	15.3	7	219
城乡居民基本医疗保险参保人数（亿人）	13.3	13.2	101
每千名老年人拥有养老床位数（张）	30.3	30	101
基层老年法律援助覆盖面（%）	98	75	131
老年协会城乡社区创建率（%）	81.9	87.5	94
老年教育参与率（%）	3.5	5	70
老年志愿者占比（%）	10	10	100

资料来源：《国务院关于印发"十三五"国家老龄事业发展和养老体系建设规划的通知》。

表3-2 "十三五"期间国家老龄事业发展和养老体系建设主要指标

类　别	指　　标	目标值
社会保障	基本养老保险参保率	达到90%
	基本医疗保险参保率	稳定在95%以上
养老服务	政府运营的养老床位占比	不超过50%
	护理型养老床位占比	不低于30%
健康支持	老年人健康素养	提升至10%
	二级以上综合医院设老年病科比例	35%以上
	65岁以上老年人健康管理率	达到70%
精神文化生活	建有老年学校的乡镇（街道）比例	达到50%
	经常性参与教育活动的老年人口比例	20%以上
社会参与	老年志愿者注册人数占老年人口比例	达到12%
	城乡社区基层老年协会覆盖率	90%以上
投入保障	福彩公益金用于养老服务业的比例	50%以上

资料来源：《国务院关于印发"十三五"国家老龄事业发展和养老体系建设规划的通知》。

第四章　养老服务模式的理论发展

养老模式作为研究养老问题的焦点问题之一，是国家、学者研究的重点内容。但是由于对养老模式研究视角选择的不同，而呈现了多种养老划分标准共存的局面，甚至同一学者在养老模式的论述中，所持观点也不尽一致，而这种混乱局面无疑会造成学术研究甄别与选择的困难。

第一节　养老模式之争

一　穆光宗的"两分法"

养老模式划分方法的研究中较为典型的学者如穆光宗。穆光宗提到，在实际生活中，养老方式主要有居家养老、机构养老和异地养老等类别，各有特点和优势。养老模式主要有两种分类方法：一是按照养老责任承担者的不同，可以分为家庭养老和社会养老；二是按照养老地点（即老人居住环境）的不同，可以分为居家养老和机构养老、原地养老和异地养老。异地养老存在一定的市场，但不是基本的养老模式，而是点缀式的、有条件的养老方式。异地养老可以理解为社区居家养老和机构公寓养老的补充。以居家养老为基础、社区服务为依托、机构照护为支撑，是中国特色养老服务体系的基本特点。上海、广东等地提出了建设"9073"养老服务体系的提法,北京则提出到2020年构建"9064"养老服务模式的口号。"9073"是指90%居家养老、7%社区日间照料、3%机构养老的养老模式。"9064"也是三种养老模式的比例分配。需要指出的是,"9073""9064"的说法混淆了三者的关系,因为这三者有平行关系,也有层级关系。第一层面是居家养老和机构养老,两者是平行关系;第二层面是社区助老。第一层面的居家养老和第二层面的社区服务构成层级关系而非平行关系。从客观上来看,居家养老的老年人并非人人都能享受到社区助老服务;从主观上来讲,居家养老的老年人也并非人人都想享受社区为老服务、助老服务,因为有些服务是需要付费的。居家养老和社区服务不可分割,互为依存。根据上海的调查发现,90%的老年人愿意居家自我照料,他们或眷恋长期居住的熟悉的环境和邻里朋友,或担心被议论子女不孝,并不愿意到机构去养老。其实,90%的希望居家养老的老年人有不少甚至说全部期望获得或多或少的社区助老服务,而且实际享受社区服务的老年人总是居家老人的一部分。例如,2010年上海享受社区服务的居家老人约有25万人,占户籍老年人口的7%。显然,这7%是90%希望居家养老的老年人中的一部分,而非90%之外的7%。就居家养老和社区助老关系而言,二者是"9007"的关系,而"9073"的说法混淆了单选和复选,逻辑有误。居家养老和机构养老是非此即彼的选择,二者存在直接的对应关系。如果90%的老年人选择居家养老,那么机构养老的老年人就是10%,不管这个机构是坐落在社区还是在其他地方。养老方式是二分天下(即"9010"),而不是三分天下。[①]

二 二元化、三元化与多元化

有学者将中国的养老模式划分为三个层面。

---

① 穆光宗:《养老哪种方式适合您》,《健康报》2011年10月7日。

第一种（二元化）：将中国养老模式分为家庭养老和社会养老模式。其中，家庭养老模式又分为传统家庭养老和居家养老；社会养老模式又分为社会机构养老和社区养老。第二种（三元化）：根据养老的地点划分标准，可以分为三种：一是居家养老、社区养老、机构养老；二是家庭养老、社会机构养老、社区居家养老；三是家庭养老、社区（集体）养老、社会养老。根据养老的资金来源为标准划分，养老模式又有两种分法：一是划分为个人养老、政府养老、社会养老；二是划分为家庭养老、自我养老和机构养老。第三种（多元化）：我国养老模式由单一走向多元化。根据养老居住的方式，我国城市养老模式分为居家养老＋社区养老、回归田园养老、异地养老和旅游养老；根据经济供养来源，可分为以房养老和以地养老；根据日常的生活照料，可分为遗赠养老、搭伴养老和"迷你"家庭养老院（见表4－1）。

表4－1　　　　　　　　　我国养老模式的分类

分类	划分标准	模式	
二元化	养老来源、养老支持方式	家庭养老	传统家庭养老
			居家养老
		社会养老	社会机构养老
			社区养老
三元化	养老的地点	居家养老、社区养老和机构养老	
		家庭养老、社会机构养老、社区居家养老	
		家庭养老、社区（集体）养老、社会养老	
	养老的资金来源	个人养老、政府养老和社会养老	
		家庭养老、自我养老和机构养老	
多元化	养老居住的方式	居家养老＋社区养老、回归田园养老、异地养老和旅游养老	
	经济供养来源	以房养老、以地养老	
	日常的生活照料	遗赠养老、搭伴养老和"迷你"家庭养老院	

资料来源：宋小霞等：《近十年来我国养老模式研究综述》，《嘉应学院学报》（哲学社会科学版）2015年第10期。

第二节 养老服务模式的分类

养老服务模式是一个国家综合国情的体现,它不仅承载了国家历史文化的沉淀,同时还是一国经济实力的考量,更是调适着国家大政方针与民生民意的平衡,意义深远而重大。通过综观国内学者关于养老服务模式的研究,养老模式的划分基本有如下的判断依据。

一 以老年人生活环境为视角

邬沧萍站在老年人生活环境的视角,把老年人的社会关系归结为家庭与非家庭关系,并据此提出与之相应的家庭养老和社会养老模式,认为家庭养老与社会养老相结合是我们的历史选择。[1]

二 从养老服务的支撑主体来划分

养老服务的提供离不开服务支撑的主体,目前我国养老服务支撑的主体仍然以传统的三大主体(家庭、社区、机构)为基础,但是在养老服务供给资源有限的前提下,支撑主体发生了一定程度变化,进而衍生了新型的养老服务模式。

穆光宗认为,我国多年的实践证明,中国未来的养老服务社会化方向是建设和完善城乡统筹,专业规范,以满足老年人多样性、个性化需求为目标,以居家养老为基础、社区服务为依托、机构照护为补充的多支柱、多功能养老服务体系。[2] 居家养老、社区服务、机构照

---

[1] 邬沧萍会长在各国家庭养老与社会化养老服务研讨会闭幕式上的讲话,1998年4月12日。

[2] 穆光宗、张团:《我国人口老龄化的发展趋势及其战略应对》,《华中师范大学学报》(人文社会科学版)2011年第5期。

护被认为是我国养老服务体系的三大支柱，但与此同时也存在一些新型的养老模式，这种养老模式的责任主体发生了一定变化。

2008年河北省邯郸市肥乡县农村出现了一种新的互助养老模式——肥乡模式。肥乡县针对农村青壮年大多外出务工，留守老人、空巢老人数量激增的问题，以"村级主办、互助服务、群众参与、政府支持"为原则，在全国率先探索"集体建院、集中居住、自我保障、互助服务"的农村互助养老模式。由村集体出资或利用集体闲置房屋建设互助幸福院，并承担水、电、暖等日常开支，年满60周岁、生活能够自理的老人可自愿申请入住，低龄老人照顾高龄老人、共同生活，由子女承担衣、食和医疗等费用。河北省已经将肥乡模式向全省推广。民政部认为，互助幸福院"村集体建得起，老人住得起，政府支持得起"，是符合农村实际、具有当地特色的低成本养老之路。这种养老服务的提供者是尚未进入养老阶段，以当前自己的养老服务的提供换取自己获得日后养老服务的一种模式。张凯琴认为，互助养老主要是依靠身体健康、具有一定照顾他人能力的老年人和社区下岗失业人员来为老年人提供日常生活照料和精神慰藉的一种养老模式。互助养老模式是家庭养老的延伸，是社会化养老的初级形式，是家庭养老向社会养老的一种过渡，是符合中国现实的一种养老模式，而且这种养老模式在我国有着深厚的历史基础和现实基础。首先，互助养老能够提高老年人的生活质量。由于老年人有着相同、相近的人生经历，对问题、社会有相近的看法和观点，有一些相似的人生感悟，他们在一起能够相互交流观点和看法，并容易达成共识，从而消除苦闷和烦恼，得到精神上的慰藉和寄托，这对形成愉快、积极健康的心理状态，排除老年人心理方面的孤独感和失落感都会产生积极的作用，并且丰富了老年人的精神生活，提高了老年人的生活质量。其次，互助养老能够增强老年人的独立意识。[①] 互助模式即通过老年人之间相

---

① 张凯琴：《养老模式选择》，《经营管理者》2016年第2期。

互帮助的方式养老，老年配偶之间晚年相互照料、社区老年人之间的相互扶持、邻里之间彼此互相帮助都属于这种类型。目前国际上比较成熟的"互助型"养老模式有西欧国家的"时间银行"互助养老、日本的社区居民互助养老等。目前由一名老人照顾另一位老人的"老老护理"家庭，已经超过了日本家庭总数的一半。[①] 西欧国家的"时间银行"互助养老模式是把养老服务先"存储"再"流通"，养老服务本身被商品化。日本的社区居民互助养老则强调邻里之间彼此互相照料。我国发展互助型养老模式具有深厚的道德基础，传统的道德文化注重人与人之间的互助友爱，因此，我们可以把西欧各国及日本等的互助养老形式和我国优秀的道德文化相结合，使互助养老模式在我国发挥最大效用。部分学者充分考虑到中国养老服务从业人员的稀缺以及养老需求的递增，结合西方的时间储蓄养老而形成了一种新的养老模式——互助养老。[②]

相较于西方互助养老的发展，中国养老服务一直处于徘徊摸索国家养老服务职能的轨道上，侧重于研究如何通过制度与政策的搭建实现政府购买养老服务的完善。目前学界对"互助养老"的概念和内容的界定依旧不够清晰，对其性质和定位的把握仍然不够明确。比如"以老养老"（孙文华等，2013）、"以老助老"（喻美玲等，2013）、"银龄互助""邻里互助"（陈竞，2008）、"结伴养老"（郝景秀，2011）、"互助组合养老"（朱传一，1997）、"抱团养老"等。陈静等（2013）认为，互助养老是老年人自主选择和政府引导相结合的产物，是老年人基于友爱互助、相互信任的基本原则，在基层社区实现的自我管理和自我服务，是老年人实现自我增能与发展的重要途径；互助养老不仅体现为老年人间的互助行为模式和"互助—自助"养老观念，而且是一种基层养老体系，它具体可体现为老年人邻里互助、亲

[①] 穆光宗：《以日为鉴：中国需要"有备而老"》，《中国社会报》2015年11月2日。
[②] 张志雄、孙建娥：《多元化养老格局下的互助养老》，《老龄科学研究》2015年第5期。

友互助、社区志愿互助等多种形式。在实践中,要推行互助养老模式还存在诸多障碍,包括观念的转变,资金、人力的缺乏等。在理论研究中,我们需要进一步廓清"互助养老"的内涵和外延,清楚界定"互助养老"的性质,分析其宏观和微观效用,总结其实践经验,为中国互助养老事业的发展营造出良好的理论和舆论氛围,为实现"以老伴老""以老养老""以老助老"的养老格局提供理论支撑。[①]部分学者对互助养老的模式给予了充分肯定,朱传一认为:互助养老模式综合了这三种养老模式的优势——不离开原来的家庭和老人们熟悉的环境与友邻,不耗费昂贵的机构养老费用,依靠社区集体力量解决老年人面临的各种问题,而且,这种模式还增添了以上养老模式所没有的优势——老年人自治和相互服务的因素,增进了老年人相互之间的友情,丰富了老年人的精神世界。老人们在服务过程中可以学习到护理他人和自己的知识,同时可以增强自身的独立生活意识。但从目前情况看,这种模式只是在独居老年人中较多,知识层次、专业领域、阶层地位相近的老年人聚居,有着具有奉献精神的带头人的社区中开始拓展起来,其进一步发展还有待探索和推广。[②]

三　以养老居住地为标准进行划分

国外研究业已表明,老年人的居住安排对健康和长寿有一定影响(Davis,1997;Michael 等,2001)。机构养老老人的照料需求及其费用远比其他方式养老的老人多。在大多数西方国家,入住养老机构特别是老年护理院意味着生活独立性的丧失。美国目前 65 岁以上人口中入住养老机构的比例为 7.3%(Fifars,2004),75 岁人群中大约有

---

① 张志雄、孙建娥:《多元化养老格局下的互助养老》,《老龄科学研究》2015 年第 5 期。

② 朱传一:《开拓互助组合养老的新模式》,《中国社会工作》1997 年第 35 期。

30%的人在其余寿中至少进住养老机构一次（Laditka，1998）。随着老年人口的增加，以及因低生育率和女性高就业率所导致的家庭照料资源的减少，发达国家越来越多的老人接受养老机构服务尽管比例在下降（Fifars，2004），相应地对他们的研究也愈加重视（Ness等，2004）。对居家老人在死亡率、健康、生活满意度以及生活质量等方面的比较研究也如雨后春笋般出现（Borowiak和Kostka，2004；Gueldner等，2001）。[①]

学术界通常将中国的养老模式普遍划分为三种：家庭养老模式、机构养老模式和社区居家养老模式。更值得一提的是，学者们普遍认同社区居家养老模式将成为我国养老方式的主流，并支持应大力建设和完善老年人社区服务体系，以推进社区居家养老的顺利开展。目前在我国，这三种养老模式分别占比为96%、1%和3%。社区居家养老是绝对主流。据多地发布的"9073"养老规划，机构养老的3%保持不变，而社区居家养老的比例将从现在的1%上升到7%。[②] 再加上增量的老年人口，这为社区居家养老带来了大量的市场空间。张民省（2008）认为，随着老龄化步伐的加快，我国的养老模式应加快转变和创新，应大力发展居家养老模式；陈平（2010）提出社区居家养老是适合中国国情，是具有中国特色的养老模式，对构建社会主义和谐社会具有重大意义；高晓路（2012）、杨建军（2012）通过实证研究，提出我国应建立以社区居家养老为主体，以机构养老和家庭养老为补充的养老模式。[③] 童星对于上述三种模式进行了比较（如表4-2），得出家庭养老是最符合养老意愿的，同时还具备成本较低的优点，但是家庭成员的养老负担压力较大。社区居家养老具有居住在家庭熟悉环

---

① 顾大男、柳玉芝：《我国机构养老老人与居家养老老人健康状况和死亡风险比较研究》，《人口研究》2006年第9期。

② 安信证券：《2016年养老产业专题研究报告》，《投资策略主题报告》2016年10月12日。

③ 李小梅：《国内外居家养老服务研究综述》，《重庆电子工程职业学院学报》2013年第4期。

境养老的优势,部分地释放了家庭成员的养老压力。机构养老是养老投入成本最高、养老意愿最低的一种养老模式,但是完全释放了家庭成员的养老服务,对于失能、失智等需要长期照顾的老人较为适用。

表 4-2　　家庭养老、机构养老与社区居家养老的比较

	家庭养老	机构养老	社区居家养老
责任主体	家庭	政府、企业、社会	家庭、政府、社会、社区
费用成本	前期投入小,交易成本最低	前期投入大,交易成本高	费用分摊成本低,交易成本低
精神支持	家庭成员、亲属等;程度高	机构服务人员;程度低	家庭成员、亲属、服务人员、志愿者、邻居等;程度高
资金来源	全由家庭或个人负担	由家庭或个人负担,可申请政府补贴	享受政府补贴,低偿以及无偿服务较多,家庭负担小
养老福利投入	无	较高	可整合社区已有各方资源
自由度	自由度高,隐私保密	自由度低,隐私难以保密	较为自由,隐私保密,同时享受社区及社会养老服务
养老意愿	居住在家庭,符合传统养老意愿	不符合传统养老意愿	居住在家庭及熟悉的社区环境,符合老年人意愿

资料来源:童星:《发展社区居家养老服务以应对老龄化》,《探索与争鸣》2015 年第 8 期。

四　按照经济资源的来源渠道划分

刘月按照经济资源的来源渠道把养老模式划分为国家养老、家庭养老与自我养老。她提到,之所以如此划分的原因在于,养老资源可以分为精神层面和物质层面,精神层面的养老资源包括家庭的温暖、朋友的关怀等,都会让老年人在精神层面上获得慰藉,但是由于精神层面资源的不易衡量性、来源广泛性、效用不确定性等诸因素的影响,使我们很难对精神层面的资源进行衡量和分类。而经

济资源具有来源的稳定性、价值的可衡量性以及生活的必需性等诸多有利特征，因此可将经济资源的来源渠道作为界定养老模式的主要依据。国家养老是指老年人的养老经济资源的渠道主要来自国家和政府，国家和政府主要承担着养老的责任。国家养老在一定程度上反映了一个国家社会保障制度的状况，因为政府承担着养老的主要任务，老年人的养老资源保障大部分来自国家。目前国家养老是很多国家采用的养老模式，但国家养老的程度和发展水平并不是衡量一个国家社会保障制度是否完善的标准。家庭养老可以分为传统的家庭养老和社会化的家庭养老，但不管是哪种家庭养老，其养老资源的来源均是家庭。在传统的家庭养老中，家庭成员以血缘关系为纽带，老人的衣、食、住、行、医等一系列生活所需，均由家庭成员承担。作为最常用和大家最熟悉的养老模式，家庭养老模式可以说是一种"反哺式"家庭内部代际之间的养老模式。城乡对比下，家庭养老模式更广泛地应用于我国农村家庭。与传统的家庭养老相比，还有一种由社会代替家庭的部分养老功能，公共的养老资源替换部分家庭提供资源的社会化家庭养老模式。自我养老是一种养老资源全部由老年人自己承担的养老模式。一般来讲，一个国家的经济发展水平越高，采用自我养老模式的老年人就越多，所以在一定程度上，自我养老能反映一个国家的经济发展水平。[①] 以上是国际上主要采用的三种养老模式，刘月认为，这三种养老模式并不是相互排斥和孤立的，而是相辅相成的。一个国家和地区的养老模式通常会以某种模式为主，辅之以其他模式综合运用，因为老年人养老不仅需要物质资源，还需要精神资源，这些都不是单一的养老模式可以提供的，即国家、社会和老年人自己可以提供物质养老资源，但家庭却能够为老年人养老提供重要的精神资源。

---

① 刘月：《国内外养老模式研究》，《现代商业》2014 年第 5 期。

五　从老年人的自理能力与主观意愿角度划分

郑功成从老年人自理能力与主观意愿角度，把养老服务分为机构养老、社区养老和居家养老等类型。其中，机构养老主要面向失能、失智的老年人，为他们提供专业性强、标准化程度高的老年照护服务；社区养老和居家养老则主要面向可以自理或部分自理的老年人，为他们提供标准化与个性化相结合、基本服务与增值服务相结合的多种类型老年服务。对于机构养老，社会组织可以通过政府购买服务和融合市场资源等方式来提供相关服务；对于社区养老，社会组织可以利用政府的扶持政策，提供专业化的托养服务、日间照料和其他服务；对于居家养老，社会组织可以充分发挥社会化、网络化、专业化的特点，着重提供个性化服务，如老年保健、家庭医生、个性化的膳食搭配等，尤其是建设和利用好志愿者服务队伍，通过制定服务标准、加强培训等方式，成为居家养老服务的主要提供者。① 郑功成的划分方法是我国政府当前所采用的养老服务划分方法，老年人的经济能力多层级，老年人的养老需求多层级，老年人的身体状况多层级，老年人家庭养老状况多层级，养老服务供给多层级。一方面是不可确定的多层级、多元化的养老需求，另一方面是受经济条件、养老资源限制的养老供给，而且影响养老供求的因素多为客观条件，国家强力干预养老服务供给将是中国较长时间的战略选择。

六　居家养老和社区照顾服务相结合

部分学者出于中西方文化理念的不同，评价了机构养老在我国的水土不服，同时提出作为血缘维系根深蒂固的国家，居家养老和

---

① 郑功成：《让社会组织成为养老服务生力军》，《人民日报》2013 年 11 月 17 日。

社区养老相辅相成就可以支撑中国的养老服务模式。赵立新[①]提出，社区服务型居家养老是我国农村养老的理性选择，主要基于以下几点考虑：第一，居住在家的模式；第二，家庭供养的基本原则；第三，社区的社会化服务为基础。总之，社区服务型居家养老就是"家庭供养+居住在家+社区服务"的局部社会化养老方式。其中，家庭供养是核心，社区服务是关键，居住在家是表现形式。以上几个方面的有机结合，便构成一种独特的养老方式。谢琼提出，机构养老在相当长的时期内不可能成为中国人安度晚年的主流模式，并分析了机构养老无法占据中国养老模式主流的四个原因：（1）机构养老不仅与中国传统的家庭养老有着重大的区别，而且与中国的传统文化与伦理道德相冲突；（2）机构养老与中国老年人的选择偏好存在差距；（3）中国现行法律法规对家庭养老也有明确规定；（4）机构养老的实践并不顺畅。她认为中国家庭养老模式已经陷入困境，但又不可能彻底放弃家庭养老的传统；中国老年人既对家庭之外的社会力量有日益强烈的需求，又不可能完全接受机构养老方式。在人口老龄化的加速进程中，家庭规模急剧缩小、人口流动日益频繁及人们家庭观、就业观的变化，共同弱化了对老年人的生活照料。这不仅在事实上已经损害了许多老年人的生活质量，在一些地方还出现了老年人因缺乏照料而自杀或者死在家中不被人发现的极端个案。因此，尽管经济保障确实重要，但解决老年人的后顾之忧，不只是一个经济来源问题，更现实更重要的是对老年人日常生活的照料及相关社会服务的供给问题。中国在解决老年人口的经济来源方面，可以借鉴甚至直接采取国外行之有效的制度安排（如养老保险制度、老年津贴制度等），但在老年人的生活照料方面，却需要认真考虑老年人的现实需求与传统取向的平衡。本章认为，"居家养老+社区照料"模式将是适合中国现阶段国情并能够

---

① 赵立新：《社区服务型居家养老：当前我国农村养老的理性选择》，《广西社会科学》2006年第12期。

被普遍接受的养老模式,这是一条以中国传统的家庭养老为主、兼容西式机构或者社会化养老成分的中庸之道,也是中国老年人安度晚年的理想之路。"居家养老+社区照料"模式的实质内容是让老年人居住在家养老,同时接受家庭之外的社区养老服务。其特点是尊重中国的现实国情与家庭养老的文化与伦理价值,尽量维护家庭的养老功能,同时通过大力发展社区老年服务来弥补家庭保障功能的弱化,最终目的是在尊重老年人偏好的条件下确保老年人的生活质量。在这种模式下,老年人不需要离开自己熟悉的家园与社区,并尽可能地调动其生活自主性。因此,"居家养老+社区照料"模式,既是传统家庭养老的延续,也是传统家庭养老的升华,是加入了社会化与现代化因素的家庭养老。它在减轻家庭成员负担的同时,更符合中国人的传统习惯与偏好,可以提供给老人更周到、细致的照顾。因此,应当让"居家养老+社区照料"模式成为中国人安享晚年的主流方式。①

七 医养结合养老服务需求

医养结合模式是近年来我国政府主导之下积极探讨的一种新型养老服务模式,是医疗资源融入养老服务的"医养结合"模式,能够提升老人的健康水平和独立性,通过其积累的技能与经验为家庭和社区做贡献,将会节省大量的照料成本和医疗开支,是促进健康老龄化的可行途径之一。② 邹纯青提出的"医养结合"的含义,认为"医养结合"是根据我国现阶段老龄化社会未富先老、医养分离矛盾突出而出现的一种新型养老服务模式。所谓"医养结合",就是将现行体制下互相独立、自成系统的医疗机构和养老机构结合起来,使医疗资源与

---

① 谢琼:《中国养老模式的中庸之道》,《山东社会科学》2008 年第 11 期。
② 赵晓芳:《健康老龄化背景下"医养结合"养老服务模式研究》,《兰州学刊》2014 年第 9 期。

养老资源有机融合，实现社会服务机制的最优化和社会资源利用的最大化。"医"即指医疗康复保健服务，包括医疗服务、健康咨询服务、健康检查服务、疾病诊治和护理服务、大病康复服务以及临终关怀服务等；"养"则包括生活照护服务、精神心理服务、文化活动服务。"医养结合"就是集养生、养心、养身等为一体，把老年人身心健康医疗护理服务放在首位，把养老机构和医疗机构的社会功能相结合，把生活照料和康复关怀融为一体的养老服务模式。该模式既能实现对数以千万计的患病、失能、半失能老人"老有所养，病有所医"的全面关怀和近身服务，又能切实解除困扰千家万户的对患病老人医护难的社会问题。[①]

中国的养老服务体系长期实行的是医养分离的模式，而医养结合模式的提出主要针对的是医养分离的现状，是规避医养分离、有效改善养老服务治理的一种改进模式（见表4-3）。"医院不能养老，家庭医生难进家，养老机构没医生，养老机构费用不能报销"是长期困扰养老的难题。"医养分离"模式带来了许多问题：一是导致医院拥堵、医疗资源浪费；二是许多社会养老机构尤其是民营养老机构由于没有实在的政策扶持和稳定的收入来源，运营困难，供需之间出现大规模结构失衡；三是导致需方主体老人在身体和经济上承受着不小的压力。近年来，政府多次出台各种方针政策正在推动与拓展医养结合在我国的发展与实施。[②] 而医养结合在一些方面有着明显的优势（见表4-4）。2013年下发了《国务院关于加快发展养老服务业的若干意见》和《国务院关于促进健康服务业发展的若干意见》等文件，并于2015年11月由卫生计生委等联合发布《关于推进医疗卫生与养老服务相结合的指导意见》。2016年4月，发布《关于做好医养结合服务机构许可工作的通知》以及《关

---

① 邹纯青：《新常态下"医养结合"养老服务模式发展路径探讨》，《卫生教育》2015年第5期。
② 米红、杨明旭：《"医养结合"内涵界定需要明确六个问题》，《中国社会报》2015年3月23日。

表4-3　　　　　医养关系：内涵、表现及实现形式

	医养分离	医养结合
内涵	养老机构与卫生服务机构间孤立运行	养老机构与卫生服务机构间整合
表现	服务分离；自我寻求医疗或护理服务	机构合作；服务内容衔接；需求连续性
实现形式	独立的养老/医疗服务机构	医养结合医院；老年爱心护理院；医养结合养老院

资料来源：耿爱生：《养老模式的变革取向："医养结合"及其实现》，《贵州社会科学》2015年第9期。

表4-4　　　　　不同医养关系状态下的养老模式

不同医养关系下的养老模式	保障内容	需求的满足程度	抗经济风险能力
医养分离状态下	基本生活供养、日常生活照料	日常生活满足程度高；照护与保健服务缺失	基本生活的经济风险低；因健康与护理问题产生的经济风险大
医养结合状态下	基本生活供养、日常生活照料、基本健康保障医疗护理服务	日常生活满足程度高；照护服务与健康保健服务满足程度高	基本生活的经济风险低；因健康与护理问题产生的经济风险低

资料来源：耿爱生：《养老模式的变革取向："医养结合"及其实现》，《贵州社会科学》2015年第9期。

于印发医养结合重点任务分工方案的通知》。国务院办公厅《关于推进医疗卫生与养老服务相结合指导意见的通知》提出了中国医养结合的发展目标，到2017年，医养结合政策体系、标准规范和管理制度初步建立，符合需求的专业化医养结合人才培养制度基本形成，建成一批兼具医疗卫生和养老服务资质和能力的医疗卫生机构或养老机构（以下统称医养结合机构），逐步提升基层医疗卫生机构为居家老年人提供上门服务的能力，80%以上的医疗机构开设了为老年人提供挂号、就医等便利服务的绿色通道，50%以上的养老机构能够以不同形式为入住老年人提供医疗卫生服务。老年人健康养老服务可及性明显提升。

到 2020 年，符合国情的医养结合体制机制和政策法规体系基本建立，医疗卫生和养老服务资源实现有序共享，覆盖城乡、规模适宜、功能合理、综合连续的医养结合服务网络基本形成，基层医疗卫生机构为居家老年人提供上门服务的能力明显提升。所有医疗机构开设为老年人提供挂号、就医等便利服务的绿色通道，所有养老机构能够以不同形式为入住老年人提供医疗卫生服务，基本适应老年人健康养老服务需求。[1] 2019 年 10 月 26 日，国家卫健委等十二部委联合发布了《关于深入推进医养结合发展的若干意见》，旨在深入推进医养结合发展，鼓励社会力量积极参与，进一步完善居家为基础、社区为依托、机构为补充、医养相结合的养老服务体系，更好地满足老年人健康养老服务需求。国家卫健委协同其他部委在医养结合深入推进方面提出了具体的办法，主要包括强化医疗卫生与养老服务衔接、推进医养结合机构"放管服"改革、加大政府支持力度、优化保障政策、加强队伍建设五个方面。[2]

总之，在我国的养老服务模式当中，医养结合模式是注重生命质量并保障生命持续的一种模式，这种探索是融合了其他养老模式的服务内容基础之上的一种外延与内涵的拓展，是养老服务模式发展的高级阶段。

八 满足多种需求的养老综合体

养老综合体的概念来自商业综合体，是指提供养老、养生的一体化解决方案。养老综合体，是由养老院、医院、购物中心、食品基地、酒店、学校、公园、公寓等相互作用，高度集合的以养老养生为主题的，满足养老需求的一个建筑群体。共有四层含义。第一层次，一般

---

[1] http：//www.gov.cn/zhengce/content/2015－11/20/content_ 10328. htm，2015－11－18.
[2] http：//www.gov.cn/xinwen/2019－10/26/content_ 5445271. htm.

养老功能设计，适合养老生活，全区无障碍化，产品功能老年化，老年活动空间多元化。例如活动空间，满足唱歌、跳舞等个性化的需求；建筑转角处有广阔的视角，安全且人性化。第二层次，与硬件设计配套，医疗设计、服务设计、运营管理设计，便捷科学合理。第三层次主要为 CSA 理论（社区支持农业），营养产品个性化、食品基地有计划。美国现在有将近 1700 多个 CSA 农场，它是按需生产模式。九如城引进了中央厨房系统，对老人营养饮食设定规范，相应有供应体系。第四层次，数据、物联、云中心，老年生活数据化、个人健康档案、专业医生私人化、管理一体化。养老综合体在中国的发展一般会借助房地产打造养老地产，但是由于价格昂贵而受众较少。

九　按照经济来源划分

按照经济来源划分，可以将养老模式划分为家庭养老、社会养老和个人储蓄养老。家庭养老是指由子女或亲属提供养老经济保障；社会养老是以国家建立的养老保险为核心，也包括社会保险、社会福利、社会救助等方面的社会保障制度；个人储蓄养老是个人以年轻时进行的专项储蓄或者依靠租金、股票等经济收入来实现自我养老。以经济来源作为养老方式的划分标准是较为普遍的分类方法，但是，穆光宗认为，仅从经济供养角度进行分类是不够的，而应该以"养老支持力"为标准划分，将养老方式分为家庭养老、社会养老和自我养老。由家庭提供养老资源的就是"家庭养老"，由社会来提供养老资源的就是"社会养老"。"自我养老"，从理论上讲，就是既不依靠子女和亲属，又不依靠社会保障的养老方式。而"居家养老""机构养老"从根本上来讲并没有超越这三种基本的养老方式，只不过在养老地点上有所差异，形式上可以更加多样化和现代化。从养老资源的来源看，"居家养老"可以是"自我养老"和"社会养老"，而"机构养老"

究其实质也完全可以是"家庭养老"。①

学者们的研究视角不同,导致养老服务模式的划分标准林立,不同的视角虽然增加了学术研究过程中甄别工作的难度,但是从某种角度讲,清晰地界定养老服务模式对于真正解决养老问题有着重要的推动作用。不同的标准揭示了解决养老问题的不同视域,为全方位地解决养老问题开辟了不同的思路。

---

① 傅亚丽:《国内城市机构养老服务研究综述》,《南京人口管理干部学院学报》2019 年第 25 卷第 1 期。

第五章 典型养老服务模式

人口老龄化是21世纪世界各国的重要主题。中国在2018年修订的《中华人民共和国老年人权益保障法》中就把积极应对人口老龄化定位为国家的一项长期战略任务。关于养老服务模式的研究也一直没有中断过，2019年11月21日，中共中央、国务院印发了《国家积极应对人口老龄化中长期规划》，提出我国将要"健全以居家为基础、社区为依托、机构充分发展、医养有机结合的多层次养老服务体系，多渠道、多领域扩大适老产品和服务供给，提升产品和服务质量"。居家养老（家庭养老）、社区养老、机构养老、医养结合①是我国多层次养老服务的四个重要组成部分。

第一节 居家养老（家庭养老）

中国学术界关于居家养老与家庭养老两个概念一直处于并行使用、混淆不清的尴尬局面，给政策制定、执行与学术研究等方面带来了一定程度的困扰。一般而言，在国家层面，各层级政策文件关于养老服务模式的界定一般使用的是"居家养老"表述，但是在具体执行中却发现，居家养老与家庭养老、社区养老都存在一定程度的交叉，辨识

---

① 医养结合列入后文探讨，本章不赘述。

上极为吃力，下面将首先对这一问题做出解释与界定。

一 居家养老与家庭养老

国内学术界关于家庭养老的划分一般是在区别提供养老服务主体时所提到，分为家庭养老与社会养老。家庭养老是指养老服务主体以及养老资金支付与其子女密切相关，同时也暗含居住在家庭。社会养老一般是指养老服务主体为国家、社会组织等，家庭成员不负担养老的义务与责任，主要体现为"三无"老人等，可能居住在家庭也可能居住在养老机构，但是养老服务的提供与养老资金由国家承担。由此可见，按照这种划分，家庭养老人数众多，非家庭养老是少数人的被迫选择。居家养老则通常与社区养老、机构养老并行，划分的依据为养老服务获得的场所，分别为在家接受养老服务、在社区接受养老服务与在机构接受养老服务。2019年9月发布的《民政部关于进一步扩大养老服务供给　促进养老服务消费的实施意见》中这样表述："养老机构、社区养老服务机构要为居家养老提供支撑，将专业服务延伸到家庭，为居家老年人提供生活照料、家务料理、精神慰藉等上门服务，进一步做实做强居家养老。"[①] 可见，居家养老是养老服务模式的基础，社区养老与机构养老是居家养老获得养老服务的依托与支撑。在某种意义上，居家养老是少子化中国国情之下的产物。许多独生子女家庭与父母或分屋而居或异地相望，父母常常独自居住，无法获得家庭成员提供的养老服务，养老服务必须借助于家庭成员之外的社会力量，所以把居住在家庭、养老服务来自社会的养老模式称为居家养老，而把居住在家庭由家庭成员提供养老服务称为家庭养老。二者同样居住在家庭，不同之处在于养老服务的提供主体。可见，我国当前的各类政策文件所提到的居家养老的划分，多是从养老服务供给的角

---

① http：//xxgk.mca.gov.cn：8081/n1360/160822.html，2019 – 09 – 20.

度而言，侧重国家如何针对养老需求精准提供广覆盖的养老服务。这种划分突出了养老服务的供给主体，是国家把家庭的养老服务需求外延出去，运用政策的调整来满足供给。对于中国养老服务供给的推动有重要的作用。所以居家养老如果从服务主体的角度来看，在内涵上，囊括了家庭养老，即居家养老中包括三部分老人，一部分老人居住在家庭，全部接受社会服务；一部分老人居住在家庭，全部接受家庭成员养老服务，即我们前面所提到的家庭养老；一部分老人居住在家庭，养老服务部分由家庭成员提供，部分由社会提供。但无论哪一种我们都可以看到，家庭成员是养老服务需求的最优供给者，家庭承担养老服务迄今依然肩负着基础性作用。中国养老服务供给主体的划分视角，过于侧重家庭之外的供给，忽视了家庭成员对于养老服务的供给仍有弹性与空间。中国家庭千百年来以孝道作为基石，尊老爱幼的传统伦理虽有削弱，但是仍然是代际维系的根本。虽然少子化、高龄化造成了家庭养老服务的稀缺，但是对于国家而言，家庭成员提供养老是成本最低、效果最好的选择，中国近几年在不断探索多种养老模式，如社区养老、幸福大院、时间储蓄养老、医养结合、互助养老、智慧养老等，在探讨各种模式的同时，耗费了大量的人力、物力与财力，如果适时地采取措施推动部分家庭成员回归养老，降低社会提供养老服务的比例，对于国家而言将是一个可行的尝试与探索。

二 家庭养老的衰落与回归

中国的养老模式中家庭养老的主体地位长期以来不可撼动，上海的"9073"、北京的"9064"模式论断，都是家庭养老地位的体现。当今社会进入"少子老龄化"阶段，家庭规模显著缩小，1990年缩减到户均4.0人，2010年为3.1人，2017年为3.03人。[①] 部分学者据此推断：在

---

① 郑功成：《中国儿童福利事业发展初论》，《中国民政》2019年第11期。

家庭内部难以满足老年人需求的条件下，养老必然转向充满人文关怀的社会化服务，这是一种传统情结，更是社会文明发展进步的表现。笔者认为，人文关怀、精神慰藉是养老服务社会供给的短板，是养老群体的必然需求，但是单纯依靠社会化服务提供人文关怀，而忽略精神养老定向子女源的目标指向，将会陷入必然需求与不可能供给之间的矛盾。

在老年人晚年入住养老机构比较常见的西方国家，因为享受家庭和社区氛围的老年人精神和身体状态更好，近年来也逐渐兴起"原居安老"的潮流，政府则注重依托各类非营利组织，大力完善社区照顾系统。① 完善支持家庭发挥基础作用的制度体系。孝亲敬老是中国的文化传统，也是发挥家庭基础作用的良好文化和社会道德基础，在加强国情教育，建设具有民族特色、时代特征的孝亲敬老的同时，要系统研究、持续推进，建立健全家庭照顾者支持政策，以经济补偿、税收减免、服务配套、休假安排等方式减轻家庭育儿负担，鼓励生育，减轻家庭养老负担，鼓励家庭开展力所能及的照护。教育引导和法律强制性要求相结合，完善老年人维权机制，加强家庭建设，自觉承担家庭责任，树立良好家风，巩固家庭养老基础地位。② 居家养老服务是一种投入小、经济效益和社会效益较高的养老方式。③ 郑功成在构建我国的社会保障体系时提到，中国特色的多层次社会保障体系，可将传统的家庭保障作为基础，以政府负责或主导的法定保障为第一层次，以政策支持并集市场、社会各方之力的政策性或公益性保障为第二层次，以市场主导并由市场主体提供的商业性保障为第三层次。政府主导的社会保障项目（如社会保险与面向不同群体的社会福利及相关服务）重在提供基本保障，它需要调动用人单位、个人及家庭分担

---

① 全国人大内务司法委员会调研组：《关于应对人口老龄化与发展养老服务的调研报告》，《社会保障评论》2017年第1期。
② 黄石松、纪竞：《深化新时代我国养老服务供给侧结构性改革的十条建议》，《中国社会工作》2019年第20期。
③ 全国人大内务司法委员会调研组：《关于应对人口老龄化与发展养老服务的调研报告》，《社会保障评论》2017年第1期。

责任的积极性与主动性，保基本是合理的政策取向。家庭养老衰落、机构养老兴起与机构养老衰落、家庭养老回归是国外养老服务发展的经验，我国是亲情社会，虽然少子化造成了家庭养老的暂时衰落，但是在二孩政策的全面放开以及国家家庭养老服务支持体系的政策引导之下，家庭养老回归不可避免。

第二节 社区养老

一 社区居家养老与社区照顾

（一）国外社区养老的发展

在国外，居家养老服务一般被称为"老年人社区照顾"。20世纪60年代，西方发达国家提出了"在合适环境中养老"的理论，英国更是较早开始推行社区照顾的国家。之后，各国纷纷效仿，到20世纪80年代，西方国家的老年人社区照顾服务已走向成熟。英国1989年的社区照顾白皮书中指出："社区照顾"是指给因老年、心理疾病、心理障碍或身体及感觉机能障碍问题所困者提供服务和支持，让他们能够尽可能在自己家中或社区中"类似家庭"的环境下独立生活。杨蓓蕾（2000）提出，所谓"社区照顾"，是指在社区中由社区各类人士合作去为有需要的人士提供照顾，以求在社区环境中改善居民的生活素质。这里的"有需要的人士"涵盖面较广，主要是指老弱病残者及儿童。P. Schopflin（1991）提出，社区照顾服务是指通过非制度性的方式对老年人进行照料和安置，包括家庭清扫、膳食、贴身护理、日间护理等。Lester Parrott（2003）认为，社区照顾服务是指社区中的各方主体，包括社区、老年人、社区组织、邻居或社团等共同组成社区内非正式网络，通过该网络调动社区内外资源，共同为社区内老年人提供养老服务的一种模式。英国学者巴利（M. Barley）将社区照顾分为在社区内照顾和由社区负责照顾。前者指不让老年人离开其所熟悉的社区，在本社区内对其提供生活服务；后者指动员本社区的人力资源，运用社区支持体系开展对老年人的照顾服务。国外很多学者对老年人社区照顾服务模式持肯定态度。Vass（1979）指出，老年人的社区照顾服务能够为老年人谋求利益。Pillemer（1989）对社区照顾服务表示认可和欢迎，认为它可以更好地对生活不便的老年人进行日常照料。Fradkin 和 Heath（1992）认为，社区照顾服务为老年人之间进行交流沟通搭建了平台，利于老年人之间交流沟通，减轻精神空虚感、孤独感，激发老年人参与社区活动的动力。J. Baldock 和 A. Evers 指出，在社区照顾发展过程中，服务项目体现出了新的特点，具有更多的消费选择权和灵活性，过去服务对象被要求适应标准化的服务，而现在的重点是设计一种"套餐服务"，以适应不同老年人的需要，"服务管理"也朝着多元化方向发展。B. Meredith（1993）指出，社区照顾提供适用的住房或者安居房是基本要点，此外还有特殊护理服务，包括日常生活起居、行动料理和自我照顾。而对于患有生理或心理障碍的老人而言，药物治疗、基础护理、物理疗法也不可或缺。为促进老年人的全面健康，还需提供专业咨询和情感援助，如开展休闲活动、教育学习、人际交往等。目前，国外学者普遍认为，社区照顾服务应该包括日常生活照料、医疗健康护理、家庭照料者支援、精神文化交流等。J. Higgins（1986）指出，社区服务的主要供给者有政府、营利性机构、非专业护理人员、雇员和行业协会、志愿者或是非政府非营利性组织。目前，西方学者普遍认为，单纯地依靠政府或者市场来提供老年人社区照顾服务是不够的，政府可以把一些养老公共服务项目通过各种方式，让民间组织、第三部门、私人机构来承担。具体包括以下几种提供方式：服务承包、补贴制度、市场、志愿服务、自助性服务、凭单购买等。P. M. A. van Bilsen 等（2008）运用纵向分析法分析了使用社区照顾服务的老年人对社区服务的使用及满意情况，研究发现，134 位平均年龄为 82 岁的受访者会接受至少一项社区服务，但一年后需求量却无显著增长。另外只有五分之二的服务项目会非经常采用，因此，他们怀疑这些服务提供的必要性。S. Machizawa 和 D. T. Lau（2010）认为，老年人有着很强的精神（心理）需求。M. C. Grillo 等（2010）认为，老年居民在社区养老服务工作中的参与程度与社区养老服务满意度相互影响。M. J. Sirgy 等（2010）认为，老年居民对自身生活质量的感知也会影响社区养老服务满意度。[①]

（二）国内社区养老的发展

截至 2018 年年底，全国共有各类社区服务机构和设施 42.7 万个。城市社区综合服务设施覆盖率 45.3%。社区志愿服务组织（团体）12.9 万个。[②] 社区居家养老，就是以家庭为核心，以社区为依托，以老年人日间照料、医疗护理、家政服务和精神慰藉为主要内容，以上门服务和社区日托服务为主要形式，并引入养老机构专业化服务的养老服务体系。居家养老中"家"的含义扩展到了老年人所居住的社区这个更广泛的意义上。这种养老方式一方面让老年人居住在家中，老年人能够与其他家庭成员一起生活，既符合老年人的生活习惯、养老心理，又能解除老年人居住在养老院中的孤独、寂寞，避免了西方国家机构养老的弊端；另一方面老年人可以享受来自社区居家养老服务人员的关心、生活照料及专业化的社会服务。[③] 社区养老分为居家养老和日间照顾。社区养老的基本做法是：在城市各个社区建立养老护理服务中心，老年人仍然居住在自己的家里，享受营养和理疗护理以及心理咨询等社会服务，并由社会中心派出经过训练的管理护理员按约定定时到老年人家中提供做饭、清扫、整理房间等家务服务，以及陪护老年人、倾听老年人诉说的亲情服务。[④]

[①] 转引自李小梅《国内外居家养老服务研究综述》，《重庆电子工程职业学院学报》2013 年第 4 期。

[②] 《2018 民政事业发展统计公报》，http://www.mca.gov.cn/article/sj/tjgb/201908/20190800018807.shtml，2019 - 08 - 15。

[③] 成伟、张灿贤、牛喜霞：《中国传统养老模式面临的挑战及多元化养老方式探索》，《理论与现代化》2012 年第 3 期。

[④] 赵一红：《意识形态福利视角下的养老模式——城市社区养老和机构养老的比较分析》，《中国社会科学院研究生院学报》2015 年第 3 期。

二 社区养老与居家养老的混淆

穆光宗等区分了家庭养老、社会养老和自我养老三种养老方式，并提出传统养老方式变革的必然性，认为居家养老是一种采取在家居住、接受社会养老服务，以政府支持为保障，家庭养老和社会养老相结合的养老体系[①]；杨宗传在比较机构养老、家庭养老与居家养老的相同点与不同点的基础上，认为居家养老讲的是居住方式的问题，是相对于集中居住的机构养老而言的一种分散在家庭居住的养老形式[②]；刘飞燕认为，家庭养老和社会养老都存在固有的局限性，不能有效解决日益严峻的养老问题，居家养老是体现家庭养老和社会养老双重优势的一种新型养老模式，是指老年人在家中居住，而由社会提供一些养老服务的一种社会化养老模式[③]；孟艳春认为，居家养老服务是指以家庭为核心，以社区养老服务网络为外围，以养老制度为保障的养老体系，也被称为"没有围墙的养老院"[④]；杜少英等认为，居家养老服务就是老年人以家庭为核心，社区为辐射点，政府和社会提供制度政策和资金的保障，为老年人提供各种养老服务[⑤]。但是如果是独居、失能的状况，就地老化的居家养老模式就有难以克服的养老风险，如孤独、摔倒、猝死。日本的"空巢孤独死"所引发的老难善终问题引人关注。根据东京日生基础研究所调查，如果将孤独死定义为"在自家死亡并经过一定时间才被外界发现"，2011年日本全国65岁以上孤

[①] 穆光宗、姚远：《探索中国特色的综合解决老龄问题的未来之路——"全国家庭养老与社会化养老服务研讨会"纪要》，《人口与经济》1999年第2期。
[②] 杨宗传：《居家养老与中国养老模式》，《经济论坛》2000年第3期。
[③] 刘飞燕：《"居家养老"新型养老模式研究》，《江苏商论》2007年第12期。
[④] 孟艳春：《对中国居家养老模式的思考》，《河北师范大学学报》（哲学社会科学版）2010年第5期。
[⑤] 杜少英、张艳文等：《城市居家养老现状及对策》，《中国老年学杂志》2013年第6期。

独死的老人约有 15603 名，他们在去世 4 天后才被发现。"空巢孤独死"问题在中国也频见报端。① 全国人大内务司法委员会调研组提出，居家养老服务的定义是指以家庭为基础，在政府主导下，以城乡社区为依托，以社会保障和社会服务制度为支撑，由政府提供基本公共服务，企业、社会组织提供专业化服务，基层群众性自治组织和志愿者提供公益互助服务，满足居住在家的老年人社会服务需求的养老服务模式。②

从上述关于社区照顾与居家养老的论述当中，我们可以看到学者们论述社区养老与居家养老时，存在一定程度的概念混淆。这种现象在养老保障服务模式的研究中较为普遍，即存在多种标准交叉共存的划分现状，而这无疑给养老服务的理论研究与实践带来一定的困扰。从老年人居住方式来划分，养老只有居家养老和机构照料两种方式，当然机构可以是公立的、私营的，也可以是社区办的，但它们都属于机构照料。纯粹的居家养老并不具备社会性，只是传统的家庭养老，不属于社会化养老。社会化养老也不排斥居家方式，在可以预见到的相当长时期内，绝大多数老人还会以"居家"的形式养老，子女还要承担赡养老人的义务；不仅世界各国如此，东亚社会（包括中、日、韩以及东南亚各国）更是如此，这是由东亚各国（和地区）的现实国情、历史传统和文化习俗决定的。社会保障学界有一种流行的说法，"远学德国，近学日本"。具体到老年保障，则可以表述为：养老保险主要学德国，养老服务则主要学日本。③

当前有些研究中把家庭养老与居家养老混为一谈，忽视了两种提法之下养老服务的主体是存在差异性的。居家养老是指在自己熟悉的家里养老，我国台湾地区称之为在地老化。这个家可能是自己

---

① 穆光宗：《以日为鉴：中国需要"有备而老"》，《中国社会报》2015 年 11 月 2 日。
② 全国人大内务司法委员会调研组：《关于应对人口老龄化与发展养老服务的调研报告》，《社会保障评论》2017 年第 1 期。
③ 童星：《发展社区居家养老服务以应对老龄化》，《探索与争鸣》2015 年第 8 期。

的家，也可能是儿女的家，或者其他亲属的家。我国多数老年人采用的是居家养老的方式。穆光宗谈到，居家养老包括传统和现代的方式。其中传统的居家养老是由家庭成员和亲属为老年人提供照顾，而现代的居家养老既包括内部照顾，也包括外部照顾或者说是社会化的助老服务，如餐饮服务、照料服务、采购服务、陪同服务、陪聊服务、家政服务、医疗服务等，还包括居住社区或者就近社区的助老服务，如社区托老所、老年饭桌等。居家养老包括空巢状态和非空巢状态两种。空巢状态指的是老年人生活在空巢甚至独居的状态中，不与子女同住，身边也没有保姆。非空巢状态是指老年人与子女同住，或者身边有保姆。① 所以我们发现，如果以居住地为主要划分依据的话，则会存在概念上的新一轮混淆，不利于学术探讨与实践研究。

　　家庭养老的主体是家庭及其成员，居家养老则是社区为主。部分学者混淆了居家养老与社区养老，认为居住在家庭，接受社区服务，这样就会出现交叉重叠，增加了理解的难度。在老龄事业对应的养老服务体系中，我们对社区养老概念界定模糊。在现实生活中，社区养老和家庭养老往往混杂在一起，从国际上看，主要通过照料护理老年人的主体是来自家庭成员还是来自社区来区分的。② 笔者认为，当前的养老模式如果从提供养老服务的主体来划分可以划分为家庭养老、社区居家养老与机构养老。这与郑功成划分的居家养老、社区养老与机构养老略有不同，而与穆光宗的提法大体一致。郑功成的居家养老与社区养老单从居住地角度讲都属于居住在家庭，不同的是提供养老服务的主体不同。下面围绕这三种模式展开论述，在家庭养老这种养老模式之下养老服务提供的主体是家庭以及家庭成员，其中包括家庭聘请的保姆与看护，居住在家，养老服务源自家庭的照顾，没有任何

---

① 穆光宗：《养老哪种方式适合您》，《健康报》2011年10月7日。
② 胡苏云：《上海养老服务思路与对策研究》，《科学发展》2012年第12期。

社会化养老参与的痕迹。社区居家养老居住地在家庭，养老服务的主体由家庭、社区共同承担但以社区为主，形成了家庭与社区互补的养老服务模式。居家养老服务居住在家庭，有家人的照护（比如日托老人，白天社区提供服务，晚上或者节假日家人照看，等等），老年人没有脱离家庭的氛围与环境，也没有割断与家人的联系，与家庭养老的区别在于养老服务的主体变成了社区，机构养老，居住地在养老机构，提供养老服务的主体是机构，家庭的参与度较之其他两种模式低。养老模式虽然受到了家庭结构缩小的严重影响，养老服务的主体由养老家庭承担的格局被打破，出现了一定程度的养老服务外移，但是以家庭为主体的养老地位很难被撼动，而且从我国放开二胎政策的价值取向来看，家庭养老的回归将是必然趋势。当然也不排除机构养老兴起的可能，但是兴起需要两个前提：一是传统家庭养老观念的削弱；二是机构养老服务质量的全面提升。从我国当前的养老意愿选择来看，居家社区养老无论从亲情维系上还是养老服务质量监督上，都是老年人养老的首选。郑功成提出，发展思路要有所转变，必须从供给导向转向需求导向，从重机构养老转向重居家养老。应当以老年人的实际需求为规划、布局、发展养老服务业的出发点，以满足居家养老为重点，真正实现精准服务。必须从政府包办转向政府主导、社会与市场深度参与。应充分调动社会资源与市场资源，尽快壮大养老服务的供给能力。[①] 与此同时，家庭养老与社区养老同样也是世界养老服务发展的潮流，澳大利亚政府为了鼓励老年人不进入养老机构养老，提出了"最成功是在家庭养老的口号"；荷兰政府为了推动居家养老，拆除了一部分养老机构，通过发放养老照护补贴来鼓励居家养老。笔者根据自己的理解，对中国养老模式的划分进行了细化，希望能借此解答学术界关于养老服务理解与区别方面的困惑（见图5-1）。

---

① 郑功成：《养老服务业需做大调整》，《人民日报》2015年11月20日。

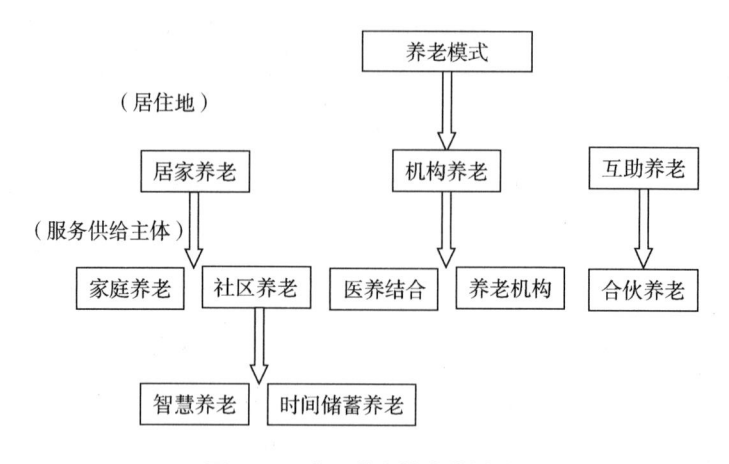

图 5-1　我国养老模式的划分

资料来源：笔者整理。

第三节　机构养老

发展机构养老是我国应对老龄化的重要举措之一。机构养老是以社会机构为养老地点，依靠国家、亲人资助或老年人自助但由养老机构提供养老照料职能的养老模式。作为弥补其他养老方式的不足、解决养老问题的终极方案，机构养老在社会养老服务体系中发挥着不可替代的作用。以机构养老为主的社会养老服务成为未来城市老年人群失能后首选的照料模式。近年来，政府在加大养老机构建设投资的同时，大力推动民间组织和社会资本的介入，养老机构呈现多元化趋势。然而，养老机构建设仍存在床位严重不足、供需矛盾突出的问题。[1]傅亚丽认为，以生活照顾方式为标准，由社会福利机构提供生活照顾的为"机构养老"。机构养老的载体是敬老院、老年公寓、托老所、老年护理院等，这些养老机构具有专业化、社会化、市场化的特征，

---

[1] 张文娟、魏蒙：《城市老年人的机构养老意愿及影响因素研究——以北京市西城区为例》，《人口与经济》2014年第6期。

其职能是提供专业化的老年人生活照顾服务,其服务对象包括完全能够自理的老年人及半自理和完全不能自理的老年人。①

国内学者对于机构养老的定位是在养老服务发展的实践中逐渐演进的。穆光宗高度评价了机构养老在我国养老服务发展中的作用。国家对养老服务体系的定位是,机构养老具有"支撑"地位而不仅仅是"补充",这个定位是富有远见的。中国社会的急剧变迁导致社会化养老服务的需求量逐步增大,并且多层次、多元化的机构养老市场也在逐步扩大。家庭规模的小型化、家庭结构的核心化、人口流动的加速等都对传统的家庭养老模式发起了挑战,使机构养老成为一种日趋重要的选择。机构养老是社会化养老的一种,社会化养老指的是有别于传统家庭养老,通过社会途径、以社会制度保证的养老方式。机构养老方式的优势在于:服务专业化;居住环境好,无障碍设计;休闲时间多,集体生活能排解孤独;减轻子女负担;符合老人独立生活的尊严感,甚至有再婚选择的可能。而劣势在于:需要重新适应环境、重建人际关系,容易与其他人发生冲突;养老成本高,需要额外支付基本生活设施租赁费用;缺少精神慰藉;身体状况要求是半自理的。②

郑功成在谈到机构养老的发展走向时提到,居家、社区、机构养老必须从相互分割转向三位一体。尊重绝大多数老年人居家养老的意愿,让社区成为养老服务业的牢固基石,让包括养老机构在内的各种机构能够通过社区组织、社区设施与互联网为老年人提供服务。现有简单的生活照料式养老服务必须转向医养结合并注重情感保障的质量型养老服务。应当鼓励面向老年人的预防、保健服务和文化、体育服务以及专业社工服务同步得到发展并融入养老服务全过程。为实现上述转变,要重塑政策支持体系。当前亟待打破部门分割、政策分割的

---

① 傅亚丽:《国内城市机构养老服务研究综述》,《南京人口管理干部学院学报》2009年第1期。
② 穆光宗:《我国机构养老发展的困境与对策》,《华中师范大学学报》(人文社会科学版)2012年第2期。

格局，代之以统筹规划布局、精准支持的完整政策体系，突出居家养老的主体地位。要从以年龄为依据转向以身体失能状况为基本依据，合理配置公共资源。相对于健康老年人而言，失能半失能老年人是最需要照顾的群体。公办养老机构应当走向民营化，同时大力发展民办养老机构并通过购买服务等措施积极引导其走向社区，最终形成立足社区的养老服务网络。财政资源配置要重视效率。不求所有、但求所用，不应不设门槛而更应强化引导作用，购买服务值得重点考虑。建议出台相应的金融、住宅、家庭支持政策。包括确立支持养老服务业的长期优惠贷款政策，制定支持居家养老的住宅政策，建立维系家庭成员互助的家庭政策，等等。①

机构养老是美国等西方国家养老的主要模式，但是并不能据此就认为，中国的养老服务模式必须全盘效仿才能破解当前的养老困境。在大多数西方国家，入住养老机构特别是老年护理院意味着生活独立性的丧失，但是在中国并不如此。与西方养老机构的功能不同，中国养老机构并不主要收养那些健康状况比较差的老年人。过去主要接纳那些"三无"老人，而现在更多的是一些子女远在外地无人照料无人依靠的老人，或子女因工作忙而无暇给予照料的老人。② 从中国老龄科学研究中心的三次全国性调查数据来看，2000—2010 年，中国老年人愿意入住养老机构的比例是有所下降的。2000 年老年人中愿意入住养老机构的比例是 15.4%；2006 年基本不变，为 15.6%；但 2010 年中国老年人愿意入住养老机构的比例下降到 12.0%。进一步分析可以发现，在不同身体状况的老年人当中，失能老年人愿意入住养老机构的比例是明显上升的。在老年人当中，主要是半自理和完全自理老年人的入住意愿在下降，失能老年人的入住意愿反而上升。这就对中国养老机构建设的专业性、护理性提出了更高的要求，也就是说，在

---

① 郑功成：《养老服务业需做大调整》，《人民日报》2015 年 11 月 20 日。
② 顾大男、柳玉芝：《我国机构养老老人与居家养老老人健康状况和死亡风险比较研究》，《人口研究》2006 年第 9 期。

发展机构养老方面，要更加注重满足失能老年人的照护需求，大力发展专业性较强、护理水平较高的专业养护型养老服务机构。①

郑功成就批评了国外模式优势论的观点。有人认为，只有西方国家的社会福利制度才是完美的制度安排，从而偏重于社会福利事业去家庭化、机构化，如主张仿效欧美国家机构化养老的，主张借鉴美国儿童社会监管模式的，不一而足。这些提法反映到具体的政策实践中，就是过分关注机构化而忽略了家庭与社区及其他传统的福利供给途径。例如，在老年服务体系建设方面，上海市提出了建成"9073"养老服务格局的目标，北京市提出了建成"9064"养老服务格局的目标，但仔细分析相关政策条文，就可以发现其主要是针对机构养老的，社区养老服务体系建设缺乏力度，90%居家自理养老的老年人更无具体的政策支持。事实上，西方的机构养老有其深厚的文化背景，即使如此，欧美国家的老年人也并非喜欢入住养老机构，而是大多在高龄、失能或半失能状态下选择入住养老院，近几年在欧洲一些国家出现社会福利去机构化的倾向，表明社会福利模式不仅要根据国情，而且要与时俱进地发展。② 我国的现实情况和国外经验都表明，居家养老和社区养老是养老服务体系的主体。近年来，一些地方将养老服务体系建设等同于养老机构建设，致使居家养老和社区养老服务发展缓慢，大多数居家养老的老年人得不到适宜服务，很多老年人的生活质量低下。为此，应该切实按照中央提出的"建设以居家为基础、社区为依托、机构为补充的多层次养老服务体系"的目标要求，加大对居家养老和社区养老的场所以及适老化设施的建设和改造投入，建立并完善居家养老和社区养老的服务支持系统，提高居家养老服务水平。同时，应该发挥好养老机构的补充作用，稳步发展机构养老，弱化养老机构床位数考核，注重服务能力提升。③

---

① 王莉莉：《中国城市地区机构养老服务业发展分析》，《人口学刊》2014年第4期。
② 郑功成：《澄清对社会福利的几个认识误区》，《北京日报》2013年4月8日。
③ 张来明：《积极应对人口老龄化》，《经济日报》2016年4月7日。

2019年《民政统计季报》数据显示,一季度全国养老机构29272个,养老机构床位为388.5万张,二季度全国养老机构29935个,养老机构床位392.8万张[①],前两个季度对比存在小幅度地上升,但是同时对比2018年统计数字发现,2018年全国养老机构29792个,养老机构床位392.8万张,存在养老机构减少、养老床位减少4.3万张的奇怪现象。部分学者认为,我国的养老床位存在虚高的情况,此次减少意味着养老机构回归理性发展。

根据中国当前机构养老的现状,可以发现,中国机构养老存在如下瓶颈制约。机构养老供不应求但资源利用率不高,微利甚至负债导致养老机构自我发展能力不强,养、护、医、送四大功能分离,机构养老缺乏家居认同和亲情滋养,专业、负责的老年护工和管理人才短缺,农村养老机构的非规范发展。[②] 顾大男、柳玉芝根据1998—2002年老年人口健康状况调查考察了机构养老老人与居家养老老人两群体间的健康状况和死亡风险差异。研究显示,机构养老老人具有总体健康状况差、死亡风险相对大但生活满意度高的特点。研究还显示,家庭或社会支持不仅可以降低死亡率而且可缩小两群体间的健康和死亡风险差异,说明家庭或社会支持对机构养老老人群体更具重要性。因此,我们既要强调家庭或社会支持对居家养老的有益作用也要强调它对机构养老老人的有益作用。老年父母入住养老机构后,子女应经常与他们进行情感联络,维持和巩固亲情纽带。[③] 王莉莉提出,制约机构养老的因素有:机构定位不清,职能不明,严重制约养老服务市场的发展;养老机构床位的数量性短缺和结构性短缺问题突出;服务内容单一,服务设施和水平较低;扶持政策不到位,民办养老机构发展

---

① http://www.mca.gov.cn/article/sj/tjjb/qgsj/2019/201904301008.html.
② 穆光宗:《我国机构养老发展的困境与对策》,《华中师范大学学报》(人文社会科学版)2012年第2期。
③ 顾大男、柳玉芝:《我国机构养老老人与居家养老老人健康状况和死亡风险比较研究》,《人口研究》2006年第9期。

困难；老年人对养老机构的认知程度和消费能力总体较低。①

养老机构在养老服务中具有如下优势。①可以减少孤独。老年人有机会和护理人员以及其他老人唠唠嗑，舒缓精神上的孤寂。②生活有安全感。当老年人身边无子女或没有配偶时，独自起居很不安全，容易发生意外事件，在养老院则24小时有人值班，一旦发生意外，会有人及时处理。③减轻家庭养老压力。老年人住养老院减轻了子女的养老压力，有利于家人和老人生活质量的提高。④提高老年生活质量。人到老年，或多或少有些疾病，且多为慢性病，在养老院可以得到有计划的健康管理和治疗，生活更有规律，一日三餐营养均衡，运动及娱乐活动适度，有利于身心健康。此外，养老机构可以向老年人提供专业化、高效的老龄服务，尤其是临终老人，在养老机构可以得到更多关怀和专业护理。②

在机构养老发展过程中，需要把握如下几个原则。①安全原则。失能老人需要安全的生活环境和安全的照护体系的双重保障。②康复原则。老年护理的目的是尽量摆脱失能的状况，恢复自主自理的能力。③尊严原则。失能老人往往自卑，因为失能而成为不能主宰生命的弱势群体。但对这类老年人的尊重和体谅是不可或缺的，是非常必需的。④舒适原则。老年护理要尽量帮助老年人摆脱身体上的痛苦和不适，辅之以器具支持。⑤安心原则。这是最高原则，让老年人心有所属，安心度过最后岁月。③

---

① 王莉莉：《中国城市地区机构养老服务业发展分析》，《人口学刊》2014年第4期。
② 穆光宗：《我国机构养老发展的困境与对策》，《华中师范大学学报》（人文社会科学版）2012年第2期。
③ 同上。

第六章　吉林省养老服务体系建设的现状与困境

根据第六次人口普查统计，吉林省 60 岁及以上老年人口为 362.65 万人，占总人口的 13.21%。到 2020 年，这一比例将高达 21.35%，2050 年，这一比例将达到 43% 左右。① 这一比例又在不断的刷新，《吉林省 2019 年国民经济和社会发展统计公报》显示，截至 2019 年年底，吉林省总人口为 2690.73 万人，60 岁及以上的老年人口为 551.11 万人，占人口总数的 20.48%，其中 65 岁及以上的人口为 374.83 万人，占总人口数的 13.93%。② 预计到 2020 年，老年人口将达到 665 万人，约占全省总人口的 24%；65 岁及以上老年人比例达到 15.15%，老年抚养比达到 33.35%。③ 老龄化程度和速度均超过全国平均水平，呈现出程度高、增速快、高龄化、空巢多等特点（见表 6-1），④ 吉林省即将进入深度老龄化，养老压力正在不断剧增，而与发达省份相比，吉林省的经济发展水平与养老需求无法匹配，2018 年，吉林

---

① 刘平:《到 2020 年吉林省老年人口比例将达 21.35%》，延边新闻网，2012 年 10 月 24 日。
② 《吉林省 2019 年国民经济和社会发展统计公报》，http://www.jl.gov.cn/sjcx/ndbg/tjgb/202004/t20200403_7024695.html，2020-04-03。
③ 《吉林省老龄事业发展和养老体系建设"十三五"规划》，http://xxgk.jl.gov.cn，2017-09-30。
④ 黄艳丽:《建立面向社会发布制度》，http://enews.xwh.cn/shtml/xwhb/20170121/284214.shtml，2017-01-21。

省在全国31个省份（不含港澳台地区）GDP 排名第24，为倒数第8，未富先老、未备先老的省情使得吉林省养老服务的发展更为艰巨（见表6-2）。

表6-1　吉林省2011—2019年60、65岁及以上老年人口统计

年份	60岁及以上（万人）	60岁及以上占比（%）	65岁及以上（万人）	65岁及以上占比（%）
2011			239.97	8.73
2012			254.41	9.25
2013			282.01	10.25
2014			302.21	10.98
2015			309.5	11.24
2016	477.75	17.48	301.18	11.02
2017	525.28	19.33	336.42	12.38
2018	529.18	19.57	343.96	12.72
2019	551.11	20.48	374.83	13.93

资料来源：笔者根据相关年份《吉林省国民经济和社会发展统计公报》整理所得。

表6-2　　　　　　　　吉林省GDP情况

年份	GDP（亿元）	GDP 全国排名	人均GDP（元）	人均GDP排名
2011	10568.83	22（倒数第10）	38446.09	11
2012	11939.24	22（倒数第10）	43415.42	11
2013	13046.40	21（倒数第11）	47424.21	11
2014	13803.14	22（倒数第10）	50156.61	11
2015	14063.13	22（倒数第10）	51082.82	12
2016	14776.80	23（倒数第9）	54068.06	12
2017	14944.53	24（倒数第8）	55003.68	13
2018	15074.62	24（倒数第8）	55749.26	14
2019	11726.8	26（倒数第6）	无	无

资料来源：根据相关年份《中国统计年鉴》和《2019年吉林省国民经济和社会发展统计公报》整理所得。

第一节　吉林省养老服务体系建设的现状

一　政策制度搭建方面

吉林省 2010 年发布了《吉林省人民政府办公厅关于发放老年人生活津贴的通知》。2012 年，吉林省先后制定出台了《吉林省人民政府关于加快推进养老服务业发展的意见》《吉林省老龄事业发展"十二五"规划》以省政府办公厅名义印发《吉林省社会养老服务体系建设规划（2012—2015 年）》《吉林省人口发展"十二五"规划》《省民政厅、省卫生厅、省人社厅关于加强养老机构医疗服务和管理的实施意见》《省民政厅、省财政厅、省人社厅关于加强全省养老护理员培训工作的实施意见》《吉林省社区老年人日间照料中心建设与服务管理规范》等政策文件。2013 年，吉林省首次提出建立"省、市、县、乡、村"五级养老服务网络。2014 年，出台了《吉林省人民政府关于加快养老服务业发展的实施意见》。2015 年 8 月，出台了《吉林省机关事业单位工作人员养老保险制度改革实施办法》，9 月，颁布了《吉林省民政厅关于加强农村养老服务大院建设的指导意见》，《关于健全农村老年人关爱服务体系的实施意见》，12 月，吉林省民政厅联合省公安厅、财政厅、国土资源厅、环保厅、住建厅、卫生计生委、工商局、食品药品监督管理局研究制定了《吉林省养老机构设立许可实施办法》。吉林省于 2016—2017 年实施"生育关怀·天使计划"项目，为采取辅助生殖技术生育成功的"失独家庭"，提供一次性现金补助 2 万元。2016 年 7 月，以省政府办公厅名义下发了《关于推进医疗卫生与养老服务融合发展的实施意见》，将临终关怀列为健康和养老服务一体化链条中的重要一环，在《"健康吉林 2030"规划纲要》《吉林省卫生与健康"十三五"规划》《吉林省"十三五"深化医药卫生体制改革规划》等战略性规划文件中，把安宁疗护纳入全省大健康发展规划，鼓励各级医疗与医养结合机构根据服务需求增设老年养护、安宁疗护病床；稳步推进安宁疗护实践。2016年12月，吉林省人民政府办公厅发布了《吉林省人民政府办公厅关于以市场化方式发展养老服务产业的实施意见》，意在重点支持居家养老、社区养老、机构养老等面向大众的养老服务产业，探讨市场化、社会化、商业化的养老服务产业发展道路。2017年，原国家卫生计生委确定长春市和上海市普陀区等5个市区为全国第一批安宁疗护工作试点地区，并于9月召开全国安宁疗护试点工作启动会议。长春市作为东部地区和吉林省唯一的国家级试点城市，参与机构已经覆盖省级、市级、区级医院、医养结合机构、社区卫生服务中心，公立和私立医疗机构。为了有效应对人口老龄化，推动吉林省老龄事业全面协调可持续发展，健全完善养老体系，2017年9月，吉林省印发了《吉林省老龄事业发展和养老体系建设"十三五"规划》。围绕满足老年人多样式、多层次、个性化的养老服务需求，推动幸福养老工程建设，全面实施"十大计划"，打造吉林养老福地，即基本养老保障计划、养老服务提升计划、健康养老支持计划、养老产业培育计划、老年生活愉悦计划、老有所为行动计划、老年维权援助计划、专业队伍建设计划、规范管理促进计划、事业发展强基计划。到2020年，老年人社会保障体系更加完善，养老服务体系更加健全，为老服务能力不断提升，老年人的社会参与渠道更加通畅，精神文化生活更加丰富，生活环境明显改善，尊老、敬老、爱老、助老风尚日益浓厚，及时科学综合应对人口老龄化的社会基础更加牢固。[①] 2018年1月，吉林省人民政府办公厅向全省印发《吉林省人民政府办公厅关于全面放开养老服务市场提升养老服务质量的实施意见》，明确指出，将全面放开养老服务市场，提升养老服务质量。加快推进幸福养老工程建设，到2020年全面建成以居家为基础、社区

---

① 《吉林省老龄事业发展和养老体系建设"十三五"规划》，http://xxgk.jl.gov.cn/szf/gkml/201812/t20181204_5347476.html，2017-09-30.

为依托、机构为补充、医养深度融合、功能完善、服务优良、覆盖城乡的养老服务体系,社会力量举办或运营的养老床位数占全省养老床位总数的60%以上。①2018年7月,吉林省卫健委发布了《吉林省关于促进"互联网+医疗健康"和健康医疗大数据应用发展的实施意见》(征求意见稿),提出要加强顶层设计和统筹协调,夯实基层基础,完善政策制度,优化资源配置,创新服务模式,大力推动以人为核心的健康医疗大数据的互通共享和应用发展,满足人民群众日益增长的医疗卫生健康需求,促进健康大数据安全规范和创新应用,实现人人享有所需的数字化健康信息服务新模式。吉林省政府在国家政策的支撑下,结合吉林省的省情,不断出台养老方面的各种政策与办法,搭建养老服务健康发展的政策体系。

二 吉林省养老服务模式的发展

吉林省养老服务在国家的政策指引下,力求到2020年达到"9073"格局,即90%的老年人在家庭享受助餐、助浴、助洁、助急、助医等定制服务,7%的老年人在社区享受日间照料、文体娱乐、精神慰藉等养老服务,3%的老年人在养老机构享受饮食起居、康复护理、精神娱乐等集中照料服务,构建以居家为基础、社区为依托、机构为支撑的社会养老服务体系,满足多样化养老服务需求,实现人人老有所养。

(一)机构养老

"十二五"期间,吉林省各类养老机构达到1928个,床位总数为14.7万张,分别比"十一五"时期末增长24%和37%。其中,民办养老机构1258个,占总数的65%。全省每千名老年人拥有养老床位

---

① 陈思秀:《吉林省将全面放开养老服务市场 提升养老服务质量》,《长春晚报》2018年1月22日。

32张,高于全国30张的平均水平。① 吉林省在"十三五"规划中,对于机构养老的发展也做出了明确的规划:全省养老床位总数达到24万张,每千名老年人拥有养老床位36张。加快推进医养融合,失能老人照护床位达到养老机构床位总数的30%以上,比"十二五"时期增长5.5万张。② 吉林省养老机构一般有公建民营、公建公营、民建民营、民建公助四种运营模式,吉林省在机构养老模式中一直尝试进行公建民营改革试点,探索形式多样、特色鲜明的公建民营模式,同时还鼓励社会力量兴办养老院。为了更好地学习养老机构智能化照护系统,2019年12月,吉林省民政厅在上海市举办第一批"养老机构智能化照护系统"管理使用工作培训班,旨在推动养老服务水平的提升。

"十三五"期间老龄事业发展和养老体系建设主要指标见表6-3。

表6-3 "十三五"期间老龄事业发展和养老体系建设主要指标

一级指标	二级指标	目标值
社会保障	基本养老保险参保率	90%左右
	城乡基本医疗保险参保率	90%左右
	城乡最低生活保障标准年均增长率	65%
为老服务	政府运营的养老床位占比	不超过40%
	护理型养老床位占比	不低于30%
	城镇、农村社区养老服务设施覆盖率	城镇100% 农村70%
	基层老年法律援助覆盖率	95%
	已建公共设施无障碍改造率	60%
	新建公共设施和养老场所无障碍率	100%

① 《吉林省老龄事业发展和养老体系建设"十三五"规划》,http://xxgk.jl.gov.cn/szf/gkml/201812/t20181204_5347476.html,2017-09-30。
② 《"十三五"全省将建设300个城市社区居家养老服务中心》,http://www.cnjiwang.com/2016-01-19。

续表

一级指标	二级指标	目标值
健康支持	老年人健康素养	提升至10%
	65岁及以上老年人健康管理率	70%
文化生活	经常性参与教育活动的老年人口比例	20%
社会参与	老年志愿者占比	12%
	城乡社区老年协会覆盖率	90%
投入保障	福彩公益金用于养老服务业的比例	50%以上

资料来源：《吉林省老龄事业发展和养老体系建设"十三五"规划》，http://xxgk.jl.gov.cn/szf/gkml/201812/t20181204_5347476.html，2017-9-30。

（二）社区居家养老

近年来，吉林省一直在大力做实社区居家养老，按照服务标准为新旧城区与住宅配套了养老服务设施，"十二五"期间，城市社区老年人日间照料中心实现全省覆盖。建成农村养老服务大院3770个，占行政村总数的40.4%。社区养老服务能力不断提升，并逐步向居家养老服务拓展，形成了委托运营、延伸服务、资源共享等居家养老服务模式。推进社区居家养老一体发展，健全以企业和社会组织为主体、社区为纽带、信息平台为手段、满足老年人各种养老服务需求的社区居家养老服务网络。进一步完善城市社区老年人日间照料中心服务功能，打造城市社区居家养老服务中心，为有需求的老年人提供生活照料、短期托养、康复护理等项目更多、标准更高、范围更广的服务。推行政府购买社区居家养老服务，将社区居家养老服务列入政府购买服务指导性目录。加快推进居家养老服务社会化，通过委托管理等方式，将社区养老服务设施无偿或低偿交由专业化的居家社区养老服务项目团队运营，力争形成"一县（市）一品牌"。①

（三）家庭养老

吉林省在养老服务发展方面，做实机构养老与社区养老的同时，

---

① 《吉林省老龄事业发展和养老体系建设"十三五"规划》，http://xxgk.jl.gov.cn/szf/gkml/201812/t20181204_5347476.html，2017-09-30。

对于家庭养老也给予了充分重视。强化家庭养老的基础作用。鼓励家庭成员与老年人共同居住生活，督促老年人的子女及其依法负有赡养、抚养、扶养义务人，履行对老年人的经济供养、生活照料和精神慰藉的义务。为照顾老人的家庭成员和养老服务人员提供养老服务技能培训，对符合条件的，按规定给予培训补贴。创新金融监管政策，发挥土地、住房以及财产性收入的养老保障作用，为反向抵押贷款等以房养老新型养老方式创造宽松环境。①

（四）医养结合

医养结合是国外整合医疗资源与机构养老的一个产物，是近年来中国实践与探索中的一种养老模式。吉林省依托吉林大学医疗体系，医疗资源较为丰富，早在2016年"两会"期间，多名委员呼吁筹谋搭建医养结合养老模式。吉林省人大代表姜伟认为：当今中国已步入老龄化社会。养老、托老服务体系建设、完善与创新，是适应老龄社会发展、保障老年人晚年生活的需要。医养结合模式作为一种社会养老模式，将医疗机构与养老、托老机构之间功能进行整合，是对传统养老模式的创新与补充，是解决我省日趋紧张的养老、托老服务需求的有效途径。② 吉林省人大代表刘奇明表示：要想让老人能安享晚年，我认为最好能将医疗介入居家养老、托老。把医疗和养老、托老有机结合，让老人有病及时治疗，无病健康养老，会成为有病老人、高龄失能老人的最佳去处。我们不仅要让老人"老有所养"，还必须要"老有所医"。③ 田金运代表建议，吉林省应加快建设"医养结合"型养老院，把医疗和养老结合起来，结合方式可以分为四种：第一种是医院入驻养老院，医生直接给住在养老院中的老人看病；第二种是养

---

① 《吉林省老龄事业发展和养老体系建设"十三五"规划》，http://xxgk.jl.gov.cn/szf/gkml/201812/t20181204_5347476.html，2017-09-30。
② 姜伟：《医养结合模式是对传统养老模式的创新与补充》，http://www.cnjiwang.com/，2016-01-19。
③ 刘奇明：《不仅要让老人"老有所养"，还必须要"老有所医"》，http://www.cnjiwang.com/，2016-01-19。

老院与医院合作，医院为养老院开通"绿色通道"，医生上门为老人看病；第三种是在社区医院开办老年病床，医养结合，白天给普通居民看病，晚上为老年人提供养护住宿；第四种是医院提供养老病床，在对外看病的同时，留出部分区域为老年人提供养护住宿。田金运代表表示，政府应进一步重视养老问题，尽快完善针对医养结合型养老院的扶持政策；人社部门应加快进行养老院医保与全国联网，便于入住养老院的老年人刷医保卡看病、开药、住院护理，确保符合城镇职工（居民）基本医疗保险和新型农村合作医疗定点条件的老年人在入住养老院时享受相应待遇；对护理人员开展多层次的养老护理及医疗卫生培训。[1] 截至2017年5月底，吉林省共有医养结合机构61家，其中医疗机构举办养老机构13家、养老机构设置医疗机构48家。全省80%二级以上医院开设为老年人提供挂号、就医等便利服务绿色通道，在挂号、就诊、收费、取药、住院等窗口设置"老年人优先"标志。有805家养老机构能够为入住的老年人提供医疗服务，占总数的52.27%，实现了医疗卫生和养老服务资源共享，提高了资源的使用效益，完善了医疗和养老机构的医养结合功能。[2] 吉林省的医养结合已经起步，但是无论在规模上还是质量上还需持续推进，吉林省目前正在积极向发达省份交流学习，以此为基础推动吉林省养老服务的发展。

三 政府资金支持力度

近年来，吉林省支持老年群体生活保障方面支出较大。多元投入机制初步形成。全省多渠道筹措资金，逐年加大对老龄事业和养老体系建设投入，形成了各级财政、社会投入与国家扶持相结合的多元化

---

[1] 祝书林：《让"医养结合"成为养老院发展新趋势》，《长春日报》2016年1月30日。
[2] 《到2017年5月底吉林省医养结合机构已有61家》，http://www.cnjiwang.com/ 2017-07-11.

投入机制。"十二五"期间,吉林省首次将养老服务补贴资金纳入省级财政预算,省级福彩公益金用于养老服务资金年均占比达到75%以上。① 预计"十三五"期间,各级政府要根据经济社会发展状况和老年人口增长情况,建立稳定的老龄事业经费投入保障机制,确保资金投入向弱势群体倾斜、向薄弱领域倾斜、向农村倾斜、向贫困地区倾斜。省级彩票公益金和各级政府用于社会福利事业的彩票公益金,要将50%以上的资金用于支持养老服务体系建设,并随老年人口增加逐步提高投入比例。落实和完善鼓励政策,引导各类社会资本投入老龄事业,倡导社会各界对老龄事业进行慈善捐赠,形成财政资金、社会资本、慈善基金等多元结合的投入机制。② 较之以往年份,可以看出,吉林省政府多方投入,并且投入资金增幅较为可观。

四 打造养老服务品牌,培养专业化从业人员

养老质量的好坏关键看养老从业人员,吉林省几年来积极培育养老服务品牌,推动吉林省养老服务质量不断提升。"十三五"期间,吉林省拟建立省级养老服务实训基地15个。全省培训新入职和在岗养老护理员1万名,省级培训初级以上养老护理员、养老机构负责人和师资人员2000人。③ 做好养老从业人员的源头输入也十分重要。第一,吉林省支持职业院校设立养老服务相关专业,加快发展养老服务专科、本科教育,积极发展养老服务研究生教育,培养老年学、人口与家庭、人口管理、老年医学、中医骨伤、康复、护理、营养、心理和社会工作等方面的专业人才。加快全科医生培养培训,为老年人就医提供支持。第二,在职业培训方面,通过政府购买服务,对新入职

---

① 《吉林省老龄事业发展和养老体系建设"十三五"规划》,http://xxgk.jl.gov.cn/szf/gkml/201812/t20181204_5347476.html,2017-09-30.

② 同上。

③ 同上。

的养老机构护理员和社区养老服务员进行岗位培训,对符合国家职业标准晋级资格的养老护理员进行职业技能鉴定。充分发挥大专院校作用,开展继续教育和远程教育。支持有条件的养老机构依托人员储备、护理实践和技能优势,设立养老护理培训基地和学生实训基地。第三,健全激励机制方面。建立养老服务人员工资待遇与专业技能等级、从业年限挂钩制度,经营管理人员探索以分配股权方式予以激励。养老机构医护人员在资格认定、职称评定和推荐评优等方面纳入人力资源社会保障和卫生计生部门统筹管理。对在民办养老机构就业的专业技术人员执行与公办机构相同的执业资格、注册考核政策。做好养老护理员工资指导价位发布工作,指导民办养老机构积极改善养老护理员工作条件,逐步提高劳动报酬。第四,在专业养老服务机构中开发设置社会工作者岗位,在社区建立政府购买社会工作服务机制,鼓励和吸引专业社会工作者和社工专业的高等院校毕业生从事养老服务工作。积极动员、组织、引导企事业单位、社会团体、慈善组织和爱心人士开展形式多样的为老服务活动。加快培育养老服务志愿者队伍,推行志愿者注册制度,促进志愿者服务的经常化、制度化。[①] 吉林省搭建了养老服务的人员供给、职业能力提高、激励机制、多元养老服务主体引入等多种方式,为吉林省养老服务向高质量稳定发展提供了可能。

第二节 吉林省养老服务体系建设中的困境

一个国家或地区养老服务的好坏不仅取决于当地的人口总量,经济发展水平、政策执行等诸多方面也会影响其质量高低。

---

① 《吉林省老龄事业发展和养老体系建设"十三五"规划》,http://xxgk.jl.gov.cn/szf/gkml/201812/t20181204_5347476.html,2017-09-30.

一 经济发展水平无法与养老服务需求相匹配

纵观吉林省改革开放 40 多年来的发展,经济形势并不乐观。吉林省 2018 年全年实现地区生产总值 15074.62 亿元,按可比价格计算,比上年增长 4.5%。其中,第一产业增加值 1160.75 亿元,增长 2.0%;第二产业增加值 6410.85 亿元,增长 4.0%;第三产业增加值 7503.02 亿元,增长 5.5%。按常住人口计算,全省全年人均地区生产总值达到 55611 元(按当年平均汇率折合 8404 美元),比上年增长 5.0%。三次产业的结构为 7.7∶42.5∶49.8(见图 6-1),对经济增长的贡献率分别为 3.9%、44.8% 和 51.3%。[①] 吉林省虽然经济总量迈上了一个新台阶,但是经济增速明显不高,三次产业调整依然没有到位,第三产业焕发的活力明显不足,与全国其他发达省份仍存在较大的差距,不容乐观的经济发展成为制约吉林省养老服务发展的重要羁绊。

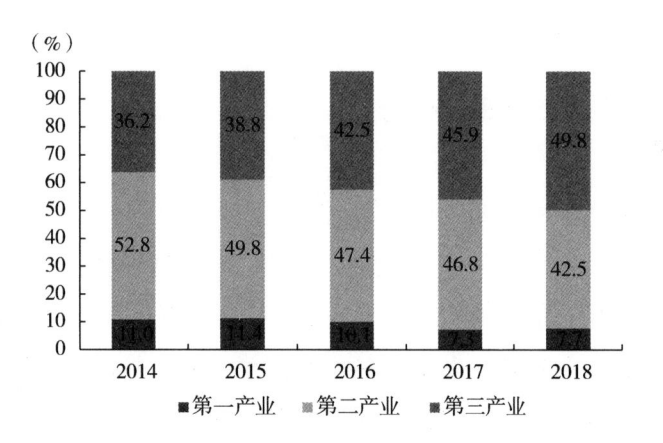

图 6-1 吉林省三次产业发展比例

资料来源:《吉林省 2018 年国民经济和社会发展统计公报》,http://tjj.jl.gov.cn/tjsj/tjgb/ndgb/201904/t20190430_5832413.html,2019-04-30。

---

① 《吉林省 2018 年国民经济和社会发展统计公报》,http://tjj.jl.gov.cn/tjsj/tjgbndgb/201904/t20190430_5832413.html,2019-04-30.

二 吉林省老年群体收入水平偏低

吉林省城乡老年群体收入水平差距较大。2018年，全省城镇常住居民人均可支配收入达到30172元，比上年增长6.5%；城镇常住居民人均消费支出为22394元，增长11.7%。农村常住居民人均可支配收入达到13748元，增长6.2%；农村常住居民人均消费支出为10826元，增长5.3%。城镇居民恩格尔系数为24.9%，农村居民恩格尔系数为27.8%。① 从以上数据可以看出，吉林省农村人均可支配收入不到城镇的一半，城乡人均可支配收入差距较大（见图6-2）。不仅如此，吉林省城镇与农村人均可支配收入与发达地区存在较大差距，同时也远远低于全国平均水平。据此可以得出结论，吉林省居家养老水平较低，社区养老层次较低，机构养老属于低端养老水平，吉林省养老服务体系发展层次较低，亟待健全与完善。

三 医疗资源质量偏低

吉林省各类养老院、托老院医疗服务有限，医疗资源匮乏，护理措施不到位，就医不方便。入院的大多数老年人健康指数不高，相当一部分属于生活能力缺失者。养老院、托老院根本无法满足老年人的基本医疗需求。再者，老年人多数患有心脏病、高血压、糖尿病等慢性非传染性疾病，养老院、托老院都不具备这方面的医护能力。老年人奔波于养老院、医院之间，大大增加了老年人的危险与过多的医疗支出，不可避免地也会增加养老院、托老院与老年人及其子女之间的矛盾、纠纷。2018年末吉林省有卫生技术人员18.34万人。其中，执

---

① 《吉林省2018年国民经济和社会发展统计公报》，http://tjj.jl.gov.cn/tjsj/tjgb/ndgb/201904/t20190430_5832413.html，2019-04-30。

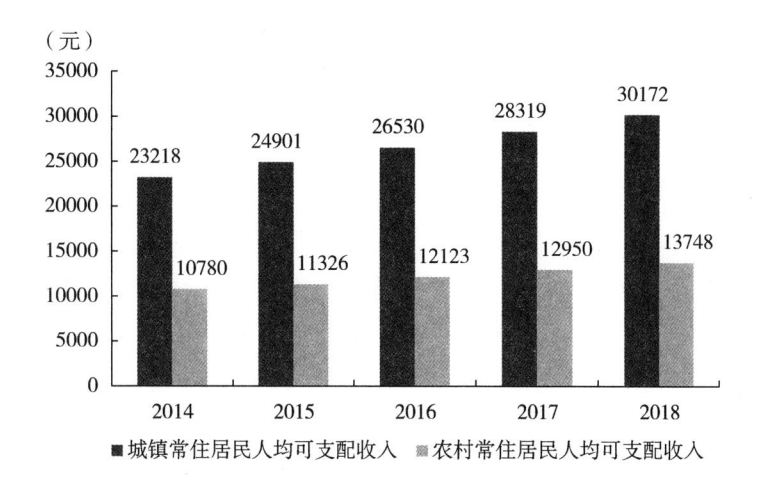

图 6-2　2014—2018 年吉林省城镇和农村常住居民人均可支配收入

资料来源：《吉林省 2018 年国民经济和社会发展统计公报》，http://tjj.jl.gov.cn/tjsj/tjgb/ndgb/201904/t20190430_5832413.html，2019-4-30。

业医师和执业助理医师 7.69 万人，注册护士 7.62 万人。医院和卫生院拥有医疗床位 15.79 万张。全省有乡镇卫生院 777 个，床位 1.80 万张，卫生技术人员 1.88 万人。全年报告法定传染病发病人数 51133 例，报告死亡 169 例；法定传染病报告发病率为 188.17/10 万，报告死亡率为 0.62/10 万。孕产妇死亡率为 15.89/10 万；婴儿死亡率为 3.14‰。[①] 与全国其他省份所拥有的医疗资源与从业人数比较来看，吉林省养老服务业要想实现快速高质量发展，必须破解医疗资源不足的难题。

四　养老从业人员素质低下

从吉林省三次产业发展现状来看，第三产业所占比例虽然有所

[①] 《吉林省 2018 年国民经济和社会发展统计公报》，http://tjj.jl.gov.cn/tjsj/tjgb/ndgb/201904/t20190430_5832413.html，2019-04-30。

提升，但是发展仍较为缓慢，养老服务业从业人员发展在现实运行中也遭遇了困境。长期以来，养老从业人员处于劳动强度大、报酬水平低、社会地位低的生存现状，行业吸引力明显不足。从业人员年龄整体偏大，多为"4050"人员，受教育程度较低，医疗知识欠缺，家庭经济负担重，无法保障养老服务的质量与效率。养老服务业迫切需要引入年轻化、专业化的从业人员，但是如果依然维持现有的薪酬待遇，则养老服务业发展依然会徘徊在全国养老服务业发展的底层。

五 政策深入推进不足

吉林省结合国家的养老服务发展的方针政策相应地制定了吉林省的发展规划与办法，而且各个政策出台相隔的时间呈现不断缩短的态势，在2014年就出台了多个意见和办法。吉林省养老服务业的发展需要逐渐搭建合理科学的运行框架，但是政策之间的协调与配合往往容易出现问题，新政策与旧政策的对接、政策与实践的对接，包括政策的学习力与执行力等方方面面都会影响政策的效率与效果。吉林省现有涉及养老服务业的政策文件有30多个，内容涵盖养老保险、医疗卫生、土地供应、税费减免、财政补贴、投融资等方面，促进养老服务业发展的扶持政策散见于各部门的文件中，缺少系统性、连续性、衔接性，使得政策文件的实施性和可操作性不强，政策惠及范围小、落实效果不好。① 而且以上政策措施主要是引导性和指导性的，是对发展蓝图的描绘和架构，并没有具体的实施细则，部门之间的政策不匹配甚至还有冲突。这些政策措施虽然为地方提供了一定空间，但同时在一定程度上引发了地方的乱作为。相关法

---

① 郑国君、綦殿学、亓智勇：《关于对吉林省养老服务发展情况的调研报告》，http://mzt.jl.gov.cn/，2015。

律法规还不成熟,缺乏有效的市场监管,养老机构资质良莠不齐,人们对养老服务业存在一定的不信任。不少营利性的养老院安全状况堪忧、服务水平低劣甚至虐待老人的情况时有发生。① 部分发达地区追随与模仿发达国家养老服务的先进做法,但是并不能据此认为吉林省也要追随与效仿。吉林省目前的养老服务体系,"9073"格局尚未形成,即使已经初见规模,但是难免会存在仓促上马之嫌,如何稳定好这一格局,保证这一格局能够提供给老百姓的是实实在在的效率与好处才是吉林省的当务之急。在养老产业发展当中,老年群体不需要空洞的数字,他们渴望的是有生之年成为政策的受益者,而不是旁观者。

六 养老服务模式发展不均衡

吉林省养老服务产业发展目前呈现出多元化发展,但是运行质量不佳,按照吉林省"9073"发展格局,吉林省居家、社区、机构养老在数量上不断呈上升态势,但是服务质量并没有明显提高。

一是机构养老床位供给还不充足。吉林省"十三五"时期的目标是养老床位供给要达到 24 万张,与"十二五"时期末的数值相差近 10 万张,增长压力较大。此外,养老机构的质量参差不齐,高档养老院收费较高,需求相对较少,低档养老院价位较为便宜,但是居住人员数量较为庞大、人员素质也较低,养老机构在服务设施、饮食质量等方面都存在较大问题。

二是社区居家养老服务发展相对滞后。虽然全省已实现城市社区居家养老服务站全覆盖,部分建设了日间照料中心,但社区居家养老服务网络还未真正形成,服务项目和服务主体单一,远不能满足老年

---

① 付诚、韩佳均:《我国养老服务产业化发展的现实困境与改进策略》,《经济纵横》2015 年第 12 期。

人多样化、多层次的服务需求。吉林省在 2016 年 4 月至 2017 年 7 月，尝试开展农村社区服务标准化试点工作，2019 年要在有条件的社区先行开展标准化建设，率先实施通用标准并总结经验；2020 年要在各地农村社区全面开展标准化建设，全面推行通用标准；2021 年各地要形成一批有特色的农村社区标准化体系。吉林省的农村社区试点思路清晰，布局合理，在较为分散的农村建立社区为农村老年人口的养老服务提供了可能。

第三节　吉林省养老服务体系建设的制约因素

吉林省养老服务发展长期受经济、地域等限制，提升较慢，但是养老服务体系的搭建却随着人口的攀升刻不容缓。吉林省的老年人口不断攀升，预计到 2020 年，吉林省老年人口将达到总人口的 21.35%，而 2050 年这一比例将达到 43% 左右。面对庞大的老年群体、薄弱的经济支撑体系，吉林省要想化解严峻的养老压力必须提前合理规划，做好布局，并且要筹谋高中低档以满足不同需求层次的养老模式与养老服务机构。

一　吉林省人口结构不合理

吉林省国有企业较多，计划生育国策贯彻较好，独生子女家庭居多，即使国家已经放开二胎生育政策，但是迫于经济与教育压力，鼓励生育的效果有限。2017 年 11 月，据吉林省卫计委统计，吉林省累计生育二孩 14.31 万人，三孩 0.85 万人。从二孩生育数量占比看，2016 年，二孩及多孩生育数量占出生人口总数的 37.39%，而全国平均为 45%。独生子女人群的庞大不仅挑战家庭养老承担的能力，对于劳动力供给也存在严重制约，独生子女在父母的呵护下，就业门槛要求高，从事养老服务业的意愿不强，使得养老服务产业的人力资源供给不足。目前,吉林省的养老服务产业尚可以依靠"4050"人员来维持,可是当独生子女支撑劳动力市场的时候,养老服务业从业人员供给会更加不足。吉林省地处偏远地区,冬季漫长寒冷,自然情况恶劣,经济收入水平全国偏低,吸引人才缺乏必备的要件,人才流失严重,流出人口大多属于就业竞争力较强的专业人才,大多涌向经济发达、福利保障体系完善的北、上、广、深,弱化了吉林省人才整体水平与劳动力供给能力。

二 吉林省经济发展制约因素较多

养老发展水平如何与地方财政有着重要的关系,而吉林省经济发展制约因素较多。首先,吉林省经济发展属于粗放式的增长模式。其投资拉动日渐疲软,能源利用效率也不高。其次,吉林省产业结构不合理。第一产业大而不强,第二产业重工化且产业间相关度小,第三产业发展滞后。最后,吉林省经济发展不平衡。其中东部、中部、西部三个板块发展极度不平衡,城乡二元经济结构尤为严重。吉林省的经济发展主要受到投资额度、个体户数量、科研人员、政府消费比重、非农比重、出口贸易等因素的影响。最为可怕的是吉林省的养老服务发展与经济发展都受制于劳动力的供给,而劳动力供给由于区位因素与经济发展都很难解决,所以低质量的劳动力遏制了吉林省的经济发展与养老服务业,是吉林省最难破解的难题。

三 吉林省人才流失严重

随着我国人口红利的消失,人才抢夺大战硝烟四起,经济发达地区招揽人才上升到了地区发展的战略高度。"一人一议"的引进人才政策,开创了新中国成立以来高质量、大规模人才流动的先河。吉林省在人才抢夺大战中处境尴尬,不仅在"外抢"方面底气、财力不足,更要防备其他省份挖墙脚,留不住、引不来,造成了高质量人才的大量流失。如 2016 年吉林省净流出人口 20.29 万人,其中包括大量的高科技人才和熟练劳动者。[①]

[①] 刘琛琛:《吉林省人才流失现状和对策》,http://fzzx.jl.gov.cn/yjcg/yjcg_2018/201802/t20180211_3724064.html.2018-02-11.

第七章　部分深度老龄化国家养老服务体系的建设

人口老龄化是 21 世纪世界共同的难题，家庭婚姻生活的脆弱、人均寿命的延长、经济压力的增大等诸多原因导致人口老龄化趋势短时间不可逆转。到 2050 年，60 岁及以上的人口将由现在的 6.06 亿人增加到 19 亿人，每 5 个人当中就有 1 个老年人。[①] 老龄化问题也是发达国家不可回避的主题。

第一节　美国养老服务体系建设的现状与借鉴

美国自 20 世纪 40 年代起就已经步入老龄化社会，2013 年进入深度老龄化。美国在应对人口老龄化问题、提供养老服务方面积累了丰富的经验，制定了一系列法律法规，建立了完善的社会养老保障制度，并形成了由 1000 多所养老机构组成的机构养老服务网络，同时建立在专业护理基础上的居家养老服务也受到了美国民众的普遍青睐。[②] 此外，美国养老地产的运作对于养老服务的支持也起到了重要的作用。旗讯产业研究院《2016—2022 年中国养老院市场前景分析及预测报告》分析显示，目前美国 65 岁及以上人口占总人口的比重为 14.39%。

---

① 《联合国人口组织预测 2050 年世界人口将达 89 亿》，https://www.renkou.org.cn/world/，2016-04-28.
② 王一菲：《美国养老服务业的发展及启示》，《中国社会报》2015 年 3 月 16 日。

1960年，美国就已经开始尝试开发养老地产进行销售，"太阳城"是美国第一个养老地产项目。70年代，美国政府推出401k计划，养老金开始市场化运营。80年代，抵押贷款违约保险发展起来，带动了大量的社会资本进入养老地产领域。90年代，REITs开始兴盛发展，为养老地产的发展带来了新的更充沛的资金支持。目前美国主要是居家养老和社区养老两大类，约有70%的老人选择居家养老。①

一　美国的深度老龄化

截至美国时间2019年12月25日7点44分，美国共有65岁及以上的老年人口54599814人，如果所有的老人牵起手来，可以围绕地球两圈。预计到2020年美国65岁及以上的老年人口将达到54631891人，2025年将达到63523732人，2030年将达到71453471人，2050年将达到83000000人，达到新的老年人口高峰。② 影响美国老龄化加剧的综合因素较多，但有两大因素起着决定性作用。人均寿命延长是重要原因之一。如表7-1可见，美国的人均寿命六十年间增长了10.5岁，以每十年平均1—2岁的速度在增长，而且仍有增长趋势。另一个原因，美国第二次世界大战之后大量人口出生，据统计，1946—1964年出现的"婴儿潮"共计有7500万个婴儿出生，这一人群逐步进入老年。未来十年，"婴儿潮"的一代人中将会有36924413人步入65岁，未来十五年，每天将有近1万人进入65岁。据美国人口调查局预测，到2050年，各州超过20%的人口将达到65岁以上，而当前这一比例为13.7%。老龄化的加剧意味着财政压力的加大，数据显示，65岁及以上人群医疗保健支出最高，其中美国85岁及以上人群的人均医疗保健支出比全国年人均7097美元高出约3.9倍（见表7-2）。美国

---

① 方喆：《"社区互助养老"在美国悄然兴起》，《经济参考报》2013年8月20日。
② The Growth of the U. S., "Ageing Population", https：//www.seniorcare.com/featured/aging-america/，2019-12-25.

作为发达国家,其养老模式在探索当中也呈现了多元化发展路径。在美国,其社会保障是一个由政府主导的法定社会保障、市场主体提供的具有一定福利色彩的商业保障(因市场竞争异常激烈)和非营利机构提供的具有公益色彩的社会保障组成的体系,所呈现的是三足并立的格局。① 而这其中发挥最重要作用的是养老服务发展的主体。

表7-1　　　　　1950—2010 年美国人均寿命统计　　　　单位:岁

年份	人均寿命	男性	女性
1950	68.2	65.6	71.1
1960	69.7	66.6	73.1
1970	70.8	67.1	74.7
1980	73.7	70.0	77.4
1990	75.4	71.8	78.8
2000	76.8	74.1	79.3
2010	78.7	76.2	81.0

资料来源:The Growth of the U.S. Aging Population, https://www.seniorcare.com/featured/aging-america/, 2010.

表7-2　　　　　　　　美国人均医疗保健支出

年龄段	支出(美元)	占人均总支出比重(%)
0—18 岁	3628	5
19—44 岁	4422	7
45—64 岁	8370	12
65—84 岁	15857	24
85 岁及以上	34783	52

资料来源:The Growth of the U.S. Aging Population, https://www.seniorcare.com/featured/aging-america/, 2010.

---

① 郑功成:《多层次社会保障体系建设:现状评估与政策思路》,《社会保障评论》2019年第1期。

二　美国养老服务中的主体

（一）政府

其一，政府职责明确是美国养老服务业发展的重要保证，美国政府通过制定养老保障方面的相关法律来确保养老服务的发展。

1965 年，制定了《美国老年人法》，该法明确提出建立老人署，并对老年人保障和事务方面的目标与责任给予界定，并成立了老龄委员会，对老年人的权利与经费使用进行有效监督。1972 年，发布《美国老年人营养方案》，规定了老人署署长责任、目标、权利和经费使用，并对其他部门也作了相关的规定。可以看出，美国政府对养老服务的各级部门都有明确的职责规定，不仅为养老服务的发展提供了法律约束，同时也利于保障养老服务的效率和质量。美国卫生部对于养老服务的行业标准也给予细化，使养老服务在操作中更简便易行。美国卫生部规定，包括养老服务机构在内的所有服务机构都要建立和实行标准化报告制度，其相关信息和评估结果将用于检测服务质量和老年人的满意度。全美长期照料服务检查信息中心负责服务质量检查监督方面的信息与服务。如根据加州法案第 22 条，辖区内所有养老机构都要接受社会服务部的监管。①

其二，政府出台政策推动非营利组织举办养老机构。

许多学者认为美国养老服务的主要形式是社会化服务，在该领域发展当中起主要作用的是社会，而不是政府与家庭。美国的养老机构主要是由营利性的服务机构、非营利性的服务机构、政府公立的服务机构构成。美国政府主办的养老机构约占养老机构总数的 7%，主要是解决无子女老人的养老问题；美国营利性私立养老服务机构占比高

---

① 吴洪彪：《瑞士、美国、加拿大养老服务业考察报告》，《中国社会报》2012 年 9 月 14 日。

达 66%。例如，美国加州的 Sun Rise Senior Living 就是由养老投资公司主办的连锁养老机构。该公司在全美共投资建设了 340 个养老院。[①]但毫无疑问，非营利性质养老机构是在美国政府的鼓励与扶持之下而发展壮大的，如全美共有 1900 多家长期护理社区（CCRC），82% 是非营利性组织在运行，就是通过传统养老院转型而来。非营利性养老机构自主运营，政府向其购买服务，并采取税收优惠等政策来扶持。

（二）非营利性养老机构

美国的非营利性组织或机构已有上百年的发展历史，而且规模庞大，非营利性养老机构占美国养老机构总数的 25%—30%。不仅拥有庞大的社会资产，而且在管理理念和管理方法上也具有丰富的经验。美国非营利性养老服务组织的发展越来越多，成为养老服务的重要资源和政府信赖的服务主体及支撑美国养老服务多元路径发展的重要载体。

（三）中介机构

美国的中介机构与中国的中介机构所承担的任务与使命截然不同。美国的中介机构是美国养老服务评估的主体，在为老年人提供服务方面发挥了重要的作用，中介机构为非行政性的具有管理、评估、指导和事务性服务职能的机构。美国成立了政府主办的或政府指定的老人事务管理和评估中心，在该中心工作的人员被称为福利经纪人，相当于专业社工。他们的主要职责是根据老年人的经济条件、身体状况以及家庭状况，评估老年人是否需要政府照护和需要怎样的照护项目；向政府报批照护老年人的费用；评估和选择指定的老年服务机构；安排需要政府照护的老年人与服务机构的对接以及费用的支出；评估和监控服务质量；开展家庭照护的技术培训和指导。以夏威夷一所老人服务中心为例，该机构是政府拨款的机构，完成政府委托的任务，由困难老人向机构提出申请，机构派员上门进行评估，以确定老人需要

---

① 王一菲：《美国养老服务业的发展及启示》，《中国社会报》2015 年 3 月 16 日。

怎样的照护。这样的操作模式,不仅可以为老年人提供有效的帮助,同时也可以使资源得到有效的分配。[①] 美国的养老服务中介机构是政府职能的外延,即政府把养老服务评估任务委托给中介机构,中介机构作为第三方对养老群体的需求以及政府提供的服务进行定向评估,并给予监督与指导,在提高政府养老方面的运行效率以及满足养老主题需求方面有着重要的作用。

(四) 自我养老

养老是个复杂的社会问题,需要政府、社会的支持,更需要老年人的自我养老能力作为基本保障。在养老质量的保障上,提高当前收入,进而提高养老水平对于老年人而言十分重要。美国的以房养老就是通过把房产抵押变现提高养老水平的一种模式。住房抵押贷款制度在美国运行了十几年,该制度的运作过程是:拥有房产的老年人把房屋产权抵押给贷款人,贷款人根据对房屋的评估价值向借款人(即房屋所有人)支付现金,在借款人死亡或者达到约定的时间时,贷款人取得被抵押房屋所有权,可以对其处置以补偿自己的现金支出。通过这种方式,老年人可以把不动产转化为现金,达到"以房养老"的目的。[②]

三 美国的养老模式

(一) 机构养老 (护理院) 模式

老年人根据身体健康状态、生活自理程度及社会交往能力,通常被分为自理型、半自理型和完全不能自理型三类。不同类型的老年人可以入住不同的养老机构,与之对应的主要有养老院、护理院和临终关怀机构等。第一,生活自理型社区。为生活能够自理的老人提供餐

---

① 王一菲:《美国养老服务业的发展及启示》,《中国社会报》2015 年 3 月 16 日。
② 马荣真:《美国养老模式对我国的借鉴意义》,《工会论坛》2011 年第 3 期。

饮、休闲娱乐、定期体检等基本服务。第二,生活协助型社区。为生活需要照顾但没有重大疾病的老人,提供生活辅助用药管理等照料服务。第三,特殊护理型社区。为有慢性疾病、处于术后恢复期及有记忆功能障碍的老人,提供各种护理和医疗服务。第四,持续照料退休社区。为有慢性疾病、处于术后恢复期及有记忆功能障碍的老人,提供各种护理和医疗服务。这些养老机构既有政府主办起到示范作用的,也有企业、社会组织、个人出资兴办的营利性或非营利性的。Brookdale是美国最大的养老机构运行商,成立于1978年,占据美国市场份额达10%。在全美47个州运营着1055个社区,为超过10万名客户提供服务。

(二) 社区养老模式

美国的社区养老模式主要根据老人的身体状况来划定,不同的身体状况对应不同功能的社区,通常包括如下几个方面:第一,全托制的退休之家;第二,日托制的托老中心;第三,互助养老;第四,提供上门服务。四种不同的养老模式都是以社区作为载体,由社区提供能够满足不同养老需求的养老服务。美国波士顿的比肯希尔(Beacon Hill)社区,采取的就是社区制养老形式,即在社区范围内,老年人缴纳一定的费用成为会员,就能得到社区提供的各种服务和照料。比肯希尔社区共有2000多位60周岁及以上老人,其中385人入会,成为养老联盟成员。这一联盟由老人们自我经营,是一种有别于社会服务机构养老的互助形式的养老服务。[①] 按照消费能力和兴趣爱好,美国的社区还分作高端养老社区与大众养老社区。高端养老社区如佛罗里达州的太阳城,服务对象包括各种年龄段的老人,是拥有独立家庭别墅、联排别墅、辅助照料式住宅、家庭护理机构等的社区。大众养老社区主要为面向低端消费老年人群的护理保障型社区,一般由住宅

---

① 吴洪彪:《瑞士、美国、加拿大养老服务业考察报告》,《中国社会报》2012年9月14日。

小区改造而成，配有大型康复医院和疗养院。美国还开发了一些校园退休社区，开发商和大学合作，建成大学老年村，只对校友开放，运行良好。

志愿者对于社区养老服务具有较大的支撑作用，大多数人选择担当志愿者不仅源于对于老年人的关爱，而且认为在关爱老年人的过程中自身也会获益颇多。第一，从老年群体获得丰富的阅历传承。第二，改善老年人的养老质量。第三，为养老家庭助力。第四，学习与不同年龄段的人交往。可见，养老志愿服务在美国人眼中是双赢而非单方面付出，正是源于这种志愿服务态度，美国的志愿服务规模是十分庞大的。在美国不仅年轻人做养老服务志愿者，很多健康的老年人也热衷于老年志愿服务，老年人占志愿者总数的近25%。

（三）居家养老模式

居家养老由于没有离开熟悉的居住环境，所以备受老年人的喜爱。许多学者在研究居家养老的时候，通常会提到居家养老是传统家庭养老观念较强的国家主选的养老模式，但是世界各国的养老意愿调查证明，居家养老目前是最具价值的养老模式。据美国退休人协会（AARP）的调查，90%的老年人希望留在自己的家中养老。美国的社区服务主要依靠社区自治组织提供，居民主动参与。美国政府规定，志愿服务作为大学录取的必要条件，有些则作为必修课程，保证了志愿服务的稳定提供。各类居家养老服务机构为老年人提供居家养老所需的生活照料、医疗护理、精神文化交流等服务。美国加州现在大约有7800个拥有执照的生活援助社区（PCFEs），可以为超过17万名老年人提供服务。加利福尼亚生活协会为老年人提供的服务包括整理花园、修理栅栏和窗户、递送生活用品及载送老年人到银行、陪同散步等。[①] 所以在研究养老模式的时候，我们不能忽略熟悉的居家环境是

[①] 吴洪彪：《瑞士、美国、加拿大养老服务业考察报告》，《中国社会报》2012年9月14日。

衡量养老质量高低的重要标志，而这一点无疑是其他养老模式所不具备的。

（四）长期照料服务

美国的长期照料服务发展经历了三个发展阶段。第一阶段是1965年建立老年医疗保险与医疗救助制度以前，为起步期。老年人长期照料服务提供的数量少，且资金不充分，相关制度还没有及时搭建。第二阶段是1965年到1990年，为发展壮大期。社会养老服务机构达到了2万家，数量剧增，资金也有了保障，美国政府加强了对服务机构资格认证和服务质量的监督，1981年还颁布了《监察预算调解法案》。第三阶段是1990年至今，长期照护保险发展迅速，此时的长期照料服务包括机构服务、社区服务、护理院、生活辅助设施、居家照料服务。居家专业服务工作者包括注册护士、获得资格的实习护士、个人照料助手、护士助理、家务工作者、具备资格的职业理疗师、社会工作者等。而目前75%—80%的老年人是由家庭成员提供非专业的长期照料，其中54%的照料者是妇女。一项研究表明，由于需要在家里照料年迈的父母，这些子女无法参加工作，其对美国商业造成的总损失大约为114亿美元。据估计，全美每年由家庭成员提供的长期照料服务总费用在2500亿美元以上，这个数量是全美年健康照料总费用的两倍多。[①] 据美国劳工局报道，2017—2018年，有4040万人提供了无酬的养老服务，48%的服务者是为其父母服务。这一类人由于既要照顾自己的父母还要照顾年幼子女而被称为"夹心层"。可见，即使基于不同的国情，居家养老在各个国家都占据重要的比例，中国作为发展中国家，大力发展家庭养老是减轻财政负担、减少过多的劳动力供给的重要养老模式，这种模式无疑是深受偏爱熟悉环境养老的老人的欢迎。

[①] 民政部、全国老龄办：《国外及港澳台地区养老服务情况汇编》，中国社会出版社2010年版。

四 三层次养老保险制度

1935年，美国颁布了第一部《社会保障法》，标志着现代社会保障制度的产生。该法明确规定：设立社会保障署，由联邦政府直接管理老年保险计划。《社会保障法》已建立起一套较为完备的养老保险制度体系，并被西方各国纷纷效仿。该制度体系分为三个层次，即国家强制性保险、私营企业养老金计划、个人退休金计划。国家强制性保险为第一层次，由美国社会保障署管理，属于强制性的社会保险制度。国家以征收社会保障税的方式筹集，由雇主和雇员按同一税率缴纳，财政部管理，保险覆盖95%的人群。私营企业养老金计划属于第二层次，由各企业或人寿保险公司及资产管理公司管理，是通过雇主单位来实现的。个人退休金计划属于第三层次的保险，是由个人选择银行、人寿保险公司、投资公司等来管理。美国的三层次养老保险制度为日渐庞大的老年人群体的生活提供了强大的经济保障与物质保障。对美国社会养老保障事业产生了深远的影响。[①] 但是随着美国老年人口的增加，加重了政府与企业的养老负担，再加上美国文化崇尚独立，家庭养老功能削弱，虽然三层次养老保险制度已经囊括了大多数养老群体，但是依然有少量老年群体养老需求无法满足，改革现有养老保障制度的呼声依然很高。

五 严格的养老护理准入制度

实行养老护理人员和护工持证上岗。养老护理人员或护工须经过正规的职业培训和考试后才能取得执业证书，而这些人员的培训是养老机构日常工作的一部分。

---

① 李洁：《美国养老保险制度现"裂痕"》，《法制日报》2010年9月7日。

六 精神慰藉人性化

"以人为本"的理念渗透到了养老服务的各个领域，特别是在老年人精神慰藉方面。一是在服务设计上注重老年人的心理健康护理。二是在服务方式上充分考虑老年人的情感需要。美国加州的 Sun Rise Senior Living 推出"结伴生活"方案，将有相同背景或兴趣的老人搭配在一起，鼓励他们一起参加活动，帮助老年人较快地适应新的团体。另外，还为老年人的社交活动提供场所。三是在服务内容上体现对老年人的精神关爱。

七 借鉴与启示

（一）构建政府主导和社会参与相结合的养老服务体系。我国人口众多，养老服务完全市场化势必造成养老权益保护的混乱，政府必须占据主导地位，不仅要提供完善的养老法律框架，还要对养老参与主体进行明确界定，国家主导、多种养老模式并存是适合我国的经济发展水平以及多元化的养老需求的。

（二）大力发展家庭养老是发展中国家经济合理的养老模式选择。上述研究发现即使是中西方文化存在极大差异，但是家庭或者居家养老仍是符合大多数养老意愿的最优选择，是当前养老模式中的主要养老模式，其他养老模式是该种养老模式的必要的、有益的补充。

（三）注重养老产业的行业标准的制定与监管。标准化的养老服务准则以及独立的监管机构是养老服务发展的必备条件，我国当前虽然也存在一定的养老服务标准，但是标准的细化以及执行力上都存在不足。

（四）完善养老护理人才的准入与管理。较之美国，中国的人力资源丰富，养老护理资源较为丰富，但是由于老年护理的工作艰辛、精神压力大与社会地位低下等原因，该种职业并不受青睐，就业人群往往素质低、年纪偏大的，无法充分保障养老服务的质量，也无法满足多层次的需求，限制了中国养老产业的发展。

（五）我国的养老保险制度水平偏低，保障功能不充分。我国目前实行的养老保险制度是我国养老的主要险种，但是由于保障水平低而无法满足养老需求，同时商业保险等在养老领域当中所起到的作用不被人们认可，再加上自我养老能力有限，因此，中国的养老保险依靠个人难度较大，而要依靠政府与国家来提供其他险种作为补充，则又增加了政府的财政负担，恶化了国家养老金的支付能力。

（六）积极发展养老产业。中国的养老产业在中国由于受到房地产发展缓慢的冲击，发展较为缓慢，但不能否认，养老产业依然存在发展的空间。

（七）养老机构要与医疗康复机构对接。中国人口众多，医疗资源严重匮乏，病患大多集中在大型医疗机构，导致大型医疗机构人满为患，高质量的医疗资源无法向养老机构转移。我国倡导效仿美国的长期照护保险，但医疗资源不足明显制约了这种模式在我国的使用。在不影响就医的前提下，如何调整中等规模医疗机构与养老机构对接，实现医养结合是值得探索和实践的。

第二节　英国养老服务体系建设的现状与借鉴

英国是世界上最早实行社会保障制度的国家，第二次世界大战之后，英国逐渐建立了"从摇篮到坟墓"的福利制度，机构养老成为国家养老的主要模式，但是随着机构养老的不断运行，其效率与精神赡养问题凸显，1958年，居家社区照顾理念逐渐被政府认同，撒切尔夫人主政后也积极支持社区照顾，1990年颁布了《社区照顾》，经过三年实践，1993年起全国推行。社区照顾的兴起主要源于三个原因：一是庞大的经济压力，机构养老财政负担沉重。二是机构照顾不利于老人社会参与，老人的依赖度增强，缺乏社会参与的动力，生命质量下降。三是责任意识的觉醒。老年人的养老负担通过机构养老而转移给国家,降低了家庭、个人与社会的责任,使得福利国家的弊端明显。

从英国老龄化的发展实际来看,英国于1940年步入老龄化社会,1975年进入深度老龄化。目前英国60岁及以上人口将近1470万人,占总人口的23%,其中65岁及以上的老年人口已经超过1000万人,占总人口的18%左右。英国国家统计局数字显示,2008年至2018年,英国年龄在65—84岁的人数增加了23.0%,达到1060万人,英国的老龄化日益加剧。英国国家统计局数字显示,2009—2019年,英国65岁及以上人口增加了22.9%,达到1240万人;70岁及以上人口增加了24.7%,达到900万人;85岁及以上人口增加了23%,达到160万人。[①] 英国的老龄化日益加剧,早已经进入了深度老龄化。

如图7-1所示,英国的老龄化进程在持续,养老压力依然强大。

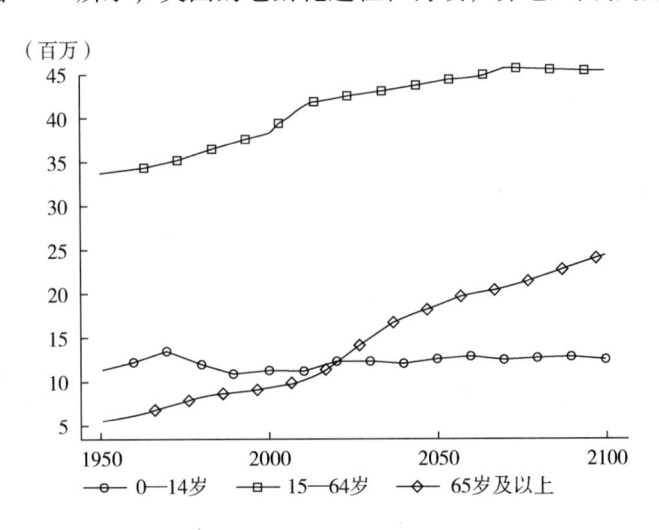

图7-1 英国老年人口分布

资料来源:World Population Prospect, the 2015 Revision.

---

① Office for national statistics. Population estimates for the UK, England and Wales, Scotland and Northern Ireland: mid - 2019. https://www.ons.gov.uk/peoplepopulationandcommunity/populationandmigration/populationestimates/bulletins/annualmidyearpopulationestimates/mid2019estimates#uk - population - growth.

20世纪40—50年代，传统福利机构养老一直是英国的主流养老模式。政府出资建设大型院舍，雇用专业护理人员，集中照顾老人，并为贫困老人全额买单养老费用。50年代后期，由于政府日趋沉重的财政压力和被照顾的老年人精神问题频出，英国的养老模式逐渐向社区养老转变。社区养老融合了传统家庭养老和集中院舍养老的优势，更加关注对老年人的情感关怀。英国还打造了一些老年人口占比高达30%—50%的"养老小城"，如贝克斯希尔（Bexhill）、海斯汀（Hastings）、巴斯（Bath）等。除了养老社区外，英国还存在大量以营利为目的的商业性养老机构，弥补社区照顾的不足。四季养老集团是英国最大规模的自主养老和专业健康管家服务商，它经营着445所疗养院，拥有22364张床位，以及拥有1601张床位的61所专科护理中心。

一 社区照顾的内容

英国社区照顾的服务体系主要由经理人、专业照护人员和护理员组成。经理人为某一社区照顾的总负责人，主要掌管资金的分配、人员的聘用以及工作监督。专业照护人员负责照顾社区内一定数量的老年人，为他们发放养老金，了解老年人的需要及解决一些重要问题。护理员是直接为老年人提供生活服务的人，多为老年人的亲人和邻居，政府给予他们一定的服务补贴，同时还有大量的志愿者。

为保证社区照护的规范性，英国制定了国家层级的照护标准法，为社区照护机构的设施和服务订下了七个标准及指标。分别为：机构选择（资讯提供、契约、需求评估、开放参观、中级照护）、健康与个人照护（隐私与尊严、使用者服务计划、健康照护、药物治疗）、日常生活和社会活动（饮食与进食时间、社交接触与活动、自主与选择）、投诉与保护（投诉、权利、保护）、环境（整体建筑、公共空间、厕所与洗衣间、适应与设备、空间需求、家具设备、暖气与照明、卫生与感染控制)、工作人员(人数、资格、招募、训练)、管理与行政(每日运作、机构特性、品质保证、财务状况、使用者财产管理服务、人员管理、保存纪录、安全作业程序)。① 对于老年人入住社区前后都做出了明确任务划分,使得老年人的权益得到最大限度的保护。

二 社区照顾的特点

(一)政策引导

①政府出资。英国的社区照顾在财政出资上完全体现了以政府为主的特点,很多服务设施是由政府资助的,社区、家庭和个人的支出不多。②依靠社区。英国的社区照顾主要是立足社区、依靠社区,以社区为依托,各种服务设施都建立在社区中,且社区照顾的方式尽量与老年人的生活相融合。③体系完整。社区照顾的机构既有政府出资、社区举办的非营利性的机构,也有私营的、商业性的服务机构。提供服务的人员既有政府雇员,又有民间的专业工作人员和志愿服务人员,形成了多主体、多层次的服务体系,以满足不同情况的老年人的需求。

(二)志愿者

英国自20世纪初以来,已经有专门的委员会致力于推动志愿者工作。1919年,英国成立了全国社会服务理事会,其宗旨是支持志愿者并改善慈善组织与所服务社区之间的联系。在随后的几十年中,该组织的范围不断扩大,包括与政府部门和国际机构的联系。70年代,该组织发展了学生志愿者运动,1980年后,全国社会服务理事会更名为全国志愿组织理事会,其总部位于伦敦,由1万多个非政府组织组成。

---

① 《英国社区养老如何"像在家一样"》,http://www.xinhuanet.com/health/ 2019 - 02/25/c_ 112415897 4.htm, 2019 - 02 - 25.

慈善事务委员会的资料显示，截至 2014 年 1 月，已有超过 18 万个慈善机构在英格兰和威尔士注册运营。据志愿服务研究所的数据，2014 年，英国近 44% 的成年人每年至少以某种方式自愿参加一次志愿服务。同一数据显示。将近一半的志愿者处于 35—49 岁年龄段。[①]英国近百年来志愿者服务的发展，使得英国的志愿者服务体系完整而成熟。

三 启示与借鉴

（一）政府引导

在英国的养老服务发展中，政府不断提供法律与资金上的支持与引导，不断从实践上探索适合英国的养老服务模式。政府通过营利组织与非营利组织的引入，不仅减轻了财政负担，而且养老服务与质量也都在不断提升，较好地满足了民众的养老需求。政府的职能主要包括如下几个方面：第一，通过政策与立法，规定社会福利的基本原则，发布英国福利的白皮书；第二，制定具体政策，指导政策的具体实行；第三，财政支持，国家在社区养老服务模式中，为家庭与社区提供足够的经济支持；第四，监督与检查营利组织及非营利组织。国家把养老服务提供的职能转让出去，但与此同时也要给予监督与指导。

（二）社区养老服务多元化

英国的社区养老服务内容繁多，不仅包括物质与生活方面的照顾，更是提供娱乐以及教育等精神性服务，实现了物质照顾与精神照顾的有机统一。而在中国，社区养老服务搭建尚不完善，甚至在欠发达地区，社区养老服务还没有搭建，精神照顾更是匮乏，与英国相比，差距较大。

---

① "Charities and Volunteering in the UK"，http：//www.volunteerchallenge.com/.

(三)社区照顾服务主体多元化

英国的社区照顾以政府为主导,政府、营利组织与非营利组织共同承担,政府进行监督,二者之间形成了政府—养老服务主体—养老人群的良性互动,能够确保老年人居住在家并获得较好的物质与精神照顾。

(四)家庭养老给予补贴

英国政府为了鼓励子女全方位照顾老人,尤其是照顾那些生活不能自理、卧病在床的老人,政府规定对在家居住、主动承担起照顾老人义务的子女发放与在专业机构养老相同的补助。这些无疑会部分推动家庭养老人数的增加。

第三节 日本养老服务体系建设的现状与借鉴

日本是全球老龄化问题最为严重的国家之一,1979年日本就已经进入了老龄化社会,1994年进入了深度老龄化社会,从20世纪起,日本就加紧应对这一进程。2014年,日本65岁及以上的人口占总人口比重达到25.79%。已经是深度老龄化国家。[1] 2060年,65岁及以上人口占日本总人口比重将达到39.9%,与此同时,2013年日本女性平均生育子女数量为1.43个。日本妇女生育子女数量远远低于大部分欧美国家,由此带来的问题是,日本老龄化步伐在全世界是最快的,并且与人口减少同步出现。[2] 如表7-3中,我们可以看到,日本老龄化的顶峰尚未到来,日本政府正在积极采取措施,旨在降低老龄化对于日本经济发展与社会的冲击。

---

[1] 徐昊:《养老问题中国要有"东游记":"超老龄化国"日本有何真经?》,《新财富》2017年第2期。

[2] 王晓枫:《面对老龄化各国如何应对?》,《新京报》2015年11月8日。

表7-3　　日本介护养老政策的历史进程

年代	高龄化率	主要的政策	发布时间
20世纪60年代 老年人福利政策开始	5.7% (1960)	《老年人福利法》制定 ◆特别养护老人之家创设 ◆老人家庭服务员（Home Helper）法制化	1963年
20世纪70年代 老年人医疗费用增加	7.1% (1970)	老年人医疗免费化（福利元年）	1973年
20世纪80年代 不必要的住院以及瘫痪老人的社会化问题	9.1% (1980)	《老年人保健法》的制定（老人医疗费的定额负担等）	1982年
		老年人保健制度的实施（特例许可外老人病院）	1983年
		Gold Plan（老年人保健福利推进十年战略计划）策定	1989年
		◆设施紧急整备及以家庭养老为基础的福利推进	
20世纪90年代 Gold Plan 的推进 介护保险制度 实施准备	12.0% (1990)	《老年人福利法》等福利8法的改正（市町村入所权限等）	1990年
		新 Gold Plan（新老年人保健福利推进十年战略）策定	1994年
		◆家庭介护服务的加强	
		◆新介护系统的建设开始研讨	
	14.5% (1995)	介护保险法案向国会提出（民主、社民、国民新党三党联手）	1996年
		《介护保险法》成立	1997年
		Gold Plan 21 策定（活力、尊严与自立支援、地域社会共同）	1999年
2000—2010年 介护保险制度的推进	17.3% (2000)	《介护保险法》实行	2000年
		《介护保险法》修正	2005年
		《介护保险法》修正	2008年
		介护报酬的改正	2009年

注：◆为关键性政策与节点。
资料来源：侯宇峰、刘灵芝、王昕：《日本老龄化进程及应对政策对我国的启示》，《建筑学报》2015年第12期。

一 完备的养老法律

（一）针对全民的养老法律

日本从1942年开始推行养老保险制度，1959年颁布了《国民年金法》，规定20岁以上的国民都有义务加入基础养老金，日本从此实现了"全民皆有养老金"。随着经济的发展和社会的变化，日本又于1985年推出"双层养老保险制度"。即第一层是指覆盖所有公民的国民年金制度（又称"基础年金"），法律规定20岁以上60岁以下在日本拥有居住权的所有居民都必须参加。第二层是指与收入相关的雇员年金制度，按照加入者职业的不同又可分为"厚生年金"和"互助年金"，其中5人以上私营企业职工的年金被称为厚生年金，国家公务员、地方公务员、公营企业职工、农林水产团体的雇员、私立学校教职员工等分别有各自专门的年金，被统称为"互助年金"。因此，加入厚生年金和互助年金的职工的养老金实际上在国民年金的基础上再加入报酬年金，而报酬年金则是由加入者投保数额的多寡决定的。在"双层养老保险制度"的基础上，日本还推行了私营企业的退休补贴金制度，类似于企业或是行业的补充养老保险制度。[1]

（二）针对老年人的养老法律

1963年，日本政府推出了倡导保障老年人生活利益的《老年人福利法》，推行社会化养老。全国大范围建设福利院，所用经费75%由国库支付，25%由地方政府负担。1969年东京率先对65岁及以上老人实行免费医疗，1973年老人免费医疗作为国策在全国推行。但是由于国民家庭观念较重，养老院无人问津，免费医疗带来的庞大财政问题也日益棘手，促使日本政府逐渐开始从纯社会化养老向居家养老过渡。[2]

---

[1] 宁涛：《浅析日本养老保障制度及养老模式》，《江苏城市规划》2015年第6期。
[2] 同上。

日本自 1982 年颁布《老年人保健法》后，政府在养老产业中扮演的角色被逐渐削弱，社会资本开始逐渐融入养老产业，这代表着日本养老的主体多元化，此后，日本逐渐完善养老的相关法规。1987年，日本颁布了《社会福利士及护理福利士法》，意图大力培养养老服务从业人员，保障养老产业健康有序发展。1989 年推出《老年人保健福利推进十年战略计划》，提出要打造为居家养老和社区养老提供上门服务的养老产业。1997 年，日本政府颁布《介护保险法》，规定公民需要缴纳护理保险年金，65 岁以后可以使用，而护理服务产生的费用个人仅承担 10%，其余由国家和保险公司承担。这一法规的实施，为护理保险和护理服务的运营提供了充足的资金支持，进一步强化了以上门养老服务为主的社会化的养老产业。[①]

《老年人福利法》《老年人保健法》《国民年金法》是日本老人福利法律体系的三大支柱。它们从社会福利、医疗保健、经济收入三个方面保障了老人的权益，从制度层面上保证了老人的权益有法可依。

二 完善的保险制度

1973 年是日本的福利元年，这一年日本政府大幅增加国民福利，包括提升养老金，但也造成一些问题。日本目前每年用于社会保障的财政支出占到 GDP 的 23%。这些资金 60% 来源于保险，40% 是税收，其中 11% 用于发放养老年金。如果是上班族，将国民年金和厚生年金加起来，一对日本老年夫妻每月平均可领 22 万日元的养老金。养老金之外，医疗费用是老龄化社会带来的另一部分重大开支。由于实行老人医疗免费，一些老人为此常去医院看病，增加了政府的财政负担，导致医疗资源过度消耗。1975 年后，日本开始控制向老年人发放医疗费，改为通过个人缴纳保险与政府共同承担。参保种类由其所从事职

---

① 宁涛：《浅析日本养老保障制度及养老模式》，《江苏城市规划》2015 年第 6 期。

业决定，公务员参加共济组合，大企业上班族参加健康保险组合，中小企业上班族会参加协会健保，个体户和农民等参加国民健康保险。日本政府还专门为65—75岁以及75岁以上老年人准备了独立健康保险。数据显示，日本75岁及以上人口达1500万人，这部分老年人个人承担医疗费用比重是10%，日本国民医疗费以每年3%速度增加，虽然采取一些措施，某些年份低于这个增长率，但增速还是超过GDP的增速。

日本还有护理保险制度，年老后若需要他人照料，日本人能选择各种护理服务，例如，居家养老服务，即护理人员上门服务，也可以利用日托所，还可以入住老年人护理中心。老人们还能在家里接受24小时巡回服务，每天定期两到六次上门服务，遇到紧急情况，呼救中心人员会到老人家中。

三 居家养老仍占据主导

日本曾经尝试建立机构养老来应对老龄化，但是由于资金耗费过大、养老服务不全面等原因而不受欢迎，大多数日本老人仍然倾向于居家养老。王晓枫提到，日本的"养老三原则"从北欧引进来，即尽量让老年人住在故居、尊重老年人决定、有效利用老年人的各种资源和能力。虽然建养老院很重要，但尊重老年人决定让他们住在自己家中更重要，因此要完善老年人居住周边环境。[①] 日本为居家老人提供了丰富周到的服务，包括上门服务、短期服务、长期服务、老人托管服务、保健的咨询与指导。日本有完善的法律和政策体系，这些法律与政策的制定为居家养老服务产业的发展指明了方向。有关社区养老的法律与政策主要有《老年人福利法》《老年人保健福利推进十年战略计划》《关于社会福利服务基础结构改革》。这些法律和政策的制定

---

① 王晓枫：《面对老龄化各国如何应对？》，《新京报》2015年11月8日。

明确了老人服务内容与老年产业企业的发展方向。此外，为居家养老老年人提供服务的主要有政府、政府支持的民间组织、志愿者与企业。提供服务主体的多样化给老年人提供了广阔的选择空间与更加优越的服务。①

四　确保老年人口消费能力

日本通过鼓励老年人就业，建立稳定的公立年金制度让老年人拥有更加强大的消费能力。日本政府非常重视老年人就业问题，一方面，制定相关法律确保老年人到 65 岁仍可以被雇用，同时推进退休人员再就业，支持老年人创业；另一方面，通过各种方式鼓励老年人发挥余热，利用老年人在职业生涯中积攒的能力进行再就业，在为社会创造价值的同时也可以让老年人实现宽裕的老年生活。同时，日本建立了稳定的公共年金制度，实行年金制度一元化，由日本年金机构对年金进行运营和记录。这在很大程度上确保了老年人收入，从而在一定程度上保证了老年人的消费能力。②

五　专业的护理人才

经过几十年的探索，日本已经建成了一个行之有效的社会养老介护服务的专业人才制度体系和与之相适应的教育培训、资格认证体系。从日本的经验来看，建立完整的养老服务专业人才培养制度体系是稳定养老服务行业员工的重要手段。在日本，养老服务员工必须接受专门的业务培训并持有职业资格证书才能由养老服务机构推荐给老年人。例如作为为老年人提供最基本服务的专门护理人才——"介护士"，

---

①　班晓娜、葛稣：《国外发展养老服务产业的做法及其启示》，《大连海事大学学报》（社会科学版）2013 年第 3 期。

②　同上。

一般必须修完 13 门必修课,并通过介护士统考后才能拿到资格证,然后在统一法律规范下持证上岗。1987 年日本政府颁发了《社会福利士及护理福利士法》,规定了护理福利士应具备的工作能力和专业技术知识能力,并推出资格证书制度。1992 年制定《福利人才确保法》,对福利人才的培养及应有的经济、社会地位予以保障。近年来,为了进一步改善养老服务员工的工资待遇,稳定服务队伍,日本国会又在 2008 年通过了有关确保介护(养老)服务的人才,改善介护服务员工待遇的法律,决定从 2011 年起将介护员工的待遇提高 3%,并且在 3 年内投入 4000 亿日元作为向改善介护员工待遇的企事业单位提供补助金;该法律还要求介护服务行业的企事业单位必须为介护员工提供职业生涯规划,向介护员工提供今后 5—10 年的工资待遇与升迁职位的前景,以稳定介护服务行业的职工队伍。①

六 科技渗透养老服务

日本是世界上老龄化最严重的国家之一,老年人口庞大,劳动力人口短缺,正是在此基础之上,日本把更多的科技元素融入养老产业当中,借以替代人工,如智能拐杖、智能轮椅、智能马桶盖、智能养老机器人。这无疑在老年人的日常生活当中起到了重要的保护防范作用,减少了人力的浪费,但与此同时,科技在养老方面的作用也仅限于物质层面,更多精神层面的工作,仍然无法有效替代。

七 经验借鉴

(一)建立护理保险制度

长期以来,中国缺乏对于高龄老人的系统化照顾,按照公平与正

---

① 张俊浦:《日本养老经验对我国社会养老服务体系建设的启示》,《改革与战略》2014 年第 8 期。

义的原则，高龄老年人口的福利取得应该与其身体健康状况成反比，即身体状况越差，其应该获得的照顾与福利越多，医疗费用支付越低，但是中国由于人口基数过大的原因，全民的养老保险制度发展缓慢且发展水平较低，高龄老人的护理保险目前还处于探索讨论期。从中国老龄化推进的过程来看，梯次建立不同养老服务水平的护理保险制度将会使我国的养老制度更加彰显公平。

（二）建立以居家养老为主的养老服务体系

中国和日本都曾经尝试以社会化的机构养老作为养老服务的主要载体，但两国的养老实践证明，居家养老是适合亚洲人群、符合亚洲家庭文化认同的养老模式。张俊浦认为，从长远发展来看，中国、日本等亚洲国家重视传统家庭养老地位，中国养老问题的缓解必须以居家养老为核心，重视居家养老服务体系的建设。但当前我国居家养老在顶层设计、思想观念、资金投入、服务内容、服务设施、人才培养、政策支持、机制建设等多方面都存在或多或少的问题，因此，亟须明确政府的主导责任，重视居家养老服务的顶层设计，完善居家养老管理制度，理顺居家养老运行机制，提高居家养老人员素质，充分动员社会一切力量发展社会化养老事业以利于居家养老服务的良性运行与可持续发展。① 马凤芝认为，社区照顾在帮助老人实现居家养老，维系老人与家庭和社会的联结上具有不可替代的作用，同时对街坊邻里关系的维系，促进社区归属感、认同感和依赖感的培养，进而建立关怀社区具有重要意义。因此，与社区养老和社区照顾体系相适应，政府需要制订计划对社区和养老设施内的工作人员进行专业培训，以专业化来保障和提升老年人生活和服务的品质。马凤芝认为，社区照顾是当代国际社会普遍推崇的养老模式。社区照顾既包含老年人的居家照顾，也包含老年人的院舍照顾，居家照顾和院舍照顾具有紧密联系，

---

① 张俊浦：《日本养老经验对我国社会养老服务体系建设的启示》，《改革与战略》2014年第8期。

其共同点和基本点在于它们都是在社区内实现对老人的照顾，二者互相补充，缺一不可。①

（三）扩大养老服务内容

日本多样化的服务内容为社区养老事业的发展提供了发展动力。由于相关法律法规的保障以及政府的大力支持，日本社区养老服务充分利用社会各方面的人力、物力等资源，向老年人提供医疗、护理、保健、康复、预防、娱乐等综合性的服务，来适应不同身体状况的老年人的需要，主要的服务有上门服务、日托服务、短托服务、长期服务以及老年保健咨询和指导服务等。老年人作为一个特殊群体，因年龄、身体状况、经济条件、家庭状况、个人喜好不同，个体的需求也存在很大差异。因此丰富的服务内容不仅可以满足老年人的不同需求，提升老年人的生命质量，也可以减轻政府和家庭的压力。

（四）志愿者服务

日本的社区养老服务的典型特点是服务人员主要是志愿者。而中国的志愿者服务发展缓慢。王一菲认为，中国的志愿者服务兴起于20世纪80年代，但参与数量低且参与度不高，志愿组织较少，志愿者的专业化水平也有待提高。缺乏完善的培训机制，部分志愿者缺乏基本技能培训，这些不足都为中国社区养老服务事业的发展带来了很大阻力。因此，借鉴日本的经验，中国应大力鼓励和发展非营利组织，推进志愿者、企业和个人等参与到社区养老服务中，发挥不同群体所特有的资源优势。②

（五）建立健全社区养老服务的法律法规

中国与社区养老服务相关的法律、政策相对滞后，目前主要有《中华人民共和国老年人权益保障法》《国务院关于加强和改进社区服务工作的意见》和《民政部关于在全国推进城市社区建设的意见》

---

① 马凤芝：《世界老龄化国家和地区养老机构规划的经验——以英国、日本和我国香港地区为例》，《社会工作》2013年第5期。

② 王一菲：《日本的社区养老服务》，《中国社会报》2014年6月9日。

等，还没有专门针对老年社区养老服务事业发展的法律法规，缺乏统一的管理制度和标准。从日本的社区养老服务建设中我们可以看到，日本政府建立了完善的法规来推动社区养老服务的发展。因此中国应尽快制定、完善相关法律法规，用完善的法律制度来促进社区养老服务的发展。①

（六）服务人员的专业化水平直接影响老年人的物质和精神生活质量

在中国，劳动强度大、精神压力大以及工资待遇比其他行业低等因素造成当前养老服务行业离职率高、专业人才缺乏、人员整体素质不高的人力资源现状。② 而日本养老专业人才的培养起步较早，1987年就已设立了资格考试制度，包括民间在内的地区都建立了多种职业资格，形成了分类科学的职业资格认证制度体系。日本实行社区养老服务人员资格认证制度，确保了服务人员的素质，使其能够更好地为老年人提供专业化服务，更好地满足老年人在心理、身体、情绪和人际关系等方面的需要。③ 当前中国养老服务专业人才培养制度体系还没有真正地建立起来，养老服务人才培养模式还不成熟。高等教育是培养养老服务人才的重要途径之一，但是目前中国本科教育中还没有开设专门的老年护理专业，仅在职业学校及专科层次有老年护理、老年服务与管理等专业，缺乏培养高、中、低等各层次养老服务专业人才的教育培养体系；从职业资格认定角度看，中国在 2002 年颁布了养老护理员国家职业标准，但由于世俗偏见、待遇低等因素，养老服务机构工作人员中取得养老护理员职业资格证书的还是比较少，而且离职率很高，多数跳槽到待遇更高的医疗机构或者家政公司等；从发展前景看，养老服务专业人才发展空间受限，目前中国还没有制定专门

---

① 王一菲：《日本的社区养老服务》，《中国社会报》2014 年 6 月 9 日。
② 张俊浦：《日本养老经验对我国社会养老服务体系建设的启示》，《改革与战略》2014 年第 8 期。
③ 王一菲：《日本的社区养老服务》，《中国社会报》2014 年 6 月 9 日。

的养老人才职称评定体系，从业者的个人价值和社会价值不能得到有效承认，从客观上也造成了专业人才的改行和跳槽。①

（七）推动健康的老年人口积极二次就业

一些健康的退休老人，应该通过制定政策鼓励其积极参加第二次就业，来弥补熟练劳动力市场供给的不足，延缓他们进入养老期的时间，减少这一群体对于养老资源的占用，把更多更好的资源留给那些无能力二次就业的老人。

第四节 加拿大养老服务体系建设的现状与借鉴

一 加拿大养老服务体系建设现状

早在 1951 年加拿大就已经进入了老龄化社会，养老压力正在逐年攀升。加拿大的养老文化被称为"接力型"西方养老文化。在这种养老文化的背景之下，父母与子女之间没有形成必然的养老关系，这就要求政府与社会承担养老服务资源的供给。中国的养老方式主要是家庭养老，而加拿大因为没有家庭养老的传统，因此政府在养老体系中所扮演的角色更为重要，不仅仅是制度制定者，也是主要的实施者。社会养老是加拿大主要的养老模式，但加拿大也鼓励自我养老和家庭养老模式，单一的养老模式无法应对老龄化浪潮。所以社会化—居家养老是加拿大主要的养老模式，且呈现三分天下的养老格局：机构养老、居家养老与社区养老。

（一）机构养老

老年人由于担心增加子女的负担而选择机构养老。机构养老往往适合不同的老年群体，满足不同层次的养老需求。加拿大的养老院已形成较为完备、层级分明的体系，其按照老人的护理需求，整体上划

---

① 王一菲：《日本的社区养老服务》，《中国社会报》2014 年 6 月 9 日。

分为老龄公寓、退休之家、老人屋以及护理安老院四种类型。其中，老龄公寓的入住对象是生活上基本能够自理、身体较为健康、不需要医护人员每天固定照料的老年人；退休之家入住的对象是生活大体上能够自理但需要医护人员每天相对固定照料的老年人；老人屋的入住对象是自我独立生活能力以及健康较差并且需要专业人员照顾的老年人；护理安老院的入住对象是生活已完全不能自理，需要专业人员长期看护的老年人。① 完备、层级分明的机构养老对于无法提供家庭养老的老年群体起着重要的保障与支撑作用，是无法自理的老年人的重要养老模式。

（二）居家养老

居家养老在加拿大主要适用于身体健康的老人，可以居住在家里熟悉的生活环境，在满足老人心理慰藉的同时，也方便家人的照顾，主观上使得部分老人更愿意选择居家养老。在多种因素的共同影响下，"社会化—居家养老"组合模式成为当前加拿大养老的主流模式。这一模式优势不言而喻：一方面，养老资源来源的社会化有效克服了居家养老代际间的利益冲突；另一方面，通过居家方式，子女常伴左右，老人精神得到慰藉。同时，通过居家方式，家庭的照料功能更易充分发挥。然而，在长期较低生育率的影响下，加拿大的家庭结构日趋小型化，这种养老安排在老年人尚未完全失去自我照料能力之前是可行的。在老年人不能自我照料时，会选择机构养老的方式。② 2011 年，加拿大 65 岁及以上男性老人和女性老人入住养老机构的比重分别为 5% 和 9%。77% 的男性老人和 70% 的女性老人选择居家养老的方式。③ 居家养老是健康老年人养老的模式之一，是三种模式中对老年人的精神慰藉最好的一种模式。

---

① 穆光宗：《加拿大的养老方式和养老服务》，《中国社会报》2014 年 1 月 20 日。
② 同上。
③ 同上。

(三) 社区养老

社区养老是指以社区为单位，居民参与管理，社区作为组织、协调中心，上联系政府、下服务居民，为居家养老提供服务。① 社区养老部分地集中了机构养老与居家养老的优点，老人既可以得到家庭成员之外的养老服务，同时又能够获得子女的精神安慰。加拿大机构养老也在不断借鉴社区养老服务的方式，按照社区构想建设养老机构，为老年人提供医疗服务。当前，加拿大的很多养老机构本身就建造在社区当中。这种养老安排克服了老年人在生活无法自理阶段给家庭带来的压力，同时由于老年人入住的机构离子女住所很近，方便子女探视。不仅能缓解老人的心理孤寂感，还可以提升其晚年的生活质量，同时也将各方的养老效能发挥到最大。② 可见，社区养老集合了机构养老与居家养老的优点，是具有较强需求的一种养老模式。

二 加拿大养老服务的特点

加拿大政府是养老服务的主导者，形成了政府主导之下多层次的养老服务主体。加拿大的养老机构，通常为三种：营利性的养老机构、非营利性的养老机构与公立的服务机构。对于非营利性的养老机构，政府主要通过税收减免以及财政补贴予以扶持。对于公立的养老机构，政府会指定不同的社会化服务机构来扶持。

(一) 专业的非行政性的养老服务机构

加拿大设有非行政性的具有管理、评估、指导和事务性职能的服务机构，评估老年人的经济能力、身体状况、养老需求、适合的养老项目，评估和选择养老机构、养老服务对接、费用支出，评估养老服务的质量以及看护人员的业务培训与指导，为养老服务提供标准化的

---

① 穆光宗：《加拿大的养老方式和养老服务》，《中国社会报》2014年1月20日。
② 同上。

评估监督机制。

(二) 政府加大对专业护工人员的引导和培育

加拿大政府一方面通过提高护工工资等激励措施,吸引护工人员;另一方面,通过加大对护工的培训考核力度,提高护工的服务技术水平,为养老服务体系顺畅运行提供人力支持。

(三) 尖端的老年医疗护理机构

加拿大政府在城市各个社区均建立了社区健康护理服务中心,大力发展居家养老和居家护理相结合的项目。多伦多市社区健康护理中心到老年人家中提供营养和医疗护理、心理咨询等服务。多伦多市巴耶克瑞斯特养老服务中心始建于1918年,是北美最大的由政府主办的,集老年学研究、老年康复、老年医学研究、养老于一体的养老机构,同时也是世界著名的关注减轻老龄疾病和损伤中心。其急症转移治疗部的专业团队能全天候24小时为65岁及以上老年人提供高度专业化的医疗服务支持,在老年人护理服务、紧急护理等方面获得了政府的嘉奖。

(四) 建立完善养老金保障体系

加拿大政府通过建立完善的养老金保障体系,确保老人有稳定的养老金收入,从市场上购买自己需要的养老服务,实现居家、机构养老相对均衡的状态。

(五) 构建居家养老社区服务中心

在每一个可操作的社区范围内,建立一个多元化的服务中心,为老年人和家庭照顾提供居家养老服务。重视社区在养老服务供给中的巨大作用。以社区为单位,在每一个可操作的社区范围内,建立一个多元化的服务中心,充分发挥社区组织参与社区服务的作用,为老年人和家庭照顾提供照护、医疗保健等居家养老服务。社区养老服务一方面为居家养老服务提供强有力的服务保障;另一方面,实现对养老资源的合理规划利用。通过构建居家养老社区服务中心,协助体弱老年人尽可能留在家里养老,推迟老年人使用养老机构养老的时间,并以此弥补养老市场供给的不足，提升养老制度安排的效率。

（六）精神慰藉

巴耶克瑞斯特养老服务中心实行一站式养老服务，配有一定比例的专业心理咨询人员，通过对每位老年人的状况进行评估，为他们设计个性化的心理护理方案，并提供24小时不间断的心理咨询和治疗服务。养老院还经常组织各类文化娱乐活动，帮助老年人排解孤独。在服务方式上充分考虑老年人的情感需要。

三 启示与借鉴

加拿大的养老服务主体多元化，三个层级的养老服务主体能够满足不同层次的养老需求，严格的养老服务评估机构能够从养老服务的源头上提供必要的监督与指导，保证养老资源充分与合理的运用。社区内建有多元化的服务中心，服务内容丰富并且医疗资源质量较高，能够满足老人养老与就医的双重需求。

大多数发达国家进入深度老龄化的日程表要早于中国，但是深度老龄化并没有给这些国家带来经济的衰退或者政局的不稳，究其主要原因在于权责明确。大多数发达国家社会保障体系遵循的是多层次社会保障体系，政府、市场、社会及个人责任在不同层次的制度安排中适当调适，使之更加合理化。另外，由于充分调动了市场主体与社会力量参与的积极性，其能够不断壮大整个社会保障体系的物质基础，进而更好地满足人民福利诉求增长的个性化需要，确保整个社会保障体系能够可持续发展。因此，多层次社会保障体系建设代表了当今世界社会保障改革与发展的正确取向。[①] 尤其在中国有十四亿人口，城乡长期分割的二元化机制以及不容忽视的贫富差距决定了中国的养老

---

① 郑功成：《多层次社会保障体系建设：现状评估与政策思路》，《社会保障评论》2019年第1期。

服务以及社会保障体制不能整齐划一，养老资源的配置必须是在政府主导之下，充分发挥家庭、市场、社会组织的作用。巩固并保证家庭养老的基础性作用，鼓励发挥市场效率的中、高端养老服务的供给，政府兜底，提供化解贫富差距的养老公共物品，将会是中国养老服务未来发展的长期格局。

第八章 中国深度老龄化城市的养老服务体系建设

中国的养老服务建设目前呈现区域间养老服务发展不均衡态势,这一方面是由于地区间经济发展的不均衡,另一方面体现了政府在养老服务发展中的政策走向,即以国内老龄化程度较为严重、经济较为成熟的地区作为试点,借此再辐射推广,纵观国内养老服务体系的建设当首推北京和上海,它们已经进入深度老龄化社会,在时间上早于全国。

第一节 北京养老服务体系建设的现状与经验

北京市于1990年进入老龄化社会,比全国的老龄化进程早9年,2012年进入了深度老龄化,60岁及以上的户籍老年人口达到了20.3%,2017年60岁及以上户籍老年人口达到了24.5%,老龄化的速度不断加快,程度不断加深。截至2018年年底,北京市60岁及以上户籍老年人口增至349.1万人,占北京市户籍总人口的25.4%。这意味着每4名北京市户籍人口中就有1名60岁及以上老年人。[①] 但是在对北京

---

① 王斌:《北京市老龄事业发展报告:每4名京籍人口就有1名老年人》,http://www.chinanews.com.,2019-10-13.

市老龄化数据的搜集过程中发现,北京老龄人口统计存在两种统计指标。按照户籍人口加以统计,北京早已进入深度老龄化,户籍人口老龄比例位居全国第二,并且按照目前老年人口的增长比例,北京市户籍人口进入超老龄化已经为时不远(见表8-1)。但是转换指标口径,按照常住人口而非户籍人口的统计口径,北京老龄化程度与按照户籍统计存在较大差距。外来人口的大量涌入,降低了老年人口的统计基数,北京常住外来人口764.6万人,占常住人口的比重为35.5%。所以,照此口径计算,北京还尚未达到深度老龄化(见表8-2)。本章主要使用的是第一种统计口径。

表8-1　　　2017年北京市按不同年龄划分的户籍老年人口构成

年龄组	人数(万人)	占总人口的比例(%)	占60岁及以上的比例
60岁及以上	333.3	24.5	100.0
65岁及以上	219.8	16.2	65.9
80岁及以上	55.7	4.1	16.7
90岁及以上	4.8	0.4	1.4

资料来源:根据北京市民政局统计数字整理所得。

表8-2　　　　　　2018年年末北京市常住人口及构成

指标		人数(万人)	比重(%)
常住人口		2154.2	100.0
按城乡分	城镇	1863.4	86.5
	乡村	290.8	13.5
按性别分	男性	1095.6	50.9
	女性	1058.6	49.1
按年龄组分	0—14岁	226.6	10.5
	15—59岁	1562.8	72.6
	60岁及以上	364.8	16.9
	65岁及以上	241.4	11.2

资料来源:《北京市2018年国民经济和社会发展统计公报》,http://www.bjstats.gov.cn,2019-3-20。

2019年，北京市全年实现地区生产总值35371.3亿元，按可比价格计算，比上年增长6.1%。其中，第一产业增加值113.7亿元，下降2.5%，第二产业增加值5715.1亿元，增长4.5%，第三产业增加值29542.5亿元，增长6.4%。三次产业构成由上年的0.4∶16.5∶83.1，变化为0.3∶16.2∶83.5。按常住人口计算，全市人均地区生产总值为16.4万元。① 北京是中国的一线城市，经济发展水平接近发达国家水平，其养老服务在较为雄厚的经济实力支撑下，仍要解决程度高、增长快、高龄化、不均衡、抚养重等问题。

（一）北京的养老模式

2015年北京市发布《北京市养老服务设施专项规划》，按照"9064"养老目标发展思路，即到2020年，90%的老年人在社会化服务协助下通过家庭照顾养老，6%的老年人通过政府购买社区服务养老，4%的老年人入住养老服务机构集中养老。② 党的十八大以来，北京市老龄事业财政投入逐年增加，"三边四级"社会化养老服务体系加速完善。北京市积极构建市级指导、区级统筹、街乡落实、社区连锁的"三边四级"养老服务体系，努力实现老年人在其周边、身边和床边就近享受居家养老服务。③ 北京目前的养老模式主要有如下几种。

1. 居家养老

居家养老是北京市主要的养老模式，以居住在家庭为核心，以社区等提供养老服务为网络，打造居住与服务相契合的养老模式。为了保证居家养老服务的标准化与专业化，2015年1月29日，北京市发布《北京市居家养老服务条例》。该《条例》共22条，自2015年5月1日起施行。居家养老服务是指以家庭为基础，在政府主导下，以

---

① 《北京市2018年国民经济和社会发展统计公报》，http：//www. bjstats. gov. cn，2019 - 3 - 20.
② 《北京市养老服务设施专项规划》，http：//www. gov. cn/xinwen/2015 - 11/26/content_5017132. htm，2015 - 11 - 26.
③ 孙涛：《〈北京市老龄事业发展报告（2018）〉发布　高龄人口多　长寿特征凸显》，http：//china. cnr. cn，2019 - 10 - 12.

城乡社区为依托,以社会保障制度为支撑,由政府提供基本公共服务,企业、社会组织提供专业化服务,基层群众性自治组织和志愿者提供公益互助服务,满足居住在家老年人社会化服务需求的养老服务模式。① 以自愿选择、就近便利、安全优质、价格合理为原则,为居家老人提供高质量的养老服务。

此外,北京市为保证居家老人出行便利,又实行了老旧小区加装电梯的便民政策。仅2018年,北京市老楼加装电梯开工990部、完成加装378部,为很多长期不能下楼、不能出门的老人提供了便利,大大地提升了老年人的生活质量。除此之外,2018年,为经济困难老年人家庭免费适老化改造7402户,有效地避免了老人在家中出现跌倒、滑倒等损伤。② 调查显示,北京籍居民98.7%都会选择居住在家庭。乔晓春认为:居家养老问题,仅靠企业和市场是解决不了的,政府应做好政策引导和扶持,社会兴办、市场推动,政府、家庭、社会、市场应厘清各自的责任边界。③ 北京市民政局正在调研"居家养老子女带薪护理政策"。希望尝试通过补助、薪酬等方式,政府给予相应引导,让子女返回家中,对失能失智老年人提供亲人护理。

2. 社区养老

北京从2015年开始社区养老驿站试点,2016年以来,通过政策加码,对社区养老服务驿站加大建设运营扶持力度,鼓励社会力量就近为居家老年人提供便捷高效的周边、身边和床边服务。如今,遍布京城社区的养老服务驿站,立足打通养老服务的"最后一公里",切实为居家老人提供便捷可靠的服务。④ 2018年,北京市已有社区养老驿站680家。社区养老驿站是一种新型养老模式,主要为附近社区老

---

① 《北京市居家养老服务条例》,北京市人民政府官网,http://www.beijing.gov.cn/zhengce/zhengcefagui/201905/t20190522_58195.html。
② 孙涛:《〈北京市老龄事业发展报告(2018)〉发布 高龄人口多 长寿特征凸显》,央广网,http://old.cnr.cn,2019-10-12。
③ 陈斯:《养老机构"一床难求"?并不全面!》,《北京青年报》2019年4月24日。
④ 马丽萍:《一张社区驿站床就近养老触手可及》,《中国社会报》2019年9月12日。

人按需定制特色居家养老服务项目，满足老人的各项生活需求。老人不用出远门就可以得到日间照料、短期托养、临时入住、小饭桌、助浴、医疗护理、理发、按摩服务等项目。包含的主要费用包括床位费、生活照料费、膳食费、医疗护理和康复服务费、个性化服务费等。该模式能够为居家老人提供高质量、全方位的养老服务，但由于养老服务成本较高，不适合中低收入的老人。2019年10月，北京首个以养老服务为主、以老年用品为辅的"社区居家养老综合服务平台——怡亲安安体验版"正式上线。社区老年人遇有生活照料、适老服务方面的需求，可通过社区养老服务驿站，在该平台对接服务商。平台将在首批70家养老驿站开展试点。

3. 养老机构与医养结合

北京养老服务机构从20世纪50年代前后开始建设，至70年代机构数量不足20所。自1978年改革开放以来，在城市功能拓展区及城市发展新区公办养老机构开始逐渐增加。1985年，首都功能核心区内公办养老机构开始建设。1997年，在城市功能拓展区、城市发展新区内民办机构逐渐增加，近年来，城市功能拓展区中民办机构数量已经超过公办机构。2000年，城市发展新区内公办机构数量呈现大幅增加。这有可能是响应市中心人口向城市发展新区转移的城市发展规划政策而产生的现象。[①] 从2012年至2018年，全市建成运营的养老机构数量从400家增加至526家，养老服务商近2万家；运营养老床位从7.6万张增加至10.8万张，新增养老床位3.2万张，年均增加5000余张，70%以上养老床位由社会力量建设或运营。[②] 虽然养老机构数量增加很多，然而北京98.7%的京籍老人仍选择在家养老。根据调研统计，北京市养老"一床难求"情况并不显著，90%的养老机构有大量

---

① 戴维、铃木博志、长谷川直树：《北京养老服务机构入住理由及位置选择的初探》，《城市规划》2012年第9期。
② 吴为：《北京养老机构床位7年增5万余张》，http://baijiahao.baidu.com，2019年9月6日。

空床。同时，北京市养老机构盈利状况十分严峻，只有4%的养老机构实现盈余，超过60%的养老机构需要10年以上才能收回投资。① 究其主要原因在于北京有入住养老机构需求的失能与半失能老人无力支付养老机构的收费，如2015年人均可支配收入48458元，2016年为52530元，2017年为57230元，与养老机构收费相比，还明显不足，造成了养老机构资源供给严重浪费。北京当前正在着力建设养老机构，实行医养结合。截至2018年年底，在全市526家养老机构中，95%的机构将能够通过不同形式提供医疗健康养老服务。2019年，北京市将实现全市养老机构能够以不同形式，为入住老年人提供医疗卫生服务的目标。②

（二）北京养老服务发展特点

1. 法律搭建

近年来，北京积极开展养老实践的探索，在政策支持、资源储备与供给方面取得了较为显著的进展。一方面逐步完善了相关政策法规，同时在政策的落实方面也在逐步推进。北京市民政局出台地方性法规1部，制定和修订政府规章5部，市委、市政府及两办出台文件23个，与其他部门联合出台政策200多项，以法制建设有力支撑民政事业发展；民政财政保障逐年增加，全市民政投入从110亿元增加至200亿元，年均增幅达15%；首次编制民政服务设施建设规划，科学定位设施总体布局、数量规模和建设标准，建立了一大批养老、社区、儿童福利、军休、优抚、殡葬、流浪乞讨人员救助和接济服务设施，民政公共服务设施体系日益完善。③

2002年1月30日，北京市质量技术监督局发布了北京市地方标

---

① 《超九成北京老人在家养老 养老机构盈利状况严峻》，http：//www.xinhuanet.com，2019年4月24日。
② 《"医养结合"今年落地北京市养老机构 将提供医疗卫生服务》，《北京青年报》2019年3月21日。
③ 《北京市"十三五"时期民政事业发展规划》，http：//mzj.beijing.gov.cn，2016-07-28。

准《养老服务机构服务质量标准》。2008 年,北京市民政局出台的《关于加快养老服务机构发展的意见》中明确指出:政府将投资建设以城镇"三无"、农村"五保"及其他低收入老年人为服务对象的保障型养老机构,以一般工薪老年人为服务对象的普通型养老机构,引导社会力量进入高档型养老机构建设。2014 年颁布《关于进一步推进本市养老机构和养老照料中心建设工作的通知》,提出积极推动医疗和养老资源结合,所有养老机构和养老照料中心都要具备医疗条件,构建"医养结合"服务模式。2015 年发布《北京市公办养老机构收费管理暂行办法》,对于收费项目、定价管理等方面做出了明确规定。2016 年 7 月,北京市民政局发布了《北京市"十三五"时期民政事业发展规划》,加快构建以居家为基础、社区为依托、机构为补充、专业服务为引领、社会保障制度为支撑的首都特色养老服务体系,及时、科学、综合应对人口老龄化,让全市老年人有更多获得感。同时探索了发放特殊津贴,完善高龄津贴、高龄特困老年人补贴、居家养老服务补贴、老年人意外伤害保险等制度,建立健全各项津贴、补贴标准的科学调整机制。研究居家养老子女护理补贴政策,探索购买家庭成员提供的护理照顾服务。[①] 2016 年 12 月北京市政府印发了《北京市"十三五"时期老龄事业发展规划》,提出满足老年人多层次、多样化的养老服务需求。2018 年发布《关于做好 2018 年养老机构服务质量建设专项行动的通知》,对于养老服务中的养老服务规范、养老服务诚信体系建设提出了较高要求。2018 年 11 月,发布《北京市养老机构运营补贴管理办法》,对补贴对象、补贴标准、补贴程序等方面做出了明确规定。

2. 标准化建设

2000 年北京正式启动养老服务标准化工作,并按照国际通用的标

---

① 《北京市"十三五"时期民政事业发展规划》,http://mzj.beijing.gov.cn,2016 - 07 - 28。

准和《中华人民共和国标准法》要求多层次开展了卓有成效的养老服务标准化工作。已经出台的地方标准内容主要涵盖与养老服务有关的部分内容，包括《养老服务机构服务质量标准》《养老服务机构院内感染控制标准》《养老服务机构服务质量星级划分与评定》《养老服务机构医务室服务质量控制规范》《养老服务标准体系——技术标准、管理标准和工作标准体系》《养老服务机构标准体系——要求、评价与改进》《养老服务机构老人健康综合评估规范》《社会福利机构安全管理规范》，其中《养老服务机构服务质量标准》和《养老服务机构院内感染控制标准》两项地方标准获得 2003 年度北京市科技进步三等奖。北京市还参与了《养老护理员国家标准》《服务业标准体系指南》《养老机构基本规范》三项国家标准以及《老年人能力评估》《养老服务机构安全管理规范》《儿童福利机构基本规范》三项行业标准的制修订工作，同时参与并负责民政部《社会福利标准体系》的研究及编写工作，并积极参与民政部及全国社会福利标准化技术委员会的各项工作。2019 年 1 月，北京发布了《北京市养老机构服务质量星级评定实施办法》，对养老机构的评定划分了五个等级。为了更好地推动养老标准的落地，2019 年 5 月，成立了北京市养老服务标准化技术委员会，这些标准化的建设与试点填补了全国养老服务行业管理的空白，为全国民政行业养老标准化工作起到了良好的示范作用。

3. 养老护理员严重稀缺

针对北京市老龄人口发展迅猛的态势，2016 年 12 月，北京市民政局发布了《关于加强养老服务人才队伍建设的意见》，揭示了养老从业人员呈现社会地位低、流动性高，收入待遇低、劳动强度高，学历水平低、平均年龄高等"三低三高"特征，这与加快发展养老服务业发展要求不相适应，与日益增长的养老服务需求不相适应。并且为保证养老护理人员的有效供给，北京市将挂牌建设 5 所养老护理员培训学校，并引入老年医学、康复、护理、营养、心理和社会工作等专业师资，支持职业学校增设养老服务和管理专业。到 2020 年，每万名老年人拥有养老护理员数量不低于50人。① 养老护理员的发展更多地需要政府在薪酬、社会保障、社会地位等方面增加吸引力,否则在我国人口增加有限的前提下无法有效保证从业人员的稳定与高素质人才的引入。

(三) 经验借鉴

不断完善的法律与日益标准化的养老服务体系为北京的养老服务领先于全国打下了良好的基础,再加上养老服务在实践中的不断探索,北京的养老服务正站在中国养老服务业的最前沿,一方面与国际接轨,另一方面又结合北京的经济优势、人力资源的优势不断发展完善、日益成熟,而上述这些优势无疑是欠发达省份甚至是部分发达省份所不及的。与此同时,针对北京居家养老基础性地位以及老人的居家情怀,北京市政府在国内率先探讨了家庭养老的支持体系,包括家庭成员养老补贴、家庭成员带薪休假、政府购买家庭成员养老服务等。如北京市政府印发了《北京市"十三五"时期老龄事业发展规划》,弘扬尊老、养老、助老传统美德。加强家庭成员养老伦理道德宣传教育,督促老年人子女及其他依法负有赡养扶助、扶养义务的家庭成员履行对老年人经济上供养、生活上照料和精神上慰藉的义务。完善职工带薪休假制度,鼓励用人单位在老年节、员工家中老年人生日及需要康复服务、临终关怀服务时给予安排休假等关怀和支持。支持家庭成员通过信息化网络技术及时掌握家中老年人的身体状况,满足老年人的生活需求。支持家庭发挥养老基础性作用。开展老年家庭长期照护者关爱行动,通过政府购买服务方式,为长期照护者提供短期休整机会。有计划地培训家庭长期照护者,提升其照护失能老年人的能力。研究制定经济困难居家养老家庭子女护理补贴政策,鼓励家庭成员与老年人共同生活。按照整合资源、完善服务、统一标准的思路,制定全市

---

① 李怡:《北京将建5所养老护理员培训学校 加强养老服务人才建设》,https://baijiahao.baidu.com/s? id = 1610928541049493056&wfr = spider&for = pc,2018 - 09 - 07.

统一的住房反向抵押养老保险房屋抵押登记合同范本，建立抵押登记绿色通道，支持开展老年人住房反向抵押试点。① 北京作为北方城市，在养老观念上与吉林省较为相近，大多数老人把家庭养老视为天经地义，排斥机构养老，与其说大力发展机构养老，还不如针对养老需求现实，做好家庭养老的政策搭建与引导。这样做既可以避免财政资金的低效空流，又可以做到养老需求最大化满足。吉林省作为欠发达省份，无论在经济总量还是在发展速度上，在全国都居于下游，财政助力养老服务的财力有限，如果效仿其他城市大力发展机构养老，只会造成财政资金的浪费，也不会获得很好的效果。同时，由于吉林省冬季时间过长，户外活动时间较短，也应该在适度规模上发展社区养老。

第二节　上海养老服务体系建设的现状与经验

上海于 1979 年率先步入人口老龄化阶段，这一时间比全国平均早 20 年。2006 年上海 60 岁及以上的老年人口达到 20.1%，领先全国进入深度老龄化。2015 年此数字已经达到 30.2%，上海已经进入超老龄化社会。纵观上海老龄化的发展，其进入老龄化不同阶段的速度都远远位居全国之首，虽然带给上海巨大的养老压力，但是并没有引发严重的社会问题，主要源自如下几个原因。第一，上海经济发展水平居于中国经济发展的前列，已处于"准发达国家"水平。2019 年，上海市全年实现国内生产总值（GDP）32679.87 亿元，比上年增长 6.6%，继续处于合理区间。其中，第一产业增加值 104.37 亿元，下降 6.9%；第二产业增加值 9732.54 亿元，增长 1.8%；第三产业增加值 22842.96 亿元，增长 8.7%。第三产业增加值占上海市生产总值的比重为 69.9%，比上年提高 0.7 个百分点。按常住人口计算的上海市人

---

① 《北京市"十三五"时期老龄事业发展规划》，http://www.beijing.gov.cn，2017 - 01 - 16。

均生产总值为13.50万元。① 雄厚的财政实力为严重的老龄化问题的解决提供了重要支撑。第二，国家养老试点政策的推动。上海获得了国家优厚的政策资源（详见表8-3）。上述试点不仅推动了新型养老模式在上海的落地，同时也推动了上海养老服务日益成熟，缓解了愈演愈烈的养老危机。第三，上海市第三产业占比已经与发达国家相当。上海已经成功完成了三大产业的调整，服务业已经成为支撑上海国民经济发展的重要支柱，这对于养老服务需求的满足具有重要的保障作用。

表8-3　　　　　　　　上海参与国家养老政策试点

试点内容	试点时间	试点说明
以房养老	2014年7月1日	老年人住房反向抵押养老保险试点，试点期2年
医养结合	2015年11月	上海市徐汇区是第一批国家级医养结合试点单位
长期医疗护理保险	2016年	人力资源社会保障部在青岛、上海等15个城市开展长期护理保险试点
智慧养老	2017年11月	上海有8家示范街道，1个示范基地——上海市长宁区智慧健康养老示范基地
个人税收递延型商业养老保险试点	2018年5月1日	试点期1年

资料来源：笔者根据上海市政策文件整理所得。

据《上海市老年人口和老龄事业监测统计调查制度》统计，截至2017年12月31日，上海市户籍人口1456.35万人，其中60岁及以上老年人口483.60万人，占总人口的33.2%；比上年增加了25.81万人，增长5.6个百分点，占总人口比重增加了1.6个百分点。65岁及以上老年人口317.67万人，占总人口的21.8%；比上年增加了18.64万人，增长6.2个百分点，占总人口比重增加了1.2个百分点。70岁

---

① 《2018年上海市国民经济和社会发展统计公报》，http://www.shanghai.gov.cn，2019-06-17.

及以上老年人口 197.71 万人，占总人口的 13.6%；比上年增加了 9.09 万人，增长 4.8 个百分点，占总人口比重增加了 0.6 个百分点。80 岁及以上高龄老年人口 80.58 万人，占 60 岁及以上老年人口的 16.7%，占总人口的 5.5%；比上年增加 0.92 万人，增长 1.2 个百分点，占 60 岁及以上老年人口比重下降了 0.7 个百分点，占总人口比重增加了 0.04 个百分点。① 与此同时，上海又是全国著名的长寿城市。截至 2019 年 9 月 30 日，上海百岁及以上老年人口 2657 人。从性别上看，男性占 25%，女性占 75%。从年龄上看，100—102 岁占 83%，103—105 岁占 14.5%，106 岁及以上占 2.5%。99 岁是"准百岁寿星"，共有 1818 人。根据长寿地区的代表性指标，即每 10 万人中有百岁及以上老年人超过 7 人，上海 2010 年首次达到该指标，2018 年已达 17.2 人。据统计，每 10 万人中拥有百岁老年人，位居前三的依次为黄浦区、虹口区、静安区，分别为 28.8 人、28 人、25.4 人，分别比上年增加 4.4 人、8.1 人、5.3 人。百岁老人绝对数位居前三的，依次为浦东新区、黄浦区、静安区，分别为 503 人、239 人、235 人，三个区占全市百岁老人数的 39%。上海 90 岁及以上老年人口 13.26 万人，比上年增加近 1.26 万人；95 岁及以上老年人口 2.56 万人，比上年增加 2700 人左右，百岁老人的"后备军"继续增多。②

上海经过多年的养老服务的发展，基本形成了"9073"养老服务格局：即 90% 由家庭自我照顾，7% 社区居家养老，3% 机构养老，养老服务的供给已经从广覆盖向高质量方向发展。与此同时，深度老龄化、长寿化交织，使得上海的养老服务发展更为迫切与艰巨。据预测，到 2045 年，上海户籍人口中 60 岁及以上老年人口会突破 640 万人，占户籍总人口的比重将达到 45%；根据对上海常住人口老龄化的预

---

① 《预期寿命为 83.37 岁 上海发布本市老年人口和老龄事业发展信息》，http://baijiahao.Baidu.com，2018 - 03 - 29。
② 彭薇：《最新发布！2019 上海最高寿老人 112 岁，这几个区百岁老人最多》，上海观察，https://www.jfdaily.com/news/detail?id = 180625，2019 - 09 - 30。

测,60岁及以上人口占总人口的比例到2050年将上升至44.8%,80岁及以上人口占总人口的比例也将相应地由3.0%上升至8.3%。从未来发展来看,2020年以后上海常住人口中总抚养负担将超过50%,人口红利将消失,上海进入深度老龄化、少子化社会,养老保障和为老服务事业面临巨大压力。① 为尽快破解养老难题,上海近年来着力探索符合城市特点的养老服务供给模式。

一 上海的养老模式

上海的养老服务模式在长期摸索中形成了自己的特色,一些养老服务方面的实践在国内已属领先。

(一)机构养老稳步发展

截至2018年年底,上海共有养老机构712家,床位14.41万张。在全市养老机构中,由社会投资开办的352家,床位6.31万张。②《上海市养老机构评价报告(2018)》显示,被调查的养老机构入住率高达82.68%,远远超出全国52%的平均水平。其中内环线以外、中环线以内的养老机构入住率均值最高,达到了93.38%;内环线以内的养老机构为90.84%,中环线以外、外环线以内的养老机构为82.08%,外环线以外养老机构为75.64%。③ 可见,上海的养老机构实现了养老服务供需的较好匹配,是国内养老机构发展的典范。究其主要原因,一方面,养老机构的收费划分为多层级,主要以中低收费为主,满足不同经济能力的老人需求,如29.8%的养老院月收费在0—2999元,40.3%为3000—4999元,9000元及以上的为极少数(见图8-1)。④

---

① 杨雄、周海主编《上海社会发展报告(2019)》,社会科学文献出版社2019年版。
② 《2018年上海市国民经济和社会发展统计公报》,http://www.shanghai.gov.cn,2019-06-17。
③ 《上海养老机构评价蓝皮书发布 总体发展水平较高》,http://sh.people.com.cn,2019-05-25。
④ 《养老没你想的那么简单》,http://www.yanglaocn.com/,2019-09-17。

另一方面,养老机构的服务能够较好地满足老人的养老需求,对于老人而言,得到专业照护是养老机构最为诱人之处,调查显示,在人员配置方面,80.1%的被调查养老机构配备了医生,67.03%的被调查养老机构配备了护士,50.7%的被调查养老机构配备了社工。护理站的配置比例为61.66%,其中,护理员(护工)占比59.30%,医生占比4.23%,护士占比4.92%。① 但是养老护理员年纪偏大、质量不高这个共性问题同样也是上海养老服务发展中的难题。护理员队伍中女性占比91.2%;51岁及以上占比59.88%,41—50岁占比34.23%,31—40岁占比4.91%,21—30岁占比仅为0.81%,其他占比为0.17%。学历方面,初中及以下占比87.27%,高中/中职占比10.59%,大专/高职占比1.55%,本科及以上占比0.59%。②

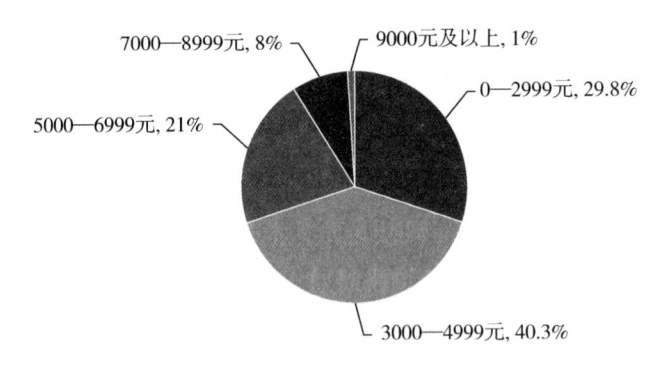

图 8-1 上海不同价位养老机构的比例

注:因四舍五入,合计数可能不等于100%。

资料来源:《养老没你想的那么简单》,http://www.yanglaocn.com/,2019-09-17。

(二) 社区居家养老服务完善并且不断创新

上海社区居家养老无论在规模还是在质量上都是中国养老服务发展中

---

① 《上海养老机构评价蓝皮书发布 总体发展水平较高》,http://sh.people.com.cn,2019-05-25。

② 同上。

的典范。当前上海的社区养老发展正在着力推进社区嵌入式养老服务。

朱勤皓认为，发展"嵌入式养老服务"的核心是，以大多数老年人社区养老为前提，做实街镇社区综合为老服务中心，整合各类为老服务资源，通过"织密织牢"养老服务网，在城区打造"15分钟居家养老服务圈"。同时，提供融合助餐、日托、全托、医养结合等为一体的综合服务，让养老服务更加"触手可及"。① 同时上海市将在市级层面出台"社区嵌入式养老工作指引"，为街镇提供一个完整的、可参照的社区养老服务模板。上海旨在街镇范围内构建出"1+2+3"养老服务网络，即实现"一个服务圈"，也就是"15分钟居家养老服务圈"；实现"两级服务供给"，即"综合为老服务中心"+"家门口服务站点"；实现"三大服务场景"，即让老年人在"综合为老服务中心"或"家门口服务站点"或"直接在自己家里"享受养老服务。② 嵌入式的养老服务主要以两种形式提供，分别为长者照护之家和社区综合为老服务中心，在社区之内实现养老服务供给上的封闭循环，没有任何供给上的漏点，短时、高效地获得养老服务。上海共有长者照护之家127家（其中2017年新增54家），床位数共计3430张；社区综合为老服务中心100个（其中2017年新增68个）；老年人日间照护机构560家，月均服务2.3万人，比上年增加13.3%；社区养老服务组织共计334家，服务对象中获得政府养老服务补贴的为12.02万人；社区老年人助餐服务点707个，月均服务8.10万人，比上年增加6.6%；社区示范睦邻点500个（其中2017年新增400个）。③ 2019年11月19日，发布的《上海市社区嵌入式养老服务工作指引》中提到，在中心城区发展社区嵌入式养老服务，进一步完善上海市养老服

---

① 《聚焦"社区嵌入式养老"，上海将打造"15分钟居家养老服务圈"》，http://www.sh.xinhuanet.com，2019-04-15。

② 同上。

③ 《预期寿命为83.37岁 上海发布本市老年人口和老龄事业发展信息》，http://baijiahao.baidu.com，2018-03-29。

务体系。社区嵌入式养老服务是指在社区内围绕老年人生活照料、康复护理、精神慰藉等基本需求，嵌入相应的功能性设施、适配性服务和情感性支持，让处于深度老龄化的社区具备持续照料能力，让老年人在熟悉的环境中、在亲情的陪伴下原居安养。① 该模式体现了养老服务的精准性、整合性、专业性、睦邻性等特征，为养老服务从粗放供给转向精准供给提供了制度上的保障。此外，为了配合嵌入式社区养老服务的发展，上海还在制度化与信息化方面进行建设。上海市设置了社区民生顾问制度，2018 年设立社区养老顾问，目前已开通了 104 个顾问点，234 位顾问服务群众近 2 万人次，当场答复率保持在 94%以上，打通养老服务供需对接的"最后一公里"，缓解居民对养老政策、资源"无从知晓，找不到路径"的担忧。2018 年，将实现街镇"社区养老顾问点"的全覆盖，并逐步向村居延伸。② 上海还全新升级了"上海市养老服务平台"，功能包括智能养老顾问、新版养老地图、养老服务机构查询、养老政策智能搜索等。采用"九宫格"的布局形式，直观展示"养老顾问、机构查询、政策检索、办事指南、养老地图"等多项服务功能，界面亲和、操作简便。平台囊括上海数千家养老服务设施及机构信息，包含养老院、长者照护之家、社区综合为老服务中心、日间照护机构、助餐服务场所、社区养老服务组织、护理站（院）七大类，面向公众提供精准、便捷、高效、翔实的信息查询服务。③ 其中智能养老顾问运用大数据和智能化推荐等技术，让老年人根据自身身体状况、经济状况等，利用平台的自主查询、智能向导服务等功能，获取各种服务建议。

（三）家庭养老补贴与退税

当前上海的养老模式仍然以家庭养老为主，占据养老服务的

---

① 《上海市民政局关于印发〈上海市社区嵌入式养老服务工作指引〉的通知》，http://www.shanghai.gov.cn，2019-11-19。
② 《聚焦"社区嵌入式养老"，上海将打造"15 分钟居家养老服务圈"》，http://www.sh.xinhuanet.com。
③ 曹玲娟：《上海市养老服务平台正式上线》，《人民日报》2019 年 6 月 3 日。

90%,这无疑也会增加家庭成员的物质与精神方面的双重负担。为减轻贫困家庭的养老经济负担,上海 2005 年尝试了有偿助老的新模式——赡养爸妈可领政府补贴。该模式通过政府购买养老服务,开创了国内带薪护理爸妈的先河。这种"自助式居家养老"率先在上海市普陀区长风街道试行。只需签订一份协议,符合条件的子女就多了一个"助老服务员"的身份,每月按协议要求照顾父母,领取街道发放的 100 元至 250 元的助老服务费。这些成为"有偿助老服务员"的人,都是生活困难、就业困难的双困人员。街道每月用于发放养老补贴的资金达 7.2 万元,这笔钱全部是上海福利彩票收入中转为养老专用的款项。虽然这种养老模式遭到了社会的广泛诟病,质疑孝顺与否绝不能与金钱挂钩,但是对于低收入家庭而言,政府人性化的补贴对于家庭养老还是有着积极的推动作用。此外,政府的高龄补贴也是政府推动养老事业发展的另一举措。《上海市老年人权益保障条例》2016 年 5 月 1 日起正式施行,本市户籍年满 65 周岁的老人获领老年综合津贴,按照年龄共划分为五档:65—69 周岁,每人每月 75 元;70—79 周岁,每人每月 150 元;80—89 周岁,每人每月 180 元;90—99 周岁,每人每月 350 元;100 周岁及以上,每人每月 600 元。[①] 家庭养老由于隐私性较大,政府较难介入,但是鉴于家庭养老基础性的地位,从外部推动家庭养老犹有可为。上海的家庭养老先后通过对子女补贴、老人高龄补贴等手段变相增加家庭收入,继而又通过赡养父母个税抵扣提高赡养家庭的收入,做好子女和老人的收入双重调节,在国家可能调控的经济层面加以干预,为家庭养老提供了更为充裕的经济条件。

(四)医养结合

上海市自 2013 年起在部分街镇启动高龄老人医疗护理计划试点,

[①] 《上海老年人权益保障条例 5 月起实施 按年龄段分五档发放津贴》,http://sh.bendibao.com/news/201646/158902.shtm,2016 – 04 – 06.

2014年10月进一步扩大试点范围，对生活不能自理的老人进行评估，由护理保险费支出相应的护理服务费用，提供居家医疗护理服务。对符合条件的申请对象，试点阶段收费标准暂定为50元/次，纳入基本医疗保险支付范围。医疗护理服务所发生的费用，由城镇职工医保统筹基金支付80%。同时，2016年，上海建立老年人综合津贴制度，为65岁及以上老年人分年龄段发放综合津贴，由老年人自主购买服务。2016年，人力资源和社会保障部在青岛、上海等15个城市开展长期护理保险试点，2017年上海印发了《上海市长期护理保险试点办法》，2018年试点工作在全市推开。根据试点规定，年满60周岁的职工医保或居民医保参保人员，可自愿申请老年照护统一需求评估，经评估后，评估等级为二至六级的失能老人，由定点护理服务机构为其提供相应的护理服务，并按规定结算护理费用。上海长期护理保险在社区事务受理服务中心"一门式"办理，实现"全市通办"，基本覆盖全市街镇。截至2018年11月底，上海长期护理保险定点护理服务机构已有近千家，已申报执业护士、养老护理员、健康照护等各类护理服务人员约3.2万人，约18.6万名老人接受护理服务；同年1—10月，基金支付服务费用7.06亿元。[①] 2019年8月29日，上海出台了《健康上海行动（2019—2030年）》。其中提到：推进医养结合，加快推进长期护理保险制度，打造老年宜居环境，实现健康老龄化。到2030年，65岁及以上老年人健康管理率达到80%以上，二级以上综合性医院设置老年医学科比例达到90%以上；三级中医医院设置康复科比例达到90%。[②] 医养结合把养老服务外延到医院，可以释放大量的家庭人力，对于少子化、老龄化的中国尤为重要。

---

① 田晓航：《上海约18.6万老人受益于长期护理保险试点》，http://www.gov.cn，2019-02-01。

② 《〈健康上海行动（2019—2030年）〉出台》，《解放日报》2019年8月29日。

二 上海养老服务经验借鉴

上海的养老服务体系侧重居家养老，同时以各种养老津贴作为补充，机构养老作为支撑，探索多元化的养老路径，医养结合是上海目前正在集中探索的模式，该模式对于养老质量与生命质量有着重要的保障作用。

（一）多层次机构养老满足多元养老需求

上海与北京、广州、深圳并列为我国的一线城市，经济发展水平、居民生活水平在国内遥遥领先。即便如此，上海的养老服务定位并没有走高端路线，而是把中低收入人群列为机构养老服务的主体。机构养老分层划分承接了不同经济实力、不同养老需求的人群，这对于上海这种超大型、深度老龄化的城市而言有着重要的稳定作用。

（二）嵌入式社区养老服务打造订单养老

上海的社区养老通过智慧化的养老平台，实现了养老服务供需双方精准对接。第一，养老服务内容齐全而丰富多彩。养老服务供给在社区内可以做到封闭式循环，搭建了一个完整的养老服务链，老人在社区之内就可以获得衣、食、住行等方面的助老服务。第二，养老服务信息的取得变得日益便捷。养老顾问填补了老年人群获得信息不便的劣势，在养老服务输送过程中无堵点、痛点。同时养老服务平台建设（如天猫、美团、淘宝等网络平台）一样让大家唾手可得，毫无违和感与陌生感。

（三）政府推动养老家庭收入提高

上海的家庭养老以政府运用政策提高家庭收入为手段，补贴、津贴、退税都发挥了重要的作用。90%的老人选择家庭养老，家庭养老是中国国情以及中国思维之下的养老首选，居住在原生家庭，获得家庭成员的亲情照顾，这是中国几千年来文化沉淀的养老模式。但是我国已经进入少子化、老龄化时代，对于子女而言，无论与健康老人还是非健康老人共同生活都是极大的挑战，不仅增加子女的经济压力，还会增加子女的精神压力，子女会深陷孝道与自我、为他与为己之间的苦苦挣扎，两难选择，所以政府更应采取措施：鼓励尚未采取家庭养老服务模式的家庭选择家庭养老；稳定已经采取家庭养老模式的家庭，适度推动其他养老模式向家庭养老模式转化。

（四）积极深入推动医养结合

上海进入深度老龄化之后，在国家政策鼓励之下，医养结合效果显著。长期护理保险在上海运行较为顺畅，服务的人群也在稳步增加。但是需要一定的财政作为支撑，对于个人、政府以及医疗机构都有一定的挑战，对于像吉林省这样欠发达的城市，要培育出上海一样的医养结合运作模式则困难重重。

第九章　探索构建中国特殊人群养老服务模式

中国的养老体系在不断发展实践中已经取得了长足进步，在广覆盖、多层级的基础上，针对特殊群体提供精准服务是我国"十三五"养老服务规划中的重点。而中国当前已经具备了定制特殊群体养老服务的经济发展能力。据世界银行统计，1978 年中国 GDP 总量仅为 1495 亿美元，人均 GDP 仅为 155 美元，而 2017 年中国的 GDP 总量高达 12.3 万亿美元，稳居世界第二，人均 GDP 8643 美元。根据世界银行的划分标准，中国于 2001 年跨越了"低收入"阶段，进入"下中等"收入国家行列；2011 年成功进入"上中等"收入国家行列，估计 2023 年前后将进入"高收入"国家行列。[1] 在中国，生活最艰难的老年群体有四个：失能失智老人、失独老人、城镇空巢老人、农村留守老人。目前有关部门正在 15 个城市进行长期照护保险制度试点。这个制度有望将"失能失智老人"这个群体覆盖进来。但是，失独老人、城镇空巢老人、农村留守老人"三老"群体还没有相对应的"一揽子"服务机制。[2] 但就客观而言，上述群体当中，失独老人与其他三

---

[1] 郑秉文：《中国社会保障 40 年：经验总结与改革取向》，《中国人口科学》2018 年第 4 期。

[2] 郑秉文：《积极应对老龄化　建"三老"服务协调机制》，《劳动保障世界》2018 年第 10 期。

个群体明显不同，显著的区别在于：第一，失独家庭已无任何希望获得子女物质与精神上的养老，家庭养老已经没有任何可能，养老服务最直接的供给主体断裂；第二，失独家庭的"失独"结果并非出于个人主观意愿，国家计划生育政策是失独重要源头之一。此外，失地农民由于养老维系基础的彻底失去，养老可能成为"水中月，镜中花"。所以本书将重点介绍养老最为迫切的群体：失能失智老人、失独家庭与失地农民的养老问题，以期在深度老龄化全面到来之时，这类群体在国家社会保障政策兜底之下不再脆弱。

第一节 失能失智老人的医养结合养老服务模式

西方国家社会保障发展起步较早，在养老方面，从基本保障到长期护理保险，大致已摸索出一条可行的路径，为医养结合的发展奠定了坚实的基础，当前部分国家已经实行了医养结合并取得了一定成效。而我国在计划生育国策的强力干预下，迅速完成了现代化人口结构的转变，于1999年进入老龄化社会，呈现前期缓慢、后期加速的老龄化局面。2019年，我国失能老人已超过4550万人，但是养老床位的供给与需求之间存在严重的供需失衡，再加之我国医养分离的养老保障服务体系，使得失能老人医养不能兼顾，严重削弱了养老保障系统的服务功能，建立成熟医养结合的养老保障服务模式已成为国家刻不容缓的重大责任。

一 医养结合的内涵

2013年《国务院关于加快发展养老服务业的若干意见》指出，"医养结合"是一种有病治病、无病疗养，医疗和养老有机结合的新型养老模式，强调通过医疗和养老资源的有机整合，为老年人提供持续性的照顾服务。具体来说，医养结合是一种整合照料模式，将医疗卫生服务体系与养老服务体系融合，使中长期专业医疗服务老年人需要，在医疗、康复、护理、养老四个不同的方面，得到很好的满足，拥有较高的生活以及养老质量。从各国养老服务的发展实践来看，身体与智力相对健全的老年人的养老模式已经运行得相对成熟，而大多数的失能/半失能老人、残障老人、慢性病老人、大病恢复期的老人以及绝症晚期老人，尚存在较大问题，这一群体的养老与生活质量直接拷问着国家的福利系统。

二 国内外医养结合养老服务的发展

（一）国内医养结合养老服务的发展

近几年国家高度重视医养结合在中国的发展，政策性文件出台较多。

2019年10月25日，国家卫健委等12部委联合发布了《关于深入推进医养结合发展的若干意见》，旨在巩固党的十八大以来中国医养结合的不断完善与发展。该《意见》提到，中国医养结合的政策体系不断完善、服务能力不断提升，人民群众获得感不断增强。但是，当前仍存在医疗卫生与养老服务需进一步衔接、医养结合服务质量有待提高、相关支持政策措施需进一步完善等问题。为贯彻落实党中央、国务院决策部署，深入推进医养结合发展，鼓励社会力量积极参与，进一步完善居家为基础、社区为依托、机构为补充、医养相结合的养老服务体系，更好地满足老年人健康养老服务需求。①

国内以医养结合为主题的研究大多集中于近几年，相反关于养老服务体系的研究成果众多。这无疑为我国医养结合的研究与探索提供了宝贵的经验。"养老与健康产业发展论坛"（2014）提出了医养结合

---

① 《关于深入推进医养结合发展的若干意见》，http://www.gov.cn/xinwen/2019-10/26/conte-nt_5445271.htm，2019-10-26。

的目标，即全面提升老年人的健康管理水平、实现健康养老。在医养结合的技术方面，曾毅在《老年人口家庭、健康与照料需求成本研究》一书中谈到了老年人受教育水平与疾病危险因子和 ADL/IADL 之间的关系。在医养结合问题及对策的研究中，穆光宗总结了养老机构运行中存在的诸多问题：机构养老目前供不应求但资源利用率较低；养老机构低利润甚至负利润运营导致不可持续；医、养、护、送区位与职能分离；养老从业人员稀缺等。[①] 区慧琼则从资源整合的角度提出，应把医养结合机构纳入定点机构，养老基金和医保基金结合使用，减少财力、物力以及人力的浪费。[②]

（二）国外医养结合养老服务的发展

发达国家养老保障体系发展较为成熟，对于失能老人的关注较早，在理论实践当中已经积累了丰富的经验，主要表现为政策出台较为系统、照护服务规划细致全面等方面。Henk 和 Philip 认为，对于具有相似需求的群体应该量身定制给予周密的服务与照料，包括突发医疗照护、长期照护、社会照护等。[③] Lawton 和 Brody（1969）制定了日常生活能力量表（ADL），主要由躯体性自理量表（PSMS）和工具性日常生活活动量表（IADL）组成，用于评定老年人的日常生活能力，为医养结合的研究提供了量化指标。[④] Wittenberg 等通过分析依赖与非正式护理和个人负担的国家引入综合性长期护理保险体系产生的影响，对医养结合的筹资渠道进行了研究。[⑤]

[①] 穆光宗：《我国机构养老发展的困境与对策》，《华中师范大学学报》（人文社会科学版）2012 年第 2 期。

[②] 区慧琼：《社会主义经济体制下的"医养结合"机构模式研究》，《财经问题研究》2015 年第 6 期。

[③] N. Henk & C. B. Philip, Integrating Services for Older People: A Resource Book for Managers, Dublin: European Health Management Association, 2004.

[④] Powell M. Lawton, PhD, Elaine M. Brody, ACSW, "Assessment Older People: Self-maintaining and Instrumental Activities of Daily Living", The Gerontologist, Volume 9, Issue 3_ Part_ 1, Autumn 1969, pp. 179 – 186, https://doi.org/10.1093/geront/9.3_Part_1.179.

[⑤] Raphael Wittenberg, Ruth Hancock, "Adelina Comas-Herrera and Linda Pickard, Long-term Care in the UK: Options and Analysis", 2002, http://eprints.lse.ac.uk/10733/.

综观国内外研究，中国作为人口大国、发展中国家，养老服务体系搭建尚欠完善，养老群体依然存在保障水平低、服务质量差、供给与需求不匹配的状况，而对于养老群体中的弱势群体——失能老人，医养结合的推进对于他们有着重要的意义。

三　中国医养结合发展的效果评价与制约瓶颈

（一）我国医养结合养老服务模式的效果评价

2015年中国九部委联合发布《关于推进医疗卫生与养老服务相结合的指导意见》，对医养结合养老服务模式给予指导性建议。虽然当前医养结合模式尚处于起步阶段，但足以表明我国已重视并逐步摸索医养结合养老服务发展模式。从近几年试点情况来看，医养结合运行情况并不乐观，大部分地区仍处于单一的养老模式或者是单一的医疗服务模式，与预期中的医养结合模式相差甚远。

（二）我国医养结合养老服务发展的瓶颈制约

1. 医养结合机构管理多头

我国养老服务目前呈现多头管理。如《养老机构管理办法》（2013）规定，由国务院民政部门负责全国养老机构的指导、监督和管理，县级以上地方人民政府民政部门负责本行政区域内养老机构的指导、监督和管理，其他有关部门依照职责分工对养老机构实施监督。而《医疗机构管理条例实施细则》（1994）中规定，各级卫生行政部门负责所辖区域内医疗机构的监督管理工作。当前，医养结合养老服务机构包含养老与医疗两种服务功能，涉及民政与卫生两大部门，其设立、审批、监督等工作，应归属于同一个部门还是两个部门同时管理，归属界定目前并不明确。当存在利益分割时，两个部门可能互相争取归属权；当存在责任认定时，两个部门可能存在互相推诿的情况。医养结合机构处于两个部门之间，权责归属不清，设立标准、管理标准等难以确定，使其在发展中负重前行、效率低下。

2. 缺乏长效的筹资模式

学者们对于养老服务模式与医疗服务模式的筹资方式研究较多，而医养结合作为两种服务模式的融合模式，其筹资问题的研究几近空白。是依靠养老保险还是医疗保险，或是单独开辟一种新的险种目前都尚无定论。同时，需要中长期专业医疗服务的老年人，诊疗疾病已花费大量金钱，经济负担能力明显削弱，提高收费标准的筹资模式应不可取。全国老龄工作委员会办公室发布的《2010年中国城乡老年人口状况追踪调查结果》显示，关于入住养老机构意愿的统计，城镇约有11.3%的老人愿意入住，平均每月可承担的费用为1016元；农村约有12.5%的老人愿意入住，可承担的费用为172元，入住意愿不强，支付能力不高，国家如果不采取有效措施建立长效的筹资机制，医养结合机构慢慢就会面临设施老化、配套服务落后，长此以往，医养结合机构将不可持续。

3. 医养结合养老机构结构性短缺

《社会养老服务体系建设规划（2011—2015年）》中提出，在"十二五"期间，养老床位应达到发展中国家的上限30%，但是目前我国城市居家养老总的服务满足率仅达到15.9%，养老机构总量上仍存在巨大缺口。有着中长期专业医疗服务需求的老年人为数众多，但由于费用问题，使得这部分老年人对于医养结合机构望而却步。一部分是需求旺盛，但对应满足需求的机构却寥寥无几；另一部分是仍有很多空闲床位，但是收费较高、服务功能单一，或是机构不愿收住失能老人，使得需求与供给不匹配、不均衡，造成结构性短缺。

4. 医养结合机构专业照护人员稀缺

医养结合养老机构，与传统的养老机构、医疗机构不同，它结合了两种机构的养老与医疗功能，对从业人员的综合素质要求更加苛刻，不仅要具有养老机构基本的养老服务技能，还要兼具医疗机构更为专业的医疗护理。而对于养老业，从业人员多为"4050"人员，再加上长期以来所形成的职业歧视、工资报酬低、福利覆盖少等原因，中、高端质量的劳动力涌入较少，养老院的从业人员尚都门可罗雀，何况兼具了养老与医疗功能的医养结合养老机构。照顾失能老人的工作强度、精神压力以及社会歧视势必成为制约医养结合养老服务发展的障碍。

5. 配套法律政策不健全

目前，中国还没有形成健全完备的医养结合法律法规，主要以地区、部门的规章以及国家的指导意见为主。医养结合在具体的运作中涉及多个部门，部门间的权利责任划分目前尚不清晰。根据现行政策，医院是医疗机构，功能单一，没有资格设立养老床位。同样，如果养老机构开展医疗服务，可能面临通不过审批等问题。同时，老人入住医养结合机构时，医养机构大多会与其本人及家属签订服务协议，明确规定双方的权利和义务，但一旦发生事故或纠纷时，因缺乏明确的专项法律法规依据，养老机构、老人及其家属、主管部门会因利益冲突而产生矛盾和纠纷。

四 基于中国养老现实的医养结合养老服务模式的发展

（一）政策层面

1. 健全医养结合养老服务发展的法律法规

国务院办公厅联合多部委于 2015 年 11 月发布《关于推进医疗卫生与养老服务相结合的指导意见》，要求各地方推进医养结合养老服务的发展。该《意见》首次提出，到 2020 年基本建立"符合国情的医养结合体制机制和政策法规体系"。而中国在搭建上述体制与体系的过程当中存在诸多障碍。首先，必须明确医养结合在管理上的归属，如果管理多头在操作上难以规避，鉴于医养结合对于失能老人的重要性，可以成立单独的医养结合管理部门，改变"养老机构由民政部门管理，医疗机构由卫生计生部门管理，医保基金由社保部门管理"的多头格局。其次，建立医养结合服务的准入机制。鼓励闲置的医疗资源转型为医养结合养老，鼓励社会组织提供医养结合养老服务，鼓励个人开办具有盈利性质的医养结合养老服务机构，满足我国多层次的医养结合的服务需求。对于参与养老服务的多方主体，国家在政策上应以鼓励为主，通过多方位的探索，逐步形成适合中国国情、能够满足医养结合需求的高质量养老模式。我国2016年6月已经选取了50个市（区）作为第一批国家级医养结合试点单位，随着这些试点工作的逐步展开，将会逐渐摸索出适合我国国情与民情的医养结合养老服务模式。

2. 制定医养结合养老服务模式的相关行业标准

医养结合养老服务是老龄化进程中人口大国提高养老质量的一个现实选择。但毫无疑问，与发达的福利国家相比，中国的养老服务发展尚处于起步阶段，养老水平与质量都无法与发达国家比肩。而医养结合作为发达国家养老服务的新宠同样处于探索期，中国要发展医养结合则更为艰难，需要在空白的政策与稀缺的资源下做好多方博弈。制定完善的行业标准就显得尤为重要，行业标准主要包括服务标准、管理规范、进入退出标准，科学的标准将会在物质资源与人力资源的配置上凸显一定的优势，并实现风险规避、保证养老质量。

3. 探索搭建长期护理保险制度

国际上的医养结合养老服务模式，一般以长期护理保险制度为依托，我国应该尝试建立长期护理保险，丰富、完善社会保障体系。中国当前的商业保险以意外险、重疾险、健康医疗险、养老险为主，并没有包含护理保险，这说明人们更加关注与生死相关的保险，忽视与生命质量相关的保险。这一方面是由我国的经济发展水平所决定的，另一方面也足以证明中国家庭长期以来分担养老的贡献，如今长期护理保险的呼吁则进一步折射出家庭养老压力剧增、家庭养老功能弱化的养老窘境。如果建立长期护理保险，必须慎重选择缴费标准，过低则会出现商业保险公司运转不可持续，过高则会降低家庭当前生活质量。可以选择部分经济发达地区的省份进行试点运营，分级建立缴费标准，逐渐在完善中形成示范效应，推动长期护理保险得以实行。

（二）管理层面

1. 建立自主运营与规范管理机制

在医养结合的养老服务机构运行中，政府应做好宏观的政策规划，做到适度参与。对于转型而成的医养结合机构政府应给予政策支持，提供转型过程中的诸多便利。对于社会参与的医养结合机构政府应给予土地、资金、税收减免等优惠政策，推动其稳步运行。并可尝试采用划拨一部分福利彩票收入充实医养结合机构的资金，减轻医养结合机构的资金压力。对于私人成立的医养结合机构，政府应在土地、资金、税收等方面给予优惠，但同时也要做好服务中的评估与监管，私人经营医养结合服务可以解决劳动力资源的闲置，拉动就业，但要防止在经营中经济人的逐利行为泛滥。

2. 吸引养老从业人员、创新专业人才培养管理机制

中国现有养老从业人员2万至3万人，而真实需求为上千万人，供给与需求存在巨大缺口，养老质量与养老期望也存在巨大差距，政府必须采取切实可行的措施改变养老从业人员工作强度大、社会地位低、精神压力大、工资水平仅够维持生存的尴尬局面。中国必须借鉴西方经验，打破重学历、轻体力的工资分配观念，逐步提高工作强度大、民生关注度高的养老从业者的薪资报酬。同时，还要逐步改变教育培养模式，一方面，要学习德国双重学徒制，扩大职业教育的规模，源头上提高就业的概率，增加养老供给急需专业人才的培养；另一方面，要在教育中灌输创业教育，鼓励学生从事养老产业，消除失业与用工荒同时并存的不正常现象。

（三）筹资层面

医养结合发展得好坏是多方合力运作的结果，同样也是国家经济成熟与否的重要指标。作为经济发展落后的社会主义国家，我们既需要国家在宏观层面保证百姓的利益，同时还要探索多元化的融资途径，减轻国家的财政压力。政府可以采用政府与社会资本合作（PPP）的模式，保证公共利益的最大化，形成一种1+1>2的效果，但是具体的运营模式仍需摸索。同时还要鼓励多种机构运营、多种经济形式并存，可根据市场规律自主经营的医养结合的养老产业的形成。由于中国没有长期护理保险，而且养老保险基金的缺口越来越大，医疗保险资金暂时还有部分结余，可以先采用划拨部分医保资金的方式，暂时缓解医养结合机构的资金压力。尝试按照有关规定简化手续，缩短审批时限，符合医疗保险定点条件的可以申请纳入定点范围，对于符合医养结合条件的，费用可纳入医保范畴，还要对医养结合机构资金效果进行评估，以判断该措施是否可行。人们也可通过早期缴纳适合自己收入水平的长期护理保险，来保证失能后的生活质量。

（四）操作层面

1. 实施医养结合养老服务的试点

医养结合对需求群体的经济能力要求相对较高，不宜大范围地全面实行。可选择经济条件好、教育程度高的人群进行试点，高校医院、社区医院以及社区都可以作为医养结合试点。选择高校进行医养结合的试点，原因如下。一是高校职工素质较高，易于接受新事物，是医养结合的最佳实验对象。二是具备教职工老年活动中心以及大型体育运动设施，可以节约前期的设备投资，并能够保障失能老人的康复。三是高等院校环境绿化较好，风景宜人，再加上高校拥有基本的医疗资源，可以为医养结合养老服务提供适宜的空间与场所。四是高校医院的医务护理人员技术相对专业，且日均工作量小，可以使闲置的医护资源得到有效利用。

2. 培养合格的全科医生

医养结合养老服务模式综合养老机构的养老职能以及医疗机构的医疗职能，但在具体的运行当中，该模式的发展往往受制于医疗资源的质量与数量。中国近几年在医护人员的培养上打破了专业之间的壁垒，着力培养具有全面临床经验的全科医生，做到一医多用、一医多能，部分地缓解了医疗资源的稀缺程度，但2015年年末统计显示，我国每万人口中全科医生仅为1.38人。因此，全科医生的培养任重而道远。

3. 采用"时间银行"方式解决人员短缺

医养结合机构服务人员短缺，仅仅依靠增加专业的人员，会面临专业医护人员稀缺以及成本问题。而中国的志愿者服务与西方发达国家相比，成熟度较低，发展缓慢。西方为了解决医护人员供给不足问题，采取了双赢的"时间银行方式"，通过当下自己提供养老服务换取自己老年时的养老服务供给，该模式部分地缓和了养老医护人员的不足，但必须防范在实施中可能出现的各种问题。上海、广州是我国最早实行试点的城市，但是由于服务质量的评价以及诚信问题而陷入困境，而南京由于监管得力，已成为中国实施"时间银行"的典范。

4. 建立满足不同需求的多层次医养服务

医养服务的对象区别于入住普通养老机构的老年人，主要为失能老人、残障老人、慢性病老人等需要中长期专业医疗护理的老年人，需求各不相同，主要应包括基本的住宿需求、养老需求、医疗需求、精神需求等，针对不同类型的老年人着重满足不同的需求，并且不要因为失能而放弃提供娱乐服务的可能，饮食的多样化、文娱活动的丰富化都有利于失能老人的身心康复与生命延长。

（五）机构层面

1. 科学制定支付标准

医养结合的支付标准可以按照老人的年龄、健康状况、个人经济条件、国家出资情况等方面划分。但是年龄的划分明显具有一定的缺陷，即年龄大小往往并不与健康状况成正比，仅对身体状况相近的老人具有划分的意义。个人经济条件与国家出资情况作为外在客观因素，对医养结合养老服务机构提供不同层次的养老服务具有参考价值。而健康状况是确定支付标准的最好指标。发达国家一般运用老年患者ADL（Activities of Daily Living）来确定支付标准。ADL主要包括老人基本技能、自理技能、手段技能和交往技能，技能不同，所付费用也随之不同，中国可以对其加以借鉴，逐步确定科学合理的支付标准。

2. 建立及时沟通机制

沟通在医养结合养老服务质量中起着重要的作用。首先，医患之间要及时沟通。医护人员要及时搜集老年人的健康信息，观察老年人的健康状况动态，了解其真实健康状况，并根据老年人的健康状况调整医疗护理方案。其次，做好医养结合机构与患者家属的沟通。医养机构要与患者家属沟通老年人的病情，保证家人对于老年人的身体健康与精神状态的掌握，重视亲情在医疗中的作用，在精神服务方面更需要着力打造。

3. 完善电子信息建设

"医养结合"养老服务机构必须打造信息化的养老服务平台，提供便捷的入住及转出手续。同时还要与上级管理部门、附近医院、高校志愿者建立绿色专用通道，便于上级管理部门的监督、附近医院的协作以及志愿者的养老服务供给。机构内的老年人还要设立电子健康档案，便于动态关注老年人身体健康状况。同时，还可以依靠一些全科医生软件为老年人提供临时诊疗，减少不必要的医疗资源浪费。

第二节　失独老人的养老探索

中国自20世纪70年代实施计划生育政策以来，人口增长得到了有效遏制，为社会经济发展创造了较为宽松的发展环境，但与此同时也造就了超过1.5亿的独生子女家庭。独生子女家庭的风险性衍生出了一个特殊的群体——失独老人。失独老人作为履行我国计划生育政策的贡献者，却成为计划生育政策负外部效应的牺牲者：缺乏养老承担主体、缺乏政策眷顾、缺乏社会地位认可与缺乏情感慰藉，而成了无子女、无希望、无正常关注的比肩"三无"老人养老标准的一个群体。

一 关于我国失独老人的理论研究

1. 失独家庭概念的缘起

失独是我国近几年出现的一个词语，具有明显的国情特色，是中国实施计划生育国策的一个附属产物，目前并没有形成被一致认可的定义。2000年7月，王秀银等人对荣成市15岁及以上独生子女伤亡家庭进行问卷调查，被认为是较早开始研究独生子女伤残、死亡家庭的。[1] 2001年，王秀银等撰写的《一个值得关注的社会问题：大龄独生子女意外伤亡》一文拉开了学界对失独家庭展开研究的序幕。[2] 自此，中国存在过"独生子女伤残、死亡家庭""独生子女意外死亡家庭""计生无后家庭""丧失独生子女家庭""生育困难家庭""计划生育残缺家庭"等概念。失独家庭这一概念最早出现于2012年5月9日《广州日报》一篇题为《全国失去独生子女家庭超百万，失独群体日益庞大》的报道中，自此"失独家庭"开始进入学术视野。

2. 失独家庭的界定

柳志艳认为，失独者是指因其独生子女死亡而永远失去独生子女的父母，他们的年龄大多在50岁以上，一般情况下不能或不愿再生育、收养子女。[3] 胡叠泉、邢启顺把失独家庭定义为已婚妇女年龄在49岁以上、夫妻双方只生育过一个子女且现无存活子女的家庭。[4] 该定义侧重于失独妇女的年龄、子女的唯一性以及不可再生性。段诗云等把失独家庭定义为：因疾病或意外而遭遇中老年独子夭折的厄运，

---

[1] 李泽：《城市独生子女伤残、死亡家庭情况及其父母养老问题研究综述》，《湖北成人教育学院学报》2012年第5期。
[2] 转引自陈文华《我国失独家庭问题研究综述》，《老龄科学研究》2016年第6期。
[3] 柳志艳：《勇敢地生活下去——呼唤社会关注失独者群体》，《社会研究》2012年第20期。
[4] 胡叠泉、邢启顺：《失独家庭养老的社会保障体系建构》，《三峡论坛》2013年第1期。

并因年龄原因而失去再生育能力,只能独自承担养老压力和精神空虚的家庭。① 此种定义主要囊括了失独原因、不可再生性、养老困境以及精神空虚四个方面的特征。吴佩芬(2013)、王伟伟和胡晨(2013)、高阳(2013)、马一(2014)分别提出过类似的定义。孙冬晗提出:所谓失独家庭,是指实行计划生育政策以来,独生子女由于主客观因素死亡后父母未再生育或领养子女的家庭,而失独家庭中的老人被称为失独老人。② 张前龙等在追溯失独家庭概念的起源基础之上,梳理政府以及学者们对于失独家庭的界定,并提出"失独家庭指受计划生育'一胎'政策影响、因大龄独生子女意外死亡,夫妻不能或不愿生育的家庭"。③ 卢丹蕾将失独家庭定义为"实施计划生育政策的家庭,父母人到中年(女方满49周岁)由于疾病、车祸、他杀、自杀等不可预测的因素失去独子(女)、丧失生育能力且无另外收养子女"。④ 学者们不再回避失独的原因,明确提出失独家庭的产生源自中国计划生育政策的负效应,正如穆光宗明确提出的,提倡一对夫妇只生育一个孩子的政策导向对独生子女的死亡危险具有间接责任。这个间接责任,都是对独生的内源性风险要承担责任。这可以理解为提倡一对夫妇只生育一个孩子政策导向的风险代价。⑤ 穆光宗说:大面积的独生子女死亡现象就成了文明社会的人道主义灾难,成了计划生育时代巨大的社会创痛。⑥

---

① 段诗云、马搏、刘杨:《中国失独家庭生活困境及其化解途径研究》,《青春岁月》2013年第5期。
② 孙冬晗:《政府责任视角下失独家庭扶助制度研究》,《北京化工大学学报》(社会科学版)2014年第4期。
③ 张前龙、刘浩波、张斌斌:《失独家庭面临的困境及对策分析》,《管理观察》2016年第17期。
④ 卢丹蕾:《失独家庭养老困境文献综述》,《法制与社会》2016年第7期。
⑤ 穆光宗:《独生子女家庭的权益保障与风险规避问题》,《南方论丛》2009年第3期。
⑥ 穆光宗:《构筑以人为本的人口政策和人口策略》,《学习时报》2004年10月18日。

二 我国失独家庭的国家救助制度

1. 失独家庭国家救助制度的发展

中国自 2008 年起，开始全面实施计生家庭特别扶助制度，并制定了相应的补助标准，2012 年扶助金标准有所提高，2014 年起又加大了对计划生育困难家庭的经济扶助力度，同时对符合条件的特扶对象，在参保补贴、医疗救助、住房救助等方面都有相应的具体措施。2016 年 7 月建立了计划生育特殊家庭的联系人制度。2018 年建立了救助与管理相结合的实施办法。

2007 年 8 月 31 日，国家人口计生委和财政部决定在全国开展独生子女伤残死亡家庭扶助制度试点工作，并发布了《全国独生子女伤残死亡家庭扶助制度试点方案》。在文件中提到建立和实施独生子女伤残死亡家庭扶助制度，是中国人口和计划生育政策的完善和发展，是解决独生子女家庭实际困难、稳定低生育水平、促进社会主义和谐社会建设的一项重要举措。在文件当中对于独生子女伤残死亡家庭形成做了如下描述："独生子女伤残死亡家庭是我国实行计划生育政策以来形成的特殊群体，是社会广泛关注的群体。"虽有提及失独家庭是计划生育政策实施的负面效应，但是没有正式肯定失独家庭对于国家计划生育政策所做出的贡献。方案中，主要包括独生子女伤残死亡家庭扶助制定的主要内容（扶助对象、扶助标准以及扶助对象的确认）、试点的范围、原则、资金来源和资金管理方式等方面。试点地区包括西部的重庆市、贵州省和甘肃省，中部的山西省、吉林省和湖南省，东部地区的上海市、江苏省、山东省、青岛市。预计在上述试点地区取得经验后，继而再在全国范围进行推广。关于资金源头，西部地区地方财政和中央财政分别负担 80% 和 20%，中部地区中央财政与地方财政各负责 50%，东部地区由地方财政全权负责。

2008 年 8 月，发布了《国家人口计生委关于完善计划生育家庭特别扶助对象具体确认条件的通知》，提出了扶助对象的具体确认条件，主要包括年龄、子女死亡、伤残和收养情况的说明。

2008 年，国家人口计生委、财政部联合发布《关于实施"三项制度"工作的通知》。按照国务院要求，国家人口计生委、财政部决定从 2008 年开始，在全国范围内全面实施计划生育家庭特别扶助制度。在《通知》中，正式提出把"独生子女伤残死亡家庭扶助制度"正式更名为"计划生育家庭特别扶助制度"。全面实施计划生育家庭特别扶助制度的政策口径、扶助对象条件、资格确认和资金发放程序、扶助标准、财政负担比例和制度运行模式，按照《人口计生委财政部关于印发全国独生子女伤残死亡家庭扶助制度试点方案的通知》规定执行。扶助对象具体确认条件按照《人口计生委关于计划生育家庭特别扶助对象具体确认条件的通知》和《国家人口计生委关于完善计划生育家庭特别扶助对象具体确认条件的通知》规定，由各省（区、市）结合本地实际制定细则，经国家人口计生委、财政部审核同意后执行。2008 年的扶助金从 2008 年 1 月 1 日起计算。

2013 年 12 月 18 日，五部委联合发布了《关于进一步做好计划生育特殊困难家庭扶助工作的通知》。该《通知》把失独家庭界定为"计划生育特殊困难家庭"，主要为独生子女发生伤残或死亡、未再生育或收养子女的家庭。《通知》中正式提出并肯定了失独家庭对于我国计划生育所做的贡献，体现了国家正视历史、勇于承担的气魄与胸怀。"我国全面推行计划生育以来，广大群众积极响应国家号召，自觉实行计划生育，为控制人口过快增长、促进经济社会发展作出了贡献。"[1] 并且把解决失独家庭问题的重要性提到了一定高度。"计划生育特殊困难家庭扶助是一项政治性、政策性很强的工作，妥善解决计划生育特殊困难家庭的问题，事关群众切身利益，事关社会和谐稳定。

---

[1] 《关于进一步做好计划生育特殊困难家庭扶助工作的通知》，http://www.moh.gov.cn/，2013 - 12 - 26.

各地要按照《中华人民共和国人口与计划生育法》的要求，切实承担责任，加强组织领导，结合实际制定具体政策措施，进一步明确各有关部门职责，确保投入到位、工作到位、监督落实到位。"① 该《通知》中还提到了失独家庭所面临的生活保障、养老照料、大病医疗、精神慰藉等方面一系列特殊困难，并根据上述困难提出了对应的解决扶助措施。扶助的内容主要包括经济扶助、养老保障、医疗保障三个方面。经济扶助主要包括扶助金标准的提高。为了更好地与经济发展水平相匹配，国家计划于2014年起，将女方年满49周岁的独生子女伤残、死亡家庭夫妻的特别扶助金标准分别提高到：城镇分别为每人每月270元、340元，农村分别为每人每月150元、170元，并建立动态增长机制。中央财政按照不同比例对东、中、西部地区予以补助。② 养老保障方面，扶助内容主要包括：首先，对符合条件的计划生育特殊困难家庭成员参加新型农村社会养老保险、城镇居民社会养老保险的，应当按照规定给予参保缴费补贴。其次，对60周岁及以上的计划生育特殊困难家庭成员，特别是其中失能或部分失能的，要优先安排入住政府投资兴办的养老机构。最后，有条件的地方可对计划生育特殊困难家庭成员中生活长期不能自理、经济困难的老年人发放护理补贴。③ 医疗保障方面，主要为对于低收入的计划生育特殊困难家庭纳入城乡医疗救助范围的，应给予相应的医疗救助，并帮助其参加城镇居民基本医疗保险或新型农村合作医疗。对有再生育意愿的独生子女伤残死亡家庭，参加生育保险或城镇职工基本医疗保险、城镇居民基本医疗保险的，要将其接受取环、输卵（精）管复通等计划生育手术及再生育服务的医疗费用按照规定纳入支付范围；免费向农村居民提供取环、输卵（精）管复通等计划生育手术服务，并给予住院分娩补

---

① 《关于进一步做好计划生育特殊困难家庭扶助工作的通知》，http://www.moh.gov.cn/，2013-12-26.
② 同上。
③ 同上。

助;对确需实施辅助生殖技术的,要做好咨询指导工作,并给予必要的帮助。鼓励和支持各级医疗机构开通"绿色通道",建立社区医疗服务巡诊制度,为计划生育特殊困难家庭提供便利的就医条件。① 针对特殊家庭应开展广泛社会关怀活动。第一,在精神慰藉与心理疏导方面。要充分发挥各类社会组织、企事业单位、群众自治组织,特别是志愿服务组织、社会工作专业服务机构、基层计划生育协会和人口福利基金会等的积极作用,以精神慰藉和心理疏导为重点,深入开展各种形式的社会关怀活动,营造良好的社会氛围,探索发挥保险机制的作用。第二,特殊家庭的住房问题。对生活贫困、住房困难的城镇计划生育特殊困难家庭申请廉租房、公租房等保障性住房的,要优先给予安排;对农村计划生育特殊困难家庭,要按照有关规定优先纳入农村危房改造范围。第三,在同等条件下,可以优先收养子女,以满足其对子女的需求,并可能缓解其日后可能面临的养老压力。第四,首次提出当计划生育特殊困难家庭成员死亡的,可提供必要的丧葬服务补贴。第五,要建立计划生育特殊困难家庭联系人制度,将失去民事行为能力的计划生育特殊困难家庭成员纳入国家成年监护制度安排,及时沟通情况,了解需求,提供必要的帮助,首次提出国家成年监护制度。

继国家发布该通知之后各地纷纷出台相应政策,落实如何保证失独家庭的各项权益。北京市出台了《关于进一步做好北京市计划生育特殊困难家庭扶助工作的通知》,《通知》中除了贯彻五部委的通知精神外,还提出了一些可具体操作的可行性建议。《通知》中提到对于失独家庭展开扶助的重要性,"这些家庭是我国实行计划生育政策以来形成的特殊群体,是当前社会中抵御风险最弱、最需要政府与社会真正重视、真情关心、理解、真诚扶助的困难群体"。在具体执行中,

---

① 《关于进一步做好计划生育特殊困难家庭扶助工作的通知》,http://www.moh.gov.cn/,2013-12-26。

在加大经济扶持力度的基础上，提出了"卫生计生部门牵头研究建立覆盖计划生育特殊困难家庭的综合保险制度"。在精神慰藉方面，还提出了"建立长期性、专业化社区工作者、志愿者队伍，为计划生育特殊困难家庭提供服务。鼓励大学生、部队官兵等青年群体与计划生育特殊困难家庭结为国策亲戚，提供亲情抚慰和精神慰藉、为计划生育特殊困难家庭搭建相互关怀抚慰、自我服务管理的平台"。[1]

2015年浙江省出台了《关于进一步完善计划生育特殊家庭扶助关怀政策的意见》。《意见》明确提出了失独家庭在生病期间以及死亡时的责任主体。独生子女死亡的父母一方或双方失能、失智等生活不能自理、或70岁及以上的，如果本人有意愿，由县（市、区）民政部门指定公办养老机构予以安排和接收。独生子女死亡的父母一方或双方符合托养条件的残疾人，如果本人有意愿，由县（市、区）残联优先纳入重度残疾人托（安）养服务，并安排残疾人托养机构予以接收和照料。独生子女死亡的父母亡故后，符合农村五保和城镇"三无"人员条件的，由民政部门根据有关殡葬管理规定为其办理丧葬事宜。独生子女死亡家庭中无监护人的孤寡独居对象，经本人同意，由村委会（社区居委会）作为监护人，主要履行该对象入住养老院、医疗手术等监护人职责。[2]

湖南省株洲市云龙示范区为实现计生特殊家庭"经济上得到实惠、生活上得到保障、精神上得到安慰"，主要从亲情关怀、心理疏导、绿色通道、爱心保险和生活帮扶等五个方面展开救助。在中秋节、春节、生日等特殊日子给予慰问；为特殊困难对象建立心理健康档案；开通就医"绿色通道"，由卫生院（社区服务中心）和村卫生室

---

[1] 《关于进一步做好北京市计划生育特殊困难家庭扶助工作的通知》，北京市卫生健康委员会，http://www.beijing.gov.cn/zfxxgk/110088/qtwj22/2015-11/17/content_627497.shtml，2015-11-17.

[2] 《浙江省卫生计生委等部门关于进一步完善计划生育特殊家庭扶助关怀政策的意见》，浙江省卫生和计划生育委员会官网，http://www.zjwjw.gov.cn/art/2015/10/8/art_1267707_304.html，2015-10-08.

（站）为每一个计划生育特殊困难家庭确定1个全科医生服务团队，定期为对象进行健康体检，家庭医生签约率100%。

2016年7月22日，国家卫生计生委办公厅发布了《关于建立和完善计划生育特殊家庭联系人制度的通知》。《通知》中提到，按照中共中央、国务院的决策部署，围绕解决计划生育特殊家庭的突出问题、保障和改善民生、促进社会和谐稳定的目标，建立和完善政府主导、社会参与的计划生育特殊家庭联系人制度，切实落实扶助关怀各项政策措施，做到应扶尽扶、精准扶助、责任到人。《通知》中最大的亮点在于建立了"双岗"联系制度，即为每一户计划生育特殊家庭确定一名乡镇（街道）领导干部和一名村（居）委员会干部作为帮扶"双岗"联系人。联系人要负责及时了解联系对象的身体状况、精神状态和利益诉求，宣传相关政策，开展精神慰藉，疏导化解矛盾。联系对象的生老病死的责任主体开始尝试建立。

2017年4月1日，上海市卫生和计划生育委员会、上海市财政局、上海市残疾人联合会发布了《关于印发〈上海市计划生育家庭特别扶助制度实施办法〉的通知》，该通知要求各相关部门认真贯彻执行该《实施办法》。该实施办法对于失独家庭的扶助对象、补助标准、申请与确认程序等进行了明确的规定。

2018年5月1日，国家卫生健康委员会计划生育家庭发展司发布《关于印发计划生育特殊家庭服务管理信息标准和规范的通知》。《通知》更加侧重对于失独家庭的扶助政策、服务管理与服务落实。通知中主张建立计划生育特殊家庭服务管理信息系统。服务管理信息系统主要包括：家庭基本情况、联系人情况、扶助关怀政策措施落实情况、扶助关怀工作记录等四个方面。扶助关怀的政策措施主要包括经济扶助、养老保障、医疗保障和社会关怀四个部分，在原有扶助制度基础之上，加入了社会关怀。经济扶助主要为经济扶助金；养老保障具体包括享受城乡居民社会养老保险参保缴费补贴、优先入住政府投资兴办的养老机构、减免入住养老机构的费用、养老护理补贴等情况。医疗保障具体包括享受就医"绿色通道"、家庭医生签约服务、城乡居民基本医疗保险参保缴费补贴、实施再生育辅助生殖技术补贴、住院护理补贴、住院护理保险等情况。社会关怀具体包括优先入住保障性住房、优先安排收养子女、丧葬服务补贴、帮扶残疾子女、心理健康服务、其他商业保险等情况。① 在管理方面提出要做好四个方面的管理：纸质档案管理、电子信息管理、数据安全管理和退出管理。该通知对于失独家庭的扶助已经脱离了单纯的经济、养老、医疗以及社会关注等四个方面扶助，开始走向科学规范的管理，便于国家和政府对于失独人群的统计；便于政府制定科学、合理、有效的政策；便于扶助政策的贯彻实行，保证了国家的福利政策可以真正惠及失独人群。

2. 国家失独家庭救助制度实践的进步

我国政府对于失独家庭救助的建立采取的是从试点到全面实施的政策，2007年开始试点，从2008年开始，在全国范围内全面实施计划生育家庭特别扶助制度，救助内容与实施监管也正在逐步完善。

第一，失独老人的名称定位。我国在制定关于失独老人的救助制定中，对于失独老人的称谓发生了诸多变化，由最初的"独生子女伤残死亡家庭扶助制度"到"计划生育家庭特别扶助制度"，再到"计划生育特殊家庭"扶助制度，在称谓上降低了对于失独家庭的伤害，保护了失独家庭的情感隐私。

第二，救助内容的变化。救助内容最初为经济方面的救助，后来以经济救助为核心，囊括经济救助、养老救助与医疗救助，后来又发展为经济救助、养老保障救助、医疗保障救助与社会关怀四个方面的救助内容。很多方面都在摸索中发展了最为合理与合适的做法。

第三，失独老人生老病死责任主体的界定。失独老人的经济、养老与医疗都已经有了国家和政府的保证，但是仍然缺少儿女持续的关

---

① 《关于印发计划生育特殊家庭服务管理信息标准和规范的通知》，http://www.moh.gov.cn.

怀，尤其是病、死的责任承担人，在此基础之上，国家建立了联系人制度，联系人与联系对象之间一对一的帮扶制度，保证生老病死的责任主体——国家，具体落实到各级政府。一般城镇失独家庭的联系人主体为所在社区，农村失独家庭的责任主体为村集体。真正搭建了失独家庭的生老病死全方位的救助帮扶制度。

第四，失独老人与计划生育国策之间的关系定位。长期以来，我国对于失独家庭的定位都存在回避的态度，失独家庭的定位处于真空状态。综观我国各部委所发放的文件，发现国家对于失独家庭已经不再回避。2007年8月31日，国家人口计生委和财政部决定在全国开展独生子女伤残死亡家庭扶助制度试点工作，并发布了《全国独生子女伤残死亡家庭扶助制度试点方案》。方案中提到"独生子女伤残死亡家庭是我国实行计划生育政策以来形成的特殊群体，是社会广泛关注的群体"。虽有提及失独家庭是计划生育政策实施的负面效应，但是没有正式肯定失独家庭对于国家计划生育政策所做出的贡献，但毫无疑问，中国政府向前迈出了一大步。2013年12月18日，国家卫生计生委、民政部、财政部、人力资源和社会保障部、住房和城乡建设部五部委联合发布了《关于进一步做好计划生育特殊困难家庭扶助工作的通知》。《通知》中正式提出并肯定了失独家庭对于我国计划生育所做的贡献。"我国全面推行计划生育以来，广大群众积极响应国家号召，自觉实行计划生育，为控制人口过快增长、促进经济社会发展做出了贡献。"并且把解决失独家庭问题的重要性提到了一定高度。"计划生育特殊困难家庭扶助是一项政治性、政策性很强的工作，妥善解决计划生育特殊困难家庭的问题，事关群众切身利益，事关社会和谐稳定。"① 验证了我们执政党活力的所在，即在客观事实面前不断修正自己。

---

① 《关于进一步做好计划生育特殊困难家庭扶助工作的通知》，http：//www.moh.gov.cn/，2013-12-26.

3. 失独家庭国家救助制度实践中的不足

第一，经济手段过于单一，仅有以补偿为目的的补偿金，缺乏多元有效的经济配套扶助措施。部分失独老人还可能相对年轻，国家可以采取有效的就业救助，帮助失独家庭提供就业机会，鼓励其投入社会中来，既能够提高家庭收入水平，又可以快速帮助失独老人从失独痛苦中解脱出来。

第二，优先安排入住政府投资兴办的养老机构。没有明确缴费负担问题，国家在个别文件当中，曾经提到过可以减免养老费用，但是具体如何操作在实施中尚不明确。

第三，各级医疗机构的"绿色通道"怎样保证真正落实。国家如何约束医院提供绿色通道服务，如何做好医院、社区的对接，尚需要操作细节方面的完善。

第四，加入城镇医保和新农合标准偏低。我国失独家庭与其他低保家庭、五保户不同，他们的失独并不是自身主观上造成的结果，而是国家政策的负面产物，出现了负外部性，负外部性的承担者国家作为政策的实施者必须给予补偿。他们的医保标准应该高于城镇以及新农合标准，只有这样才能真正体现公平和公正。

第五，许多具体细节尚待完善。我国如何设计一些针对失独老人的具体养老模式，失独的失能老人如何养老这些同样是迫切需要解决的问题。中国建立的联系人制度，联系人的身份界定、收入界定、服务界定、服务监督目前都缺乏进一步操作的具体方法。

三　中国失独老人的福利损失

关于失独老人的福利损失，部分学者认为应该主要包括三个方面，即投资损失、情感损失和效用损失。投资损失是从经济学的角度而言，代表着父母对于子女的教育、生活等多方面的投资没有有效地收回。独生子女的去世会导致家庭未来预期收入的不可实现，父母早期的经济投资没有获得收益，对于这个家庭而言，是投资的失败，更是国家的投资失败。这一损失如果国家给予政策倾斜的话可以通过经济手段弥补。但是我们必须承认，即使经济手段能够调整投资的血本无归，但是对于失独家庭而言，毫无疑问，经济福利的损失并不是失独家庭福利损失中最为重要的。情感损失是指家庭结构当中由于儿女的缺位导致的情感维系的空白，父母情感没有寄托，投入的感情失去回报的源头，如果经济手段尚有发挥调节作用的功能，而情感损失没有任何替代的方式可以弥补。效用损失是指失独家庭的养老主体缺位，老年人不仅要遭受生无可恋，还要面对死无所依的人生惨景。正如高阳所提到的，失独家庭有"三有"和"三无"，"三有"，一有奉献，二有伤害，三有永远的思念；"三无"，一无人问津，二无人担责，三无人养老送终。① 上述的三种福利损失，犹有可为的是国家对于失独家庭的特别照护与救助制度的建立，政府承担失独老人的养老责任，并尽可能地通过提供养老服务而弥补失独家庭的精神损失。

除此之外，笔者认为，还应该包括另外一个重要损失即健康损失，失独家庭的患癌率明显高于普通人患癌率。如人民网报道，"上海全市失独人数为2.2万人，单虹口区就占了950户1400人。广中街道也有124户205人。其中，10%—20%一直生活在失去儿女的悲痛中，走不出来。这种压抑、抑郁的情绪，也极大地影响了失独家庭成员的身体健康。据了解，上海市民患癌率为1.79%，而广中路街道失独者中患癌率高达5.37%"。② 广中社区计生协会秘书长林长春分析了失独家庭精神状态发展的三个阶段。一发生期。该阶段选择远远观望，静静体会他们的悲伤与痛苦。这一阶段的家庭往往不接受别人的安慰。二沉痛期。他们状态会有改善，开始渐渐接受现实。三新生期。失独

---

① 高阳：《论失独家庭的政府救助》，《佳木斯教育学院学报》2013年第6期。
② 《"五线谱"照亮生活，上海失独家庭"活出样子给自己看"》，http://sh.people.com.cn/n2/2017/0321/c134768-29888460.html，2017-03-21。

家庭开始准备重新面对生活，这时候就需要志愿者的引导。[1] 而发生期与沉痛期持续的时间长短则因人而异，毫无疑问这两个阶段是对失独家庭炼狱般的毁灭与打击。

四 我国失独老人的养老困境

（一）失独家庭的养老承担主体缺失

失独家庭失去独生子女之后，养老主体出现缺位，无人养老、无人送终，究竟谁应该接管失独老人的养老问题，目前并没有统一的说法。学者们也纷纷发表观点，分析失独家庭可能与应该的养老主体，推动了社会对于失独家庭养老主体的热烈探讨。

（二）失独家庭养老模式选择

目前政府并没有明确制定单独针对失独家庭养老模式的政策，我国曾经在发展以房养老的时候，提出过此种模式适合失独老人，失独老人由于没有子女继承房产，为了提高养老质量、缓解经济紧张，可以把房屋抵押，改善当前的经济状况。然而，房屋是老年人的三个安全保障之一（子女、房屋与工作），失独老人已经失去了独生子女，失去了三个安全保障中最为重要的保障，如果再失去房屋，生命更加索然无味，所以以房养老并不是失独家庭适合的养老选择。

（三）失独家庭养老需求层次多元化

失独家庭的养老需求具有特殊性，与一般养老家庭不同。一般养老家庭养老需求包括物质需求与精神需求两方面，一般以物质需求为主，精神需求为辅。而失独家庭物质需求与精神需求同等重要，甚至精神需求超越物质需求而占据主导，超越了一般养老家庭对精神养老的依赖。如果把失独家庭等同于一般养老家庭给予物质上相同的政策

---

[1]《"五线谱"照亮生活，上海失独家庭"活出样子给自己看"》，http：//sh.people.com.cn/n2/2017/0321/c134768-29888460.html，2017-03-21。

照顾，明显有失公平，而给予特殊照顾又缺乏政策与制度的保障。对于失独家庭而言，子女的精神照顾无可替代，如何满足失独老人的精神需求更是解决失独家庭问题的重中之重。

五 失独老人养老困境的破解

2011年中国政府明确提出了建设"以居家养老为基础、社区养老为依托、机构养老为支撑"的社会养老服务体系。但是对于失去子女的失独家庭，他们的养老又该何去何从？

（一）失独老人的养老承担主体——政府

中国是严重依赖家庭养老的国家，北京的"9064"养老模式与上海的"9073"养老模式就足以证明，90%的家庭依赖家庭养老，而失去独生子女的失独老人没有子女可以维系家庭养老。据统计，截至2012年，我国失独家庭已经达到130万人，而且人数还在不断攀升，他们的养老问题日益成为政府与社会关注的焦点问题。国家面对失独老人养老主体的缺位，主要采取补贴方式，指示各地政府参照"三无"老人的标准发放失独补贴，但微薄的生育伤残补贴杯水车薪，既不能在物质上对失独老人有所庇护，更不能在精神上抹去失独之痛，甚至出现了失独老人病危、死亡无人签字的凄凉场面。鉴于此种情况，学者们针对失独老人的养老主体方面展开了激烈的讨论，一致认为计划生育是中国的基本国策，是当时国情的现实选择，政府作为决策者既要承认计划生育在控制人口推动经济增长的作用，又要接受失独老人——计划生育政策实施的负效应。失独老人是计划生育实施之下衍生出的风险家庭中的不幸群体，失独并非失独老人的意愿，失独的风险也不能完全由失独家庭独自承担，政府应是失独老人合法、合适的养老主体，政府必须承认失独老人在实施计划生育政策方面所做出的历史性贡献，承担照顾失独老人的全部责任，成为失独老人的养老、医疗、生活、就业、死亡的全部依靠。而且我国的发展实践也证明，国家颁布的制度发展迅速，占绝对主导地位，用于解决失独家庭的高质量的养老问题最容易成功。

（二）失独老人的养老需求与养老层次界定

失独老人的养老需求与有子女家庭的养老相比具有一定的特殊性。失独老人的养老需求主要包括物质养老需求以及精神养老需求。物质养老需求包括维系日常生活支出、求医看病支出、旅游支出等方面。精神养老需求主要包括陪伴、聊天、安全感、孤独感等，涵盖了多个方面，而这些远远不是一个有子女家庭所能主观设想到的。物质养老与精神养老的需求程度与该家庭的经济富裕程度密切相关。富有的失独家庭严重偏好精神养老的满足，觉得锦衣玉食也是生不如死，对于物质养老需求度不高；经济条件欠佳的失独家庭同时偏好物质养老与精神养老，既需要维持生存必需的物质支援，又需要子女健全的精神安慰。而要满足失独老人的双重养老需求仅仅依靠失独老人自己是无法实现的。我国必须针对失独老人制定具体的方针政策，对失独老人的养老水平给予合理的、人性化的定位。失独老人不能等同于"三无"老人，也不能与"三无"老人一样成为低保的享有者。他们是中国计划生育政策的贡献者，他们的养老水平应该高于"三无"老人。无收入者可获得由政府财政负担的与社会平均工资水平持平或略高的收入，医疗与养老支出政府应该承担全部责任。

失独老人的精神养老需求较之于物质养老需求的满足更具挑战性。中国与西方国家不同，亲情的紧密性是中国家庭的主要特点，一旦家庭当中子女缺位，以儿女为重心的"倒金字塔结构"家庭将会坍塌，也缺少重返平衡的支撑。而西方义工在养老方面的作用十分明显，且义工人数庞大，成为支撑家庭养老的第二条腿。义工在我国发展缓慢，公众的公益意识较差，养老服务专业知识掌握不足，在老人失独之后无法成为支撑家庭重建的有力保障。仅仅依靠政府以及社会的宣传无法培育出专业的义工队伍，中国必须在各级教育体系中设置相关的义工理论与实践课程，同时还要培育慈善氛围，为失独老人营造更加适合的生存环境。

(三) 失独老人的养老模式应多元化

中国当前实行的养老模式是居家、机构与社区养老三分天下,居家养老已经不适合失独老人,政府必须在机构养老与社区养老方面做好文章,并积极探索适合失独老人的养老模式。实地调研显示,失独老人在养老模式的选择上存在重大差异,部分失独老人愿意继续居住在原小区,维系原有的生活圈子;部分失独老人迫切需要离开现有家庭居住地,害怕熟悉的环境触景生情。

对失独老人的养老有以下几种方式。

一是构建失独老人社区养老 App 服务。

对于有意愿继续居住在原小区的失独老人可选择社区养老,通过社区 App 提供日常服务所需,以试点的方式,构建失独老人社区。该社区的服务应该更加精细化,更加突出服务功能的特殊性。社区的服务主要包括以下几点。第一,一日三餐。主要涉及如下的问题需要解决与处理。首先,是否付费问题。对于家庭人均收入低于当地贫困线的家庭,可实行免费就餐。对于家庭人均收入高于当地最低贫困线的家庭,可以象征性地按成本收费。其次,是否送餐问题。可以通过社区失独家庭 App,通过传授失独老人使用 App 的技巧,由老人们提前预定一日三餐,并且可以提供免费送餐服务,既便捷了老人,又可以推动送餐服务的就业人数。第二,求医看病。失独老人的求医看病,完全由社区 App 承担,一般疾病可以由社区工作人员护送失独老人,社区医院为失独老人搭建绿色通道,可以便捷提供医疗服务。情况比较严重的老人则由社区工作人员将失独老人送到医疗水平较高的医院,同样通过绿色通道快速就医。第三,旅游、购物服务。旅游与购物是排解失独老人精神郁闷的方式之一,老年人由于身体的不适不敢轻易独自一人外出购物或旅游,隔断了与社会的联系以及对于美好事物追求的可能,不利于失独老人的养老质量。社区可以针对失独老人的身体健康程度,提供亲情陪伴服务,既分散了失独老人的痛苦,又能够逐步唤起失独老人对于生活的热情，提高养老质量。第四，情感服务。失独老人的情感寂寞，可以通过志愿者的服务来实现，包括陪聊、倾诉等服务，逐步释放老人心中的郁闷情结，使其恢复健康的心理状态。

实现失独老人社区养老 App 的条件。第一，资金来源。社区要想肩负失独老人的养老重任、代行政府的职能，国家必须在财政上给予扶持，同时福利彩票的资金以及社会非营利组织的资金也应该通过正常的渠道形成稳定的资金流，保证社区综合业务的正常运转。第二，社区工作人员的配备。社区现有工作人员不足，无法支撑精密化的养老服务，因此，必须进行分工明确的岗位定位，搭建功能齐全的组织结构布局，保证足够的工作人员的配备。工作人员可以参照公务员或者事业单位的编制设定，保证流入人才的积极性与稳定性，进而才能保证服务的精准性与专业性。第三，社区硬件的配置。首先，社区养老服务 App 的搭建。社区养老服务 App 把失独家庭的养老服务需求完全囊括进去，进行子模块的功能划分，所有服务都可以通过网络进行提前预约，保证服务需求与供给的有效匹配。其次，社区医院的绿色通道服务。社区救治病人的数量有限，在医疗体系当中具有基础性的作用，可以通过绿色通道，提供给失独老人便捷的服务。再次，较高医疗水平医院的绿色通道服务。失独老人缺乏儿女的照顾，是养老群体中最为弱势的群体，所以在高水平医院医疗资源快速、便捷地向其提供，体现了社会的公平与正义。最后，医疗用车的配备。社区养老机构必须配备医疗用车，保证失独老人在发病第一时间及时得到救治。第四，社区养老服务的标准化建设。社区的养老服务主要包括就餐、送餐、购物、会友、旅行、理发、按摩、陪聊等，每一项服务都需要在社区 App 平台提前预约，保证服务的需求与供给的均衡。第五，风险责任。失独老人属于高风险群体，再加上养老主体的缺位，导致责任的认定存在一定难度。但是我们绝不能因噎废食，而让更多老人失去与社会的沟通与联系。社区必须建立完善的风险责任，在出行等方面需要明确双方责任的归属，签订风险责任合约，降低养老服务人员的陪伴风险，保证失独老人有陪伴、陪伴好。第六，志愿者队伍的搭建。养老服务完全依靠专业的看护人员并不现实，中国的养老服务人员存在巨大的缺口，志愿者的搭配是西方发达国家实施较为可行的举措。社区建立志愿者队伍电子档案，在社区养老 App 上设有志愿者建设的板块，包括志愿者申请的资格条件、志愿者进入与退出的程序、志愿者服务的内容、志愿者培训等方面的内容。首先，志愿者的申请资格限制。志愿者必须为 18 岁以上 60 岁以下的健康人群，保证志愿者在体力服务上的可持续。其次，志愿者进入与退出的程序。进入的程序主要以电子表格为主，上面需要填入申请者的自然条件等方面。审核的时间为 3 个工作日，试用期 10 天，正式录用之后需要提供志愿者工作证。退出则同样需要提前 3 天填写退出表格，填写退出原因，并发放志愿者提供服务的详细证明。再次，志愿者免费提供服务期间的工作餐。又次，志愿者需进行岗前培训。明确服务的具体内容以及工作的流程，保证服务满足需求。最后，志愿者的人群甄选。一是在周边大学建立实习基地，做到高效地与社区的资源共享，实现双赢。大多数的高校会建立大四阶段的实习制度，但是在现实中，企业由于多方面的原因不愿意吸纳大学生进入企业实习，通过社区实习基地的建设，可以保证学校的实习真正起到锻炼的作用，还能够解决社区养老服务人群不够的窘境。二是时间储蓄养老模式的运用。大多数刚刚退出工作岗位的老年群体身体还较为健康，此时儿女都已经长大，自己的职业生涯刚刚终止，还无法适应赋闲在家的生活，而他们对自己未来养老也深为忧虑。通过服务储蓄的方式，可以做到自己当前提供的养老服务与未来自己养老服务的兑换，是一种互利的养老模式。也可以采取准入与退出的机制，保证两个群体利益的双赢。第七，养老服务的监督。从国外很多国家养老发展的实例来看，养老服务如果没有完善的监督就不能实现真正意义上的人权养老。一般的老年人尚可以有儿女对其所接受的养老服务进行监督，但是失独老人由于儿女的早逝，没有服务监督的主体，所以必须设计足够科学的监督模式保证其养老服务质量，如 24 小时的全程监控等。此外，在资金来源与支出方面还要重点监督，防止社区失独老人的养老成为个别人牟取暴利的幌子，成为腐败的温床。

二是更换居住地养老。

第一，可以采用生态养老。按照收入水平可以采取三种住房产权归属不同的模式。

家庭收入低于贫困线、有意愿离开原有居住地的失独老人，政府可以选择风景秀丽的养老住宅，让失独老人免费居住，政府负责其吃、穿、住、用、医疗五个方面，直至失独老人去世。

家庭收入高于贫困线水平、有意愿离开原有居住地的失独老人，可以仿照廉租房管理办法，缴纳少量租金，租住住房，失独老人一旦去世，房屋仍旧归为国有。

家庭收入高于当地的贫困线标准、有意愿离开原有居住地的失独老人，可以把自有产权住宅与政府提供的养老住宅对换，以成全老人对于拥有房屋的渴望，增加其幸福感，产权归个人所有。一旦老人去世，产权收归国有。

产权归属不同的生态养老具有如下的优势：首先，离开原家庭所在地，可以减少对于痛苦往事的回忆，重新开始生活，进而逐渐淡化伤痛。其次，生态养老场所环境优美，甚至可以种菜养花，分散失独老人的注意力，使其生命重新回归自然，有利于心理创伤的治愈。最后，生态养老还可以拉动养老产业的发展，拉动就业。

第二，可以采用集体互助养老模式。这种养老模式起源于河北肥乡模式，对于解决农村养老资源匮乏、养老资金不足、就业等方面都具有积极效应。这种模式同样适用于失独家庭。失独家庭集体互助养老的可行性包括两个方面。首先同病相怜。他们同为失独家庭，有着共同的人生经历，他们远比其他非失独家庭更易于融合。其次不会遭遇歧视。失独家庭的遭遇并不是非失独家庭可以理解的，所以失独家庭集中居住，彼此身份相同，会产生公平的效应。

三是对于身体需要看护、病危的失独老人，政府可以设立单独针对失独老人的养老机构，选择医养结合的养老模式，政府承担全部医疗与养老责任。医养结合养老模式是 2015 年 12 月国家决定试点运行的新型养老模式。该模式汇聚了养老与医疗的双重功能，整合了养老与医疗资源，旨在减轻家庭养老负担，提高失能老人、半失能老人的养老质量，是适合失独老人的养老模式。失独老人在卧病在床、生命垂危之际，医养结合养老模式接管了家庭生活当中子女照顾的职能，实现了供需双方的最优匹配。

第三节　失地农民的养老保障

一　研究失地农民养老保障问题的重要性

一个国家的经济发展必然要求政府以农业为主逐步转向以工业和服务业为主，走工业化和城市化道路。在工业化、城市化的进程中，越来越多的农民失去土地，从事非农业的生产活动，其身份开始出现转变，由此形成了一个特殊的群体——失地农民。由于土地被征用，农民传统的养老方式被改变，而且随着社会的转型，新的养老形式不断出现，原有的家庭养老方式也受到冲击，失地农民在失去土地保障后，面对社会保障体系缺乏和家庭养老弱化的双面夹击，生活举步维艰。这部分群体如果不给予足够重视，失地农民的养老得不到保障，会进一步制约城乡一体化的发展，从而对我国的经济、政治产生不良影响，不利于社会稳定与持续发展。

失地农民的养老保障问题研究在一定程度上可以解除失地农民生活的后顾之忧，维护失地农民的合法权益，为城乡一体化奠定基础。在实践中，养老保障的搭建也会为失地农民融入城市提供保证，有利于推进城市化进程，维护失地农民的合法权益和促进农村劳动力的合理转移。在理论上，能够丰富我国失地农民养老保障制度的研究系统，有利于完善我国失地农民的社会保障体系，并为城乡一体化提供理论基础。

二 国内外研究现状

（一）国外研究现状

国外的学者同样也关注失地农民的养老问题，并且积极探讨可行的路径保障其合法权益。在征地补偿标准方面，Cernea认为，征用农民土地要按照市场价格进行补偿，同时要将失地农民纳入社会保障体系，使他们能够享受到社会保障待遇，同时，也要为失地农民提供法律援助，有助于缓解征地过程中产生的矛盾。还要做好失地农民的就业和培训工作，提高失地农民就业能力，实现以就业换保障。① 在城乡一体化理论方面，Johnson和Williamson在发展中国家家庭养老能力下降、人口老龄化日益严峻、农村养老保障形势堪忧的背景下，借助相关模型研究了社会成员不缴社会保障费、实现城乡统一的养老保障制度实施的可行性。② 在养老保障建设方面，Herring认为，在征用土地的过程中，政府要把经济利益和政治利益结合在一起，以保障失地农民的切身利益。③

（二）国内研究现状

国内学者对于失地农民的研究著述甚丰，主要体现在三个方面。一是城镇化研究方面。张远索、仲济香认为，在传统城镇化进程中，

---

① Michael M. Cernea, Impoverish Risks, Risk Management, and Reconstruction: A Model of Population Disp-lacement and Resettlement, UN Symposium on Hydropower and Sustainable Development, *Proceedings of United Nations Symposium on Hydropower and Sustainable Development*, Beijing, 2004, pp. 13 – 15.
② Johnson, J. K. M., Williamson, J. B., "Do Universal Non-contributory Old-age Pensions Make Sense for Rural Areas In Low-income Countries", *International Social Security Review*, 2006, 59 (4), pp. 47 – 65.
③ Herring, Risk and Insurance in Village India, *Econometrical*, 2010 (5), pp. 36 – 38.

农民利益保护存在一系列问题，比如农民获得的补偿偏低、不同地区之间补偿的差异比较大等，提出在新型城镇化进程中，应明确集体土地产权、提高土地利用效率，加强环境保护意识、加强监督，保障新型城镇化制度的实现。① 二是现行制度存在的问题方面。李文争认为，当前失地农民养老保障模式存在两个方面问题：一是国家在应对失地农民社会保障方面的问题还没有统一的政策规定；二是各地在解决失地农民养老保障问题时只是因地制宜地采取了较为适宜的操作办法，但这些办法的科学性及对农民的保障强度还有待探究。② 三是制度建设方面。白玉冬认为，失地农民养老金的制定标准，要考虑物价上涨和通货膨胀的影响因素，并随着经济的发展水平、农民消费额的增长和生活水平的提高做出相应调整，动态制定，加大失地农民养老金补贴力度，提高失地农民养老金待遇标准。③

三 失地农民的内涵以及存在的问题

（一）失地农民的内涵

一般来看，农业户口的家庭人均耕种面积少于 0.3 亩的统称为失地农民。广义的失地农民，是指由于各种自然因素，如洪水、地震等，以及人为因素、制度因素而失去土地的农民。狭义上的失地农民，是指种地农民由于受政府政策影响，土地被政府以城市规划、项目建设、招商引资等政策因素征用而失去土地的农民。

（二）中国失地农民养老保障存在的问题

在现阶段，中国已经有部分地区进行了失地农民养老保障的试点工作，主要采用了以下几种模式：将失地农民养老保障体系纳入城镇

---

① 张远索、仲济香：《新型城镇化背景下的农民利益保护》，《云南农业大学学报》2014年第1期。
② 李文争：《失地农民养老保障模式浅议》，《商》2016年第1期。
③ 白玉冬：《城镇化进程中失地农民养老保障问题探究》，《农业经济》2012年第10期。

职工基本养老保险体系、纳入城乡居民基本养老保险体系、纳入城乡居民最低生活保障体系、纳入小城镇社会保险体系或是建立失地农民基本生活保障制度、采用商业保险的形式建立失地农民养老保障体系。虽然在试点中获得了许多宝贵经验，但是仍然存在许多问题。

1. 保障水平低

失地农民相当于准市民，但却没有享受到与市民同等的社会保障，而且即使拥有保障，其保障水平也较低，尤其是当前生活成本不断攀升，一旦出现疾病等生活变故，失地农民便不能抵御生活风险。尽管国家已经出台了相关法律法规，但保障水平较低，而且各地的标准不同，统筹层次过低。同时大部分失地农民的保险费用大都是从征地的补偿费或是安置费中扣除，使得失地农民到手的补偿费或是安置费少之又少。

2. 资金运营存在困难

中国存在一定程度的通货膨胀，使资金的保值增值出现困难，失地农民的保险统筹层次一般停留在县级统筹，难以形成规模效益，不利于分散风险，而且中国没有明确的关于失地农民的养老保障的法律，没有严格划分管理与监督机构，因此，失地农民的养老保障资金被挪用、占用现象时有发生。

3. 保险费用测算不准

在现实操作中，即使给予失地农民保险金，但其金额也较少，同时也没有考虑到一些其他的因素，例如失地农民的平均预期寿命、通货膨胀率、工资增长率等，缺乏对保险费的缴纳与待遇支付水平的精确计算，并且缺乏对失地农民养老保障的明确规定，使养老保障待遇调整具有随意性和不确定性，没有将失地农民养老保障水平的调整与经济发展的各项指标结合起来，缺乏科学的精算，缺乏具体可行的操作化指标或标准体系。

4. 土地的养老保障功能弱化

失去土地之前，家庭的土地都归属于老人，老人根据子女对待他们的态度决定子女土地的继承，子女为了得到老人留下的土地，因而会选择更好地赡养老人。如果老人失去土地，子女失去了继承土地的可能，老人和子女都将面临养老和生存问题。许多儿女受多元文化的影响，传统家庭观念逐渐淡化，面对生活的压力，不得不选择外出打工，年轻人没有足够的时间与精力来照顾老年人，使失地农民的养老危机加重。

5. 失地农民养老保险参与性不高

由于受自身文化水平限制，失地农民缺乏社会保障的意识，许多失地农民仍固守传统养老观念，认为儿女赡养父母天经地义。土地被征收后，得到一笔不菲的土地补偿金，可能会整日无所事事等，有的老年人身体较好，受到安土重迁的传统思想和周围一些农民的影响，不会出去工作，没有自我保障的意识。同时部分失地年轻人认为，自己的养老保障是一件非常遥远的事情，忧患意识不强。有些失地农民即使有参保意愿，受到周围失地农民的影响，或是一提到缴费，其参保热情就下降。

四 中国失地农民养老保障问题形成的原因

（一）城乡制度未统筹

城乡二元结构是中国长期存在的问题，明显的户籍分割，使农民在思想上就认为自己是"乡下人"，使农村居民与城镇居民产生了一个天然分割，在一些待遇上，特别是在教育和养老方面，农民权益缺失较为严重。

（二）土地征用中存在不合理

在征地补偿方面，《中华人民共和国土地管理法》尚未考虑到物价的增长以及失地农民生产生活方式变革，使失地农民基本生活质量得不到保障。在征收土地的实施方面，农民是征地的主体，却没有参与到征地实施中，不能向政府主张自己的利益。在土地补偿费用分配方面，由于缺乏有效监督，存在诸多不规范，同时机构管理水平低、管理成本较高,甚至出现村集体与企业合谋寻租的现象。

(三) 缴费标准缺乏科学性

一些地方确立了失地农民的养老保障体系,但其缴费标准制定混乱,缺乏科学性,一般保障费用的计算普遍采用静态算法,缺乏动态性与灵活性,采用的公式是:缴费总额=缴费标准×12个月×缴费年限,简单的计算公式没有考虑到其他的保险精算因素,制度缺乏科学性和合理性。

(四) 农村养老服务事业发展氛围不浓

政府关于农村养老服务事业的宣传力度不足,使农民对于农村养老服务事业的关注不足,没有认识到失地农民的养老保障所面临的严峻现状。并且由于缺乏完善合理的养老服务体系和机构,农村的养老与照料双重危机爆发。年轻人失去土地,不得不外出务工来维持生活,留守的老年人的照料交给机构是较好的选择,但现在缺少这样的机构来填补失地农民养老的空白。

(五) 政府与失地农民自身的原因

政府在征地过程中具有双重身份,不仅没有成为失地农民的保护者,而是成为失地农民的利益竞争者。失地农民虽然暂时拥有一笔钱财,但缺乏主动寻找工作的意识,且对老年生活缺乏长远的规划,对于养老保障热情不高,进而影响了失地农民养老保障政策的实施。

五 关于中国失地农民养老保障的探索

(一) 关于中国失地农民养老保障的制度安排

不同地区建立了不同失地农民养老保障模式。东部沿海地区经济较为发达,可以尝试把失地农民养老保障直接纳入城乡居民基本养老保险体系中。一些中部地区经济发展水平虽然不如东部沿海地区,但其也具备一定的经济基础,可以尝试失地农民基本生活保障制度,采取低缴费、低水平、保基本的模式。以上两种都可以采用三方共同承担的筹资方式。西部欠发达地区经济发展缓慢，各项事业都较东部发达地区落后，可以将失地农民纳入城乡居民最低生活保障体系，同时建立包括食品、衣物和现金救济等多元化的救济制度。不同年龄的失地农民情况不同，其劳动能力、体力等也各不相同，政府可以按年龄区分，采取不同的缴费标准。

（二）关于中国失地农民养老模式的配套优化措施

1. 制度层面

（1）加强法律政策方面的完善

依法治国是治国理政的基本方式，首先，政府要加强失地农民的养老保障的配套法律建设，填补中国失地农民养老保障方面的空白；其次是制定相关的帮扶政策，从吃、穿、住、医、行等各个方面进行辅助；最后由于现在政府具有双重身份，必须要明确政府的责任与义务，特别在资金运营方面，保证资金专款专用。

（2）加快城乡户籍制度的改革

对失地农民的户籍进行改革，不单单是户口本上的转变，更应该获得与城市居民同等权益的转变。尝试全面放开小城市（镇）的落户限制，让农民主动城镇化，主动失地的农民必然有其他收入来源，他们不仅可以获得一笔补偿款，而且能继续维持生活，享受城镇居民的权益。这样政府征收主动失地的农民的土地来发展当地经济的同时，也减轻了政府对失地农民社会保障的负担。

（3）完善土地的征用使用制度

首先，严格控制征收土地的数量。由于土地属于不可再生资源，而且环境恶化，使土地数量日趋减少，必须严格控制征用土地，将粮食安全作为底线，严守18亿亩耕地红线，保证中国人的饭碗任何时候都要牢牢端在自己手上，我们的饭碗应该主要装中国粮。[①] 其次，建

---

① 《中央农村工作会议举行　习近平、李克强作重要讲话》，http：//www.gov.cn/Ldhd/2013－12/24/content_ 2553842. htm。

立多种征地补偿政策。征收土地，用于生产私人物品和准公共物品之类的，可采取租赁或土地入股等方式，让失地农民长期分享保底收益，或者引入市场机制，由市场决定对失地农民的补偿；而用于生产纯公共物品的，由于很难按照市场运作，可以按照市场价格给予失地农民一次性足额补偿。最后，明确征地的补偿标准。由于各省的省情不同，各省可根据自身情况建立自己的标准。

2. 资金筹集体系方面

（1）建立保险金的资金筹集机制

首先，政府应该出让一部分收益支持失地农民的养老保障的发展，一般是出让收益的三成左右，直接纳入失地农民养老保险体系。其次，村集体享有土地的所有权，一般出让不低于四成，然后根据实际情况，将村集体的提供资金分配到统筹账户或是个人账户中。最后，失地农民也应缴纳账户总数的30%左右，所缴纳的费用全部纳入个人账户，缴纳水平与个人账户的累计额相挂钩。

（2）采用多样化的缴费优惠措施

对于在规定期限内一次性缴清费用的失地农民，可以指定相应的鼓励措施，如发放一次性缴清专项补贴，或者对于一次性缴清的农民，提高其缴费金的补贴比例等。对于经济条件较差、缴费有困难的失地农民，可由政府做担保，为其申请免息或低息贷款，用于缴纳养老保险费用，或由政府部门为这一群体缴纳相应的利息费用，最终提高参保的水平和数量。

（3）建立失地农民养老保障账户

失地农民养老保障可以继续沿用部分积累制，个人账户部分的积累用于个人未来的需求，具有激励机制和监督机制，为失地农民的流动带来方便。并且要做到专款专用，防止挪用滥用现象发生。

3. 机构建设方面

（1）规范机构设置

设立固定的管理机构进行管理，可以较好地对失地农民的养老保障模式进行规范和引导，防止出现管理体制上下不顺、责任不清的现象。

(2) 设立认定小组

设立相关的认定小组,对失地农民身份进行确认。可以采取由村委会进行初审,县级相关部门复审,专门小组进行终审,最终发放失地农民证,并且记录档案。

(3) 建立监督机构

监督机构主要对政策落实方面进行监管,使政策能够真正落实到地方,真正惠及于民;对基金运营进行监管,负责对经营机构的监督以及对养老保障基金市场的调节,还要建立财务核算制度、审计监督制度等相关的监管制度,形成一个严密的监管机制。

4. 补充养老方式

(1) 试点以房养老

失地农民失去土地后,大部分得到的是一次性补偿款或者安置房补偿,而且安置房一般不止一套,容易使其出现"有房富人,现实穷人"的状况,而以房养老模式缓解了其生活的窘境,同时也是失地农民养老模式的一种很好的补充形式。

(2) 建立养老机构

当前农村的养老服务基本处于停滞状态,建设农村养老服务机构,可以为失地农民提供多层次、多方位的养老服务。政府应当转变角色,充分发挥市场的主导作用,组织积极投资,在保证公益性的前提下,实行市场化运作,并且给予政策支持和税收优惠,以及利用财政贴息、小额贷款等方式,加大对养老服务业的有效信贷投入。

(3) 商业保险进入

商业保险在资金的运作、模式的制定、保障的管理上有着丰富的经验,让商业保险进入失地农民养老保障,可以减轻政府的负担,提高失地农民养老保障的运作效率。

5. 精神文化建设

(1) 兼顾精神养老

老年人失去土地,逐渐蜕变为社会边缘群体,长此以往,会导致他们认知功能下降，甚至怀疑自己存在的价值。儿女应该多抽出时间陪陪父母，老年人自身也应该通过参加社会活动、扩大交友范围、化解孤独寂寞、增进身心健康、积极参与社会发展来充实晚年生活，从而实现真正意义上的精神养老。

（2）加强教育培训

一是有选择性地吸收传统文化，对传统孝亲敬老文化，我们要去粗取精，赋予时代精神，做到古为今用。二是将敬老爱老写入法律，组织开展各类普法宣传和讲座。三是开展孝心进社区活动，开展各类优秀敬老模范人物、孝心家庭等与大家生活息息相关的人和事的评选和奖励。

长期以来，我国社会保障制度发展深深打上了经济发展不平衡、不充分的烙印。第一层次国家主导的制度发展迅速，占绝对主导地位，而第二层次的企业补充保障制度很不充分，第三层次居民家庭和个人参与投资和购买的保障体系基本处于缺位状态。① 中国迄今仍然是政府负责或主导的法定基本保障制度一层独大，这种局面既不利于调动市场主体与社会力量参与的积极性，也导致政府责任与财政压力不断扩张，进而影响到社会保障制度的可持续发展，从而必须尽快加以改变。② 党的十九大报告就明确指出，要"全面建成覆盖全民、城乡统筹、权责清晰、保障适度、可持续的多层次社会保障体系"。所以，现实的国情决定了我国的养老服务同样要走多层次发展之路。在扩大覆盖面上，应从简单追求扩面速度转向重视风险较高和最需要覆盖的法定参保人群。③ 养老服务资源最迫切的需求者应该由政府承担提供之责，如失独老人；失能失智老人、失地农民应该走国家主导，家庭、

---

① 郑秉文：《中国社会保障40年：经验总结与改革取向》，《中国人口科学》2018年第4期。

② 郑功成：《多层次社会保障体系建设：现状评估与政策思路》，《社会保障评论》2019年第1期。

③ 郑秉文：《中国社会保障40年：经验总结与改革取向》，《中国人口科学》2018年第4期。

社区、养老机构、民间资本同时发力的多元养老服务模式，只有如此，才能体现公平与正义。期望民间资本承担养老最迫切人群的养老不符合市场经济的经济人规律，正如郑功成所言："民间资本虽然有意投身养老服务领域的日益增多，但从已经投入者的实践来看，有兴趣兴建高档养老公寓者偏多，而满足中等收入及以下老年人居家养老或机构养老需求的严重减少，从而形成了有需要者无法获得满足而民办养老机构床位空置率居高不下的巨大落差。"① 对于民间资本而言，养老服务资源永远流向利润回报最高的人群，绝大多数不会掺杂道德的色彩，这也恰恰是公共物品私人无法提供或者提供低效的原因。而政府的职责就在于向有最迫切养老需求的人群提供养老服务这种公共物品，而不是等待或者运用政策工具推动私人提供养老服务。

---

① 郑功成：《多层次社会保障体系建设：现状评估与政策思路》，《社会保障评论》2019年第1期。

第十章 深度老龄化:吉林省养老服务体系建设的提升路径

未来几年,吉林省即将迈入深度老龄化社会。养老服务的发展究竟何去何从引人深思。吉林省不具备北京、上海、江苏、辽宁的经济发展优势与制度优势,一旦进入深度老龄化,若不能及时地规划吉林省的养老服务发展,不能很好地解决经济发展、养老政策、养老服务质量、养老从业人员供给、养老需求与供给不匹配、养老服务的目标和手段协调等问题,不能把养老服务变成产业调整的增长点,吉林省的养老服务势必要为吉林省的经济发展平添新的羁绊,吉林省的经济发展势必要持续走低。

第一节 政府营造有利于养老服务建设的制度和政策环境

吉林省自 2003 年进入老龄化,政府正在结合吉林省的省情探索多元化的养老服务模式,提供有保障的养老服务体系运营的外部政策环境。一方面,在国家养老服务政策的指导下,按照国家的规划出台了相应的具体办法与意见。另一方面,正在探索适合吉林省养老服务发展需求的创新养老服务模式。通过对比主要发达国家与国内主要发达地区,发现还需在如下的几个方面进行探索。

一 吉林省政府需要适时调整养老服务的发展思路

（一）吉林省要迅速实现"多层次养老服务"布局

中国的社会保障制度始建于20世纪50年代，综观中国养老保障制度七十年的发展历程，中国的民生事业从无到有搭建了粗具规模的基本框架，目前已经实现了从国家负责、单位（或集体）包办、板块结构、封闭运行的传统保障体系到政府主导、责任分担、社会化、多层次的新型体系的整体转型，从少数人的专利变成了全民共享国家发展成果的基本途径与制度保障。从无到有，对于十四亿人口大国是一个重大进步，但是长期以来依然无法摆脱"广覆盖、低水平""象征性缴费占据很大比重"的运行状态。医疗保险、养老保险两大重要保险参保覆盖率极高，但是保障低水平和制度低质量并存，总量供给不足与结构失衡并存，中高等收入家庭面临重大疾病，依然无法摆脱因病致穷的命运。正如郑功成所言："建设高质量的社会保障体系作为新时代社会保障改革与发展的核心使命，是因为国家对社会保障体系建设有着巨大的需求，但制度的质量提升却很缓慢。在充分肯定已经取得的社会保障成就的同时，我觉得更要关注其是否具有高质量、能否可持续发展下去。"[①]

习近平总书记在十九大报告中提出了社会保障发展的核心思路：要"按照兜底线、织密网、建机制的要求，全面建成覆盖全民、城乡统筹、权责清晰、保障适度、可持续的多层次社会保障体系"。[②] 意味着我国社会保障领域将要出现大的变革。国务院在2019年11月印发的《国家积极应对人口老龄化中长期规划》中提出，健全以居家为基础、社区为依托、机构充分发展、医养有机结合的多层次养老服务体

---

① 中民：《顺势而为 推进民政事业高质量发展——访全国人大常委会委员、中国人民大学教授郑功成》，《中国民政》2019年第5期。

② 习近平：《决胜全面建成小康社会 夺取新时代中国特色社会主义伟大胜利——在中国共产党第十九次全国代表大会上的报告》，人民出版社2017年版，第47页。

系，多渠道、多领域扩大适老产品和服务供给，提升产品和服务质量。① 说明中国在应对老龄化方面已经从养老制度框架搭建开始走向分层分类的养老服务之路。这个判断来源于中国的具体国情，养老服务总量不足，又长期存在结构失衡，问题的症结不在于资金的缺乏，而在于未能按照国情需要构建多层次的养老服务体系，把老年人的收入分层与需要分类充分考虑进去。郑功成正是基于此，把养老服务体系分成三个层次。第一层次，为政府负责保底的服务层次，应纳入法定保障范畴。如特困老人、失能老人，养老服务应由公立养老机构或向私立养老机构购买服务。第二层次，为政府主导下由市场主体与社会力量提供的基本服务层次。如中低收入老人，养老服务主要为居家养老与机构养老。第三层次，为完全开放、盈利性的市场化养老服务。如高收入阶层的老年人，由市场向其提供高质量的养老机构。② 吉林省要充分把握全国养老服务的方针指向，及时对人口老龄化中长期规划进行理论上的解读与政策上的考量，并据此提出适合吉林省省情的养老服务建议，为吉林省的养老服务发展布局。

（二）吉林省如何做到"高质量、分层、分类"发展

按照国家多层次养老服务体系构建的"三层次"布局，老年人的收入与养老需求是布局的基石，收入不同，需求不同，服务不同。吉林省作为欠发达省份，经济发展不能为养老事业发展提供足够的财政支持，全面发展养老服务只会让养老服务发展陷入"低水平、不可持续"的境地。吉林省的养老服务发展必须走吉林省特殊省情的发展道路，"高质量"是养老服务的发展目标追求，"分层、分类"是实现养老服务高质量的手段。吉林省的养老服务必须以"高质量"发展作为目标，对养老群体进行"分层、分类"，把养老服务资源向最底层人

---

① http://www.mohrss.gov.cn/SYrlzyhshbzb/dongtaixinwen/shizhengyaowen/201911/t20191122_342934.html，2019-11-22.
② 郑功成：《多层次社会保障体系建设：现状评估与政策思路》，《社会保障评论》2019年第1期。

群倾斜,才能减少养老服务资源稀缺、供给不均的问题,减少养老服务提供中带来的"马太效应"。吉林省应该对于吉林省的"分层、分类"有更明确的定位。郑功成在2019年5月对"分层、分类"做出了解释,就分层来说,最简单的指标就是收入分层指标,低收入老人与中等收入老人、高收入老人肯定是不一样;然后还需要分类,有失能的、半失能的,有空巢的、不空巢的,有高龄的、低龄的,等等。如果不分层分类搞大水漫灌式补贴,公办养老机构床位短缺与民间养老机构床位空置率居高不下并存的畸形现象就不可能得到解决,现实中有需要的老年人得不到服务,不需要的反而得到了服务。另外,随着生活水平提高,近40年间我国人均寿命延长了10岁以上,60岁以上的老人2亿多人,未来会有3亿至4亿人,如果都成为国家的负担显然是不行的[①]。从我国的经济发展现实来看,我国改革开放40多年虽然已经取得了巨大的成绩,但是老年人口总量大的事实决定了我们的广覆盖只能是低水平的养老框架。国家尚且如此,吉林省更要在养老服务发展中甄别养老资源的最迫切需求者,制定合适的甄别标准,把养老资金、养老资源向这些群体倾斜。政府作为公共物品的提供者,养老保障应该有选择地成为低收入人群的消费物品,高收入人群则应该退出基础养老资源的竞争和占有,向更需要的人群倾斜,比如"三无"老人、失独家庭、丁克人群等。吉林省的经济发展决定了"第三层"高收入人群的养老在吉林省发展将会受限,这一层级具备少量人群、少量需求、少量服务"三少"特征,即高端养老机构在吉林省发展形势并不见好。所以吉林省的养老服务应该在低端、中端方面下功夫,尤其是低端方面更要着力攻克。"第二层"养老要看社区与机构养老,吉林省传统家庭养老根深蒂固,机构养老并不被广泛接受,所以第二层次的养老服务要大力发展社区。社区养老要依靠财政,而吉

---

① 中民:《顺势而为 推进民政事业高质量发展——访全国人大常委会委员、中国人民大学教授郑功成》,《中国民政》2019年第5期。

林省财力支撑明显不足，所以如果在财政支持力度不大的前提下很难撑起第二层级的养老。吉林省的养老突破要从最底层的"第一层"着力，困难老人、失能老人是养老服务关注的重点，可见，吉林省的养老服务要想在短时间内实现高质量的养老服务目标是不现实的。抓养老服务最底层人群的需求，即政府兜底的养老服务才是改变当前吉林省低水平养老服务的关键。这一层级的人群情况也各有不同，当务之急要对第一层级的人群以及养老需要加以甄别，如失独老人、孤寡贫困老人等将是吉林省重点救助的对象。

（三）养老服务的标准化建设

2014年1月26日，民政部等五部门联合印发《关于加强养老服务标准化工作的指导意见》。该《意见》主要包括加强养老服务标准化工作的重要意义、总体要求、主要任务、保障措施四部分。主要任务是：加快健全养老服务标准体系；加强养老服务标准化研究；抓好养老服务标准的贯彻实施；推进养老服务领域管理标准化；健全规范养老服务市场秩序。早在2005年，北京就实施了《养老服务机构标准体系》，与《养老服务机构标准体系要求、评价与改进》共同构成养老服务机构建立标准体系的指导性文件，并为养老服务机构提供了编制技术标准、管理标准和工作标准的依据。养老服务机构标准体系技术标准、管理标准和工作标准，民政部的《意见》仅仅对我国的养老服务体系搭建做出宏观指导，缺乏具体的操作细则。养老服务的标准化建设在全国尚处于探索初期。吉林省的养老服务目前没有明确的标准化制度，我们可以借鉴一些国家的具体做法，如美国就细化了行业标准，吉林省可以从以下几个方面搭建标准。第一，养老服务机构的标准。包括书面记录与直接观察。书面记录主要记录养老院规模、配备的工作人员，每天工作日程安排，一日三餐，养老机构的每日动向等。第二，养老服务的内容标准。主要包括日查床次数、饮食记录、活动记录、医疗记录、聊天记录等。第三，养老服务的质量标准。每一个老年人健康状况走势、服务满意度评价体系。第四，养老服务从业人员的专业标准。包括年龄、受教育程度、从业资格、经验、专长、薪酬体系、福利待遇等。

第二节 建立子女赡养老人的照护制度

孝道在中国的历史发展长河当中占据重要地位,养老模式中家庭养老的主体地位长期以来不可撼动,上海的"9073"、北京的"9064"模式,都是家庭养老地位的体现。在应对人口老龄化上,我们提出要建设养老、孝老、敬老政策体系和社会环境。中国是世界上人口数量最多、老龄化速度最快、老年人口规模最大、少子高龄化现象最普遍的发展中国家。如果只强调政府责任和机构养老等方式,不仅无法有效应对老龄社会的现实,而且可能动摇家庭稳定与社会治理的基础。因此,我们不仅需要符合当代社会发展进步的生活养老保险与养老服务,而且要尊重家庭成员相互保障、子女尽责、社会助老等文化传统,重构传统方式与现代方式有机结合的养老保障体系,同步营造有利于这种养老保障体系的社会环境。①

当今社会进入"少子老龄化"阶段,家庭规模显著缩小,1990年缩减到户均4.0人,2010年为3.1人,2017年为3.03人。② 部分学者据此推断:在家庭内部难以满足老年人需求的条件下,养老必然转向充满人文关怀的社会化服务,这是一种传统情结,更是社会文明发展进步的表现。③ 笔者认为,人文关怀、精神慰藉是养老服务的短板,存在必然需求与不可能供给之间的矛盾。需求与供给的匹配必须依托一定的经济、道德、养老服务、制度条件,否则就无从谈起。首先是经济条件。吉林省在中华人民共和国成立初期承担了国家大部分重工

---

① 郑功成:《习近平新时代中国特色社会主义思想开启民生事业新篇章》,《中国社会科学报》2017年10月31日。
② 郑功成:《中国儿童福利事业发展初论》,《中国民政》2019年第11期。
③ 郑功成:《尽快补上养老服务中人文关怀的短板》,《中国社会工作》2018年第29期。

业建设，在市场经济当中，国有企业转型动力与效率不足，经济发展开始与发达省份、东部沿海地区拉开差距。迄今为止，吉林省经济发展在全国长期居于下游，还处于龙头企业占据主导的经济发展不均衡状态。部分城市还存在财政拖欠工资的情况，依靠社会化养老难度较大。其次，中国尚未"构成养老、孝老、敬老政策体系和社会环境"①。道德建设严重滑坡，子女孝敬父母的自觉意识削弱。道德的遗失与道德的回归难以在短时间内完成，需要在以经济发展为主、儒家文化中积极思想的引领下而逐渐完成，防止出现一手抓市场经济一手扔下道德建设的单极不均衡的发展模式。再次，养老服务从业人员供给不足。吉林省人口外溢情况十分突出，劳动力流出远远大于流入，人力资源供求无法匹配，许多条件艰苦、报酬低的岗位人员流动大，稳定性差。最后，制度条件限制。吉林省作为欠发达省份，陷入了"马太效应"的制度怪圈。国家大多数政策试点尤其是养老方面，大多数率先选择发达的一线城市试点，这些城市经济发展快，社会环境与居民素质较高，利于校验制度的适用性，具有经济发展所带来的累积优势，经济上面的累积优势进而带动制度资源的占有，在民生等领域又形成新的积累优势，而欠发达地区经济发展受限，制度资源流入不足，陷入经济—制度配置的"马太效应"底端，发达地区与欠发达地区贫富差距拉大。民生事业的发展受上述资源所限，社会化的人文服务的提供明显不足。

吉林省作为经济欠发达省份，财政收入有限，如果效仿发达地区上马更多的养老机构，势必会增加政府财政负担。所以笔者认为，更适合吉林省省情的是应该建立赡养老人的照护制度，即增加赡养老人的子女的补贴，可以参照发达国家与国内发达地区的做法，搭建完备的照护制度，照护制度可以依据省情多项选择或者择一取之。

---

① 郑功成：《中国儿童福利事业发展初论》，《中国民政》2019年第11期。

一 照护津贴或带薪护理

随着家庭观念的淡薄和家庭结构的缩小,家庭越来越难以承受养老之重,如英国以及中国南京、上海与北京等地都实行了补贴子女的照护津贴。照护津贴是政府财政支出鼓励家庭养老的一种补助形式,补助标准整体较低。2016年3月,《中国青年报》社会调查中心联合搜狐民调,对8919人进行的一项调查显示,84.4%的受访者关注子女"带薪"护理老人的新闻。如果家中有需要护理的病人、失能或失智老人,56.9%的受访者明确表示,愿意拿政府补贴回家陪护。①

照护津贴在中国的发展饱受争议。第一,是对中国传统孝道的一种挑战。许多传统人士认为,这种模式颠覆了中国几千年的孝道观念,把照顾父母与金钱挂钩,形成了一种带有铜臭色彩的家庭赡养氛围,部分子女可能会在赡养老人时动机不纯,引发新的家庭矛盾,养老质量不会上升反而可能下降。第二,照顾标准较低,对于养老质量没有实质的保障。这种模式一般会以几百元作为补贴的标准,在当前的物价水平之下,仅仅是微弱的救助作用,没有实质性的救助功能。但是不能否定对于低保家庭、生活在贫困线以下的家庭具备较高的救助功能。第三,操作标准欠缺。即使照护津贴存在诸多不足,但毫不影响它存在的价值与必要,吉林省作为欠发达省份,整体收入水平偏低,照护制度适合吉林省偏低的养老水平,在吉林省有广泛的发展空间,但是我们必须制定合适的标准。第一,照护津贴的适用对象。照护津贴人群选择贫困线以下人群,只有用在这一群体才能发挥最大的效用。第二,照护津贴的动态增长机制。物价在不断变动,照护津贴的标准也应该动态变化,只有这样才能保障救助人群受益最大化。第三,照护津贴的监督机制。照护津贴的监督与甄别可以参照城乡低保的进入

---

① 百度百科。

与退出机制,采取申请、核实、公示等程序。第四,照护津贴应该以照顾老人的数量作为发放的标准,而不是以家庭作为标准。第五,照护津贴对机构养老形成挤出效应。在吉林省经济负担中,机构养老投入资金巨大,如果通过合理的资金核算,把机构投入的资金转移到照护津贴上,无疑会减少吉林省经济负担、家庭负担,还会提高老人的养老水平,居住在熟悉的家庭环境更会提高老人的生命质量与寿命。第六,增加孝道的模仿与传承。这对于社会的发展起着重要的推动力量,一个民族只有以孝道作为支撑,才能有诚信可言,有道义可言。

二 带薪休假制度

照顾老人不仅要承受经济上的沉重负荷,还要面对巨大的精神压力,对于与父母同住的子女适当增加带薪假期,不仅会提高养老的质量,而且对于子女的工作效率也是一种有效提升。国家应该对于这些子女实行带薪休假制度,进行时间与薪酬的合理设计,带薪假期可以选择一周休半天,一月休2天,一年休15天的管理办法,工资仍然按照全薪支付。

三 税收减免

为鼓励子女与老年父母共同居住,减轻养老服务供给压力,对同住子女实行税收减免的呼声一直较高。深圳是中国最早实行税收减免来推动家庭养老的城市之一。中国个人所得税的起征点为5000元,部分劳动者工资都是在5000元左右,更多的劳动者的工资远远超过5000元。如果实行有家庭养老的子女税收减免政策的话,会更多地惠及中等收入人群,而这一群体恰恰是我国培育中产阶级的主体。在大家的呼声当中,我国政府于2018年12月发布了《国务院关于印发个人所得税专项附加扣除暂行办法的通知》,在第七章第二十二条中提到：（一）纳税人为独生子女的，按照每月 2000 元的标准定额扣除；（二）纳税人为非独生子女的，由其与兄弟姐妹分摊每月 2000 元的扣除额度，每人分摊的额度不能超过每月 1000 元。可以由赡养人均摊或者约定分摊，也可以由被赡养人指定分摊。约定或者指定分摊须签订书面分摊协议，指定分摊优先于约定分摊。具体分摊方式和额度在一个纳税年度内不能变更。第二十三条对被赡养人做出解释，被赡养人是指年满 60 岁的父母，以及子女均已去世的年满 60 岁的祖父母、外祖父母。① 吉林省收入水平在全国长期居于下游，如果适度扩大个人所得税减免，不仅会对照顾父母的子女有一个物质的奖励，而且对于缩小东北地区与全国收入水平的差距都具有重要作用，具有实践的必要性与可行性。

四 工作时间缩短

如果绝大多数老人的晚年照料是由老人子女在家庭承担，照料工作将会给子女的工作和日常生活带来一定的负担。国外的研究显示，身心健康状况和生活负担成为老人子女的主要问题，不仅父母需要照料，子女也需要照料。即使老人们愿意接受机构养老，中国目前无论从机构养老的容纳能力与质量来看，都无法做到全部机构养老，所以必要的补充政策对于稳定家庭养老的功能与养老质量都是一个重要保证，因为我们必须承认熟悉的有家人照料的家庭养老对于老年人的寿命一般会有正相关作用。所以，给为照料父母的子女适当缩短工作时间，使用弹性工作时间，并可以适当按照工作总额的一定比例支付工资，无疑会对家庭养老有着积极的推动作用。

---

① http://www.gov.cn/zhengce/content/2018-12/22/content_5351181.htm，2018-12-22.

第三节 规范医养结合

医养结合是发达国家的养老机构与医疗资源有效结合的一种模式，医疗资源是能够满足养老群体医疗需求的高质资源，费用较为昂贵，适合经济较为发达地区使用。笔者认为，医养结合的发展需要有如下的限制条件。

第一，丰富的医疗资源。目前，中国各类养老机构达4万多家，但真正具备医疗服务能力的只有20%多。医养结合问题日益成为制约养老机构乃至整个养老服务业发展的"瓶颈"之一。医养结合发展存在一些亟待解决的突出矛盾和问题。一是政策保障不足。与医养结合有关的医疗、养老和医保政策受财力限制，对高龄、失能老年人的生活护理、医疗护理保障不够，很多护理项目不能被纳入医保支付，很多社区卫生服务机构无力做到、养老机构难以做到免费为老年人提供有效的健康管理和上门护理服务。二是养医衔接程度不高。养老机构与医疗机构设置规划未能有效衔接，养护型、医护型养老机构建设不足，护理床位比例偏低，养老机构内设医疗设施功能不完善。三是服务能力欠缺。在居家和社区养老中，老年人最关注日常护理、慢性病管理、健康教育等服务。但目前，很多社区养老服务设施与社区医疗卫生服务结合不紧密，通常只能提供日间照料服务，不能满足高龄、失能老年人生活照料和医疗护理叠加的服务需求。在机构养老中，老年人大多患有多种疾病，对医疗服务需求强烈，但由于工资待遇低、职称评聘受限较多等原因，再加上硬件配置不足，医疗服务能力难以满足入住老年人需求。导致养老机构高端企业管理和护理等专业人才匮乏，流动性大，机构可持续发展程度低。四是工作机制不健全。医养结合的相关职能分散在民政、卫生和计划生育、人力资源和社会保障、住房和城乡建设等多个部门和单位，部门间政策、标准不统一，沟通协调机制不顺畅，管理过程中难以形成合力。[1]

---

[1] http://www.gov.cn/Zhe-ngce/content/2015-11/20/content_10328.htm，2015-11-20.

从之前的分析可以看到，吉林省医疗资源匮乏。吉林省虽然依托吉林大学各个附属医院，形成了一定的规模优势，但是医疗资源紧张，专业技术医疗护理人员被过度消耗，还远远不能满足看病需求。所以最优秀的医疗资源仍然要留在医院内部，以解决全省的重症急症病群。吉林大学三大分院以下的二类资源是与养老机构契合的最佳资源，医疗技术相对较高，资源较为丰富，病患人群相对较少，社会认可度相对较高，所以，吉林省如果要发展医养结合，这类医疗资源较为适合。社区医院等三类医疗资源，医疗技术有限，急病重症应对能力不足，不能支撑养老机构的医疗需求，社会群体的认可度也较低。

第二，昂贵的医疗费用。医养结合不能完全依靠政府的财政支撑，医养结合收费标准应该高于一般的机构养老，属于高档养老院，所以适合的人群应为经济收入较高的人群，限制了经济收入偏低群体对于高质量医疗资源的渴求。

第三，适合人群特定化。医养结合在国外主要为失能、半失能老人的养老模式，所以医养结合只能适用失能、半失能老人较为集中的区域，并不适合全面大规模的集中建设，最为科学的办法是选择失能、半失能较多的机构养老进行实验，评估医养结合的效果，再逐步推进。吉林省可以先选择推出一到两家进行试点，绝不能在没有进行全面科学评估的基础上盲目大规模上马，否则就会出现我国养老保障发展初期和日本当年大规模建设机构养老的问题，造成政府财力的极大浪费、机构闲置的被动局面。

第四，归口管理简单化。实施医养结合涉及多个部门的协调配合，但是主要职能应该划归到民政部门，民政部门是我国主要的养老归口职能部门，但是在具体操作过程中也必定会存在协调方面的效率低下等问题，所以设立一站式养老服务大厅，完成多个职能的协调将是一个可取的办法。

第四节　养老企业创新驱动养老服务产业

中国的老龄化与低人口出生率导致一般家庭用房的需求减少，养老住宅需求上升，养老企业发展养老住房将会是房企调整发展思路的最好契机。受国外养老地产在成熟阶段表现出收益高、稳定性强、抗周期风险等特点吸引，以及国内养老地产的市场供需状况，各类机构纷纷进入养老地产投资、开发、运营领域，其中传统房地产开发商、产业投资者、保险公司、政府及国外投资机构成为主力。[①] 在各类企业争相涌入养老地产行业的同时，早期进入的企业可以凭借先发优势着手探索养老项目的品牌化、连锁化经营。养老地产产品有其特殊性，消费者群体有着大致相同的消费诉求，找到规律实现连锁化经营是可以实现的。优势资源共享，扩大市场规模，取得规模经济效益，对降低成本、快速占领市场、打响品牌有积极的推动作用。先发优势的建立和运营模式的规范化带来的不仅是经济上的收益，还有社会认同度的提高，对于企业今后的发展大有裨益，也为企业进一步投资养老服务产业打下基础。[②] 而后期进入养老地产的经济体必须选择合适的模式以及合理的地域。当前养老地产的运营模式主要有三种，第一，销售模式。养老住宅相对普通住宅而言，只要增加一些适老化设计，成本增加不会太多，并且可以通过销售来回笼资金，且没有后续管理的问题，往往是住宅开发商试水养老地产的首选。只要区位得当、周边医疗配套齐全、交通便利、目标客户定位准确，是可以取得较好成绩的，例如绿地21城孝贤坊等项目，销售去化速度较好，并不亚于刚需类项目。但是养老地产运营阶段潜在巨大盈利点却并未获得开发，无法获得物业经营带来的增值收入和溢价收入。此外，随着中国家庭结

[①] 《中国养老地产现状报告书》，http://zgyldcw.w.cxzg.com/，2016-05-05。
[②] 徐晓晖、申倩文：《发展养老地产　推进社会养老服务》，《经济研究导刊》2015年第26期。

构的变化，空巢老人和"421家庭"的增加使老年人面临在行动困难阶段无人照料的问题，因此在购买用于养老的住宅时，如提供配套的养老服务则利润回报更大，销售型的养老地产项目欠缺这一部分，可能影响项目的整体品质。第二，销售加持有模式。优势在于以销售住宅为主，不仅回款快，还能获得部分利润，而持有的物业体量较小，不会产生巨大的资金压力，而且运营得当的话能产生长期稳定的经营收益。劣势在于自持部分对服务和管理水平要求高，而普通住宅开发商往往缺乏这方面的资源和积累。第三，持有模式。优势在于投资者能够保障项目的管理有效性和服务的水平，在项目积累一定口碑和知名度后，经营者能获得持续稳定的回报。劣势在于投资回收期长，前期资金压力大。① 我们可以清楚地看到房地产、产业地产、保险公司、政府与国外投资机构进入中国养老地产的现状。这些经济主体参与养老产业具有如下特点。一是首选经济发达地区。经济发达地区整体收入水平偏高，能够支撑购买养老地产及养老服务，保证投资回报率，接受新事物能力较强，养老供给需求吻合度高。二是投资回报稍长。一般销售型的养老地产回报较快，如果配置其他养老服务则会增加投资回报周期，但是利润可观。三是资金雄厚的经济主体参与度高。无论是地产商还是产业投资和保险公司，涉足养老地产都存在诸多的不确定性，所以实力一般的经济主体为规避风险常常不敢涉足。四是经济主体参与度适度、开发适度。许多养老地产充分估计到了社会化养老需求有限、市场空间狭小的特点，集中精力打造精品，在一个城市开发数量有限。

吉林省作为欠发达省份，收入水平偏低，受经济所限，不能效仿发达地区发展国际化精品的养老地产，上述的三种模式中第一种销售模式较为适合，销售具有养老性质的住宅。只要合理规划区位、小区景观、就近的医疗资源以及适中的价位，养老地产就可以逐渐被养

---

① 《中国养老地产现状报告书》，http://zgyldcw.w.cxzg.com/，2016-05-05。

群体所接受。但与此同时还应该探索与低收入水平相配套的养老产业模式。①单纯销售养老地产。单纯销售养老地产适合经济收入偏高的人群，有能力购买养老地产，保证企业投资回报周期短、利润高。②租赁销售。对于部分收入中端的人群，由于其大多已处于退休状态，不具有贷款购房的年龄条件的中端人群，采取租赁的形式购买，必须缴纳一定的首付，首付占房款总额60%以上，租期五年为宜，其余款项以租金的形式按月支付。既能够保证养老需求的实现，同时还能保证地产收入的实现。③租赁。这类养老房产与机构养老类似，每月支付租金从而获得养老地产居住以及养老服务。优点是可以获得专业的养老服务，但是收费较高，而且不会最终获得居住住房。

2014年4月23日，我国政府颁布了《养老服务设施用地指导意见》，开启了我国养老地产优惠政策的先河。当前全国楼市相对低迷，房地产对于国内需求具有重要影响，发展养老地产是拉动内需、应对老龄化的切入点，如果政府制定相应鼓励措施支持养老地产发展，就会实现缓解养老压力与稳定房地产的双赢。我国当前在住房福利方面主要针对的群体是领取低保的贫困线以下人群，采取的形式有公租房、廉租房与经济适用房，如果把住房福利的人群扩大到父母家庭养老的子女的话，同样可以达到双赢的目的。家庭养老的房价价格可以按照市场价格的85%或者90%。房屋开发形式有：共同居住的两代型住房、同一楼层紧邻型住房、同一单元不同楼层住房、不同栋楼相近住房。这些住房必须依靠高科技的网络覆盖，保证父母如果出现意外，有与子女、最近医院联系的紧急呼叫装置，并且住宅在智能化上要有所提升，从房屋内部设计到楼道设计都要有安全设置，室内设计包括洗手间要有防滑装置、扶手、升降床等人性化设计。同时由于我国低生育率和初婚年龄的推后使得子女和父母之间的年龄差距加大，这一点将会使代际产生精神代沟，对于老人的收视节目要做到多样化提供，丰富老人的视野，减少家庭矛盾。吉林省可以选择部分地产以及合适的群体进行试点，为保证试点的效果，可以选择素质较高的一类群体来进行实验,如公务员、教师、医生等人群,因为这一群体具备一定经济实力、整体素质较高、家庭养老的可能性大,通过对这一群体进行试验,逐渐形成示范效应,进而广泛推广。

第五节　搭建功能齐全的社会养老服务

社会养老服务在吉林省的发展限制因素较多,如经济发展水平不高、品质养老观念不强等,社会养老服务的发展必须采取渐进式的发展模式,梯次渐进搭建。

一　以物业或者社区为主体的专业化养老服务

吉林省养老服务内容发展较慢,机构养老与社区养老提供的主要服务受气候影响,一般局限在室内,室外服务较少。室内活动要更加精细化,包括基本衣食保证、定期检查、康复、陪聊等,保证精品服务。对于身体较好的老年群体,养老服务内容发展要不断丰富化:不要仅仅限定室内服务,还要设计室外小区服务、集体户外活动(如购物、参观、旅游、就医、陪聊等综合服务)。日本社区养老服务充分利用社会各方面的人力、物力等资源,向老年人提供医疗、护理、保健、康复、预防、娱乐等综合性的服务,以适应不同身体状况的老年人的需要,主要的服务有上门服务、日托服务、短托服务、长期服务以及老年保健咨询和指导服务等。老年人作为一个特殊群体,因年龄、身体状况、经济条件、家庭状况、个人喜好不同,个体的需求也存在很大差异。因此丰富的服务内容不仅可以满足老年人的不同需求,提升老年人的生命质量,也可以减轻政府和家庭的压力。[①]

---

① 王一菲:《日本的社区养老服务》,《中国社会报》2014年6月9日。

二 提供养老产品

养老质量的提高不仅依靠居住环境与服务来提升，还需要完备的医疗设备，我国目前养老服务产品供给不足，提供人性化的养老产品也必将会是市场发展的走向。在中国逐渐进入老龄化社会的背景下，老年产品的市场潜力也被高度激发。它不仅涉及中老年人的医疗保健、服装服饰、睡眠用品、康复护理、便利生活、休闲锻炼，还包括各类符合中老年喜好的文化用品、工艺饰品等，此外，与老年人相关的保险、资产管理等行业也都存在巨大商机。但目前中国养老产业链还处于起步阶段，基本没有形成规范化、规模化发展。曾有数据显示，现阶段全国为老年人提供的产品不足10%，市场缺口巨大。而且，"目前我国养老产品市场乱象丛生。相比年轻人，老年人使用的商品会有特定的需要，但目前很多养老产品性价比不高，品种单一且没有针对性，供给并不对路"。[①] 但对于吉林省而言，购买养老产品的意识尚欠培育，很多老人觉得该项支出过于奢侈，所以高端养老产品需求不旺，低端与中端产品的培育目前应该是重点。

三 提供养老用餐

吉林省目前有部分饭店转型提供养老用餐，这是一个具有创新意义的举措，但是具体运营效果并不佳。单纯依靠饭店转型提供养老用餐并依靠养老群体的自愿加入，无法形成规模优势，也无法保证收入。但是如果由社区提供养老用餐或者社区与饭店合作提供养老用餐确是一个可行的办法。养老用餐的发展潜力较大，部分老人可能无法接受机构养老，但是却可以接受早、中、晚提供三餐。第一，经济压力较

---

① 李子君、刘玉飞：《北京筹划建立养老服务产业园》，《北京商报》2013年9月23日。

小；第二，生活主要负担得到解决。吉林省可以针对社区重点发展这项服务。

第六节　构建养老服务从业人员的薪酬与福利制度

中国长期以来出仕为官的思想根深蒂固，许多毕业大学生择业伊始，极其青睐政府公务员岗位，出现过几千人争夺一个公务员名额的壮观场面。不仅中国如此，与中国文化渊源深厚的韩国大学生在就业的时候也首推公务员，而服务类、初级技术类工作则被视为低人一等，甚至毫无前途，被贴上了体力劳动的标签，无人愿意涉足。也正是由于如此，中国才会出现用工荒与失业并存的尴尬局面。中国的养老服务业长期被打上了体力劳动的标签，社会地位低下、报酬最低、劳动强度最大、最没有发展前途，所以养老从业人员年纪偏大、素质较低、专业不强，无法与养老需求相匹配，制约了养老服务业的发展。中国必须改变这些观念上的拘囿，制定养老从业的薪酬体系，规划科学养老、智慧养老的方案。吉林省作为欠发达省份，养老可以在制度上率先突破，打破当前养老服务业发展的"瓶颈"。

一　人才引进机制

养老人才的进入需要政府政策的吸引，养老产业作为一个综合产业，需要多元化的人才涌入，主要包括计算机人才、营养师、专业护工、财务人员、管理人员、心理咨询人员等。而当前从业人员主要为"80后""90后"，这些人群即使从事服务业也主要集中在报酬较高的技术工人和一线服务人员。2016年5月11日，专业人力资源服务机构中质咨询调研公司在上海公布了《中质一线用工管理调研报告》，制造型企业中普通一线员工2015年平均年收入为56856元，蓝领高技术员工年平均收入为71065元，非制造企业中一线服务人员年平均收入为54583元，养老服务人员月薪2000多元的工资与之相比则望尘莫及。

养老产业应设有专项津贴。养老服务人员不仅应该享有国家法律法规所规定的五险一金，更应该有特殊工种的专项津贴。目前，我国的养老服务人员缴纳五险一金的情况极少，这也是养老服务不具有吸引力的原因之一。所有加入养老服务的从业者不仅应该享有普通劳动者都应具备的五险一金，同时还应获得优惠的准入待遇，薪酬体系要体现艰苦行业的特殊津贴。这种津贴发放的标准与我国其他津贴发放标准具有相同的政策依据，即主要对那些从事艰苦工作或者工作条件恶劣的工种给予的特殊照顾。报酬应该参照公务员与事业单位人员，并应该略有提高。中国的人口红利已经消失，要想吸引更多的劳动力进入养老服务产业，报酬上一定不能低于社会的平均工资水平，一般可以参照公务员与事业单位人员。双方一旦签订劳动合同，应适用期限较长的劳动合同，一般可为3年期以上的劳动合同，既可以提供给劳动者足够的安全保障，同时还可以减少劳动力的频繁流动给养老服务业带来的用工危机。

二 培训津贴

综合国内外养老从业人员的发展，必要的专业培训是不可缺少的。当前中国的培训制度主要为提供一定的经济补贴，这无疑会增加部分不良劳动者为获取培训补贴而投机牟利，不利于养老服务从业人员的稳定，也造成了政府财政补贴的无效流失，所以中国的培训制度既要有明确的奖励制度，还要有完善的监督防范体系。可以设计如下两种监督体系。方法之一：政府对于每次接受培训的养老从业人员给予一定金额的奖励，每一次奖励记录都要清晰地计入该劳动者的培训档案，劳动者必须在培训之后从事养老服务业一年以上，否则会取消其培训与从业的资格。第二次培训可以获得相对更高的培训津贴，但与此相对应，服务年限也要增加为两年以上，依此类推，培训津贴逐渐提高，但总数不能超过上一年工资总额的三分之一。方法之二：培训津贴作为工资构成的一部分，按月发放，离开养老服务业则津贴发放终止。此种虽然操作简便，但是津贴的数额需要详细规划，可以按照参加养老行业的从业年限建立递增性津贴体系，体现了一定的公正与公平，也会对劳动者产生一定的吸引力。2013 年以来，吉林省采取岗位培训和职业培训相结合的方式，大力开展在岗养老护理员培训工作。岗位培训给予每人 150 元补贴，所需资金在当地福彩公益金中列支；职业培训按资格等级给予每人 900 元、750 元、600 元补贴，所需资金从劳动者素质培训经费中解决。全省已有 40 个县（市）开展养老护理员培训工作，培训 3377 人，占全省在岗养老护理员总数的 31%，其中取得国家初级职业资质的 436 人。2014 年，吉林省民政厅与省广播电视大学签订协议，合作开展养老护理员远程培训，进一步创新培训形式，扩大了培训范围。① 可以选择较为成熟的社区作为试点，验证运行效果，并查找不足。

第七节　养老服务质量内涵的设计与监管

一　养老服务质量内涵的设计

中国的养老服务模式是基于老龄化背景而展开的，搭建健康、积极的老龄化养老服务质量是养老服务发展的重中之重，主要包括养老服务质量的内部指标与外部指标，每一指标下设若干个指标，主要用于养老服务发展质量高低的判断。

健康老龄化的养老服务质量的内部指标如下。

---

① 郑国君、綦殿学、亓智勇：《关于对吉林省养老服务发展情况的调研报告》，http：//mzt.jl.gov.cn/，2015 - 04 - 30。

一是生活质量。

生活质量包括养老群体养老意愿的实现程度，包括养老群体对于衣、食、住、行、医以及精神方面的满意度。可以按照上述六项设计具体的评价体系，并赋分，该指标较为综合，适用机构养老评价体系构建，可以全面反映养老群体的养老质量与满意度。同时住、行、医也适用于养老适居环境的评价，居住环境的好坏、养老健身器材的配备是否齐全、出行是否便捷、医疗资源的获得是否便捷，对于居家养老和社区养老质量也有评估的作用。吉林省机构养老与社区养老发展目前多停留在中低发展水平，机构养老质量与社区运行活力方面都明显不足。

二是再就业率。

该指标主要适用于家庭养老人群的考察，退休老人重返劳动力市场对于劳动力供给是一个重要的补充，保证退休之后的社会化参与没有割断，既减少优质劳动力的浪费，退休后再就业对于老人的生存质量与生活面貌都会有生命质量延长的效果，也减轻、延缓了国家的养老压力。

三是旅游率。

老年养老群体的旅游率适合机构养老、社区养老与家庭养老的考核，一年当中适当的旅游代表着老年群体生活质量的改善，是凌驾于生存需求之外的高质量养老服务与需求的体现。当然这一指标对于身体健康有较高要求，不适合考察失能与半失能老人。

四是养老支出—收入比。

退休后老人的养老支出占本人收入的比例具有重要的研究价值。既可以衡量老年人本身的养老质量的高低，对于社会养老服务的提供与发展也有重要的指导价值。一般而言，养老支出—收入比值较高，则代表养老负担较重，对养老机构的入住率有一定的影响。

五是健康支出—收入比。

这一指标适用于家庭养老，是健康支出占收入的比例，可以用于判断养老质量的高低，对于国家制定相关政策、调整家庭养老具有一定意义。

六是社区参与度。

老年群体参与社区程度，可以用来衡量老年人的生活质量以及社区服务的需求量，该指标对于衡量社区的设置与规划具有参考价值，对于周围配套设施也有一定要求。

七是精神健康比。

精神健康比，即精神健康的老年人占老年人口的比重，对国家养老政策的出台与制定具有引导作用，同时也方便养老机构了解机构养老的需求。

八是医疗资源占有比。

医疗资源的占有不包括地区占有医疗资源的数量，仅仅指养老群体所享有的医疗资源的数量与质量，占有越多，代表着质量越高。

健康老龄化的养老服务质量的外部指标如下：

一是政府扶持养老服务发展的政策。

主要包括出台的政策、办法与制度数量及投入的方向，还包括政策的实施落实效果评价等。我国的养老政策伴随着老龄化的加剧，出台的速度加快、数量规模较大，但是地方政府在落实全国性的政策上存在一定的制度、对策空传，落实不足，养老建设很多方面只有数字，没有内容，更没有质量。

二是社区发展成熟度。

社区的数量、规模、提供的服务内容、参与养老人数统计、提供服务的人员统计、运营成本、收益、纠纷等，对于养老服务业的发展都具有研究价值。但是，社区发展成熟与否与当地的经济发展关系密切，与气候也有一定影响。吉林省社区发展明显受制于以上两大因素，经济支撑力不足，社区养老质量不高，同时冬季寒冷，大多数老人会担心摔倒而减少出门，不利于社区发展的稳定与可持续。

三是机构养老成熟度。

机构养老的发展数量、规模、服务内容、接受服务人群,提供服务人群,运营成本、收益、纠纷以及国家政策优惠政策、志愿者的参与、社会其他群体的参与都可以作为机构养老发展是否成熟的指标体系。

四是家庭养老的扶持度。

这一指标包括国家与政府对于家庭养老出台了哪些具体的措施、措施实施效果、家庭养老数量与满意度等,笔者认为,这种政策的出台对于调整中低端养老需求具有重要引导意义。

五是护理人员的综合发展。

护理人员的规模、受教育程度、专业程度、培训熟练度都是评价养老服务体系发展成熟度的衡量指标之一。

六是养老志愿者的规模。

我们国家养老从业人员偏少,同时志愿者参与养老服务也较少,这一方面说明我国志愿者发展缺乏制度化,另一方面也说明人们参与意识不高。这些都制约了养老服务的发展。正如全国人大内务司法委员会调研组调研发现,目前中国还没有针对居家养老服务志愿者激励和培训机制,志愿者在居家养老服务中发挥的作用还比较小。①

上述的内部与外部指标是测量一个国家与地区养老服务发展的可参考的指标,可以从微观与宏观两个维度评价养老服务内部服务与外部服务的成熟度,吉林省如果按照这些指标做好标准方案,可以较好地跟踪吉林省的养老服务质量监督,并且可以提供养老服务需求与供给的引导,有利于养老服务在信息完全的基础上选择更适合的模式来发展。

二 养老服务质量的监管

从国内外养老服务监督标准的发展实际来看,养老服务的监督主

---

① 马驰、秦光荣等:《关于应对人口老龄化与发展养老服务的调研报告》,《社会保障评论》2017年第1期。

体一般会选择第三方监督，不仅可以把政府从繁重的工作中解放出来，同时还能够达到监督的目的。但中国建立监督标准的障碍是第三方可以监督养老服务的发展，但是谁来监督第三方。第三方如果没有专业的标准与职业规范，则第三方监督对于养老服务没有任何实质的改善与效果监督。政府可以召集养老服务标准化的专家，拟定行业的监督标准与从业标准，征求各界意见，并有效评估，完善监督制度与监督流程，增加监督制度与监督流程的信息透明度，并且增加养老群体的反馈度，实现监督双方的互监体制。

政府出台各种政策规范行业的发展，但是实施效果往往与预期相差甚远，究其原因，我们发现，政策执行力与贯彻力较差。养老服务的监督标准可以通过专业标准化人士来完成，而后期的贯彻力度更是政策必备的要件之一，做好政策的执行，政策才是有效、有价值的政策，否则就是一纸空文，不具有指导实践的任何价值。

第八节　构建养老、孝老、敬老政策体系和社会环境

改革开放40多年来，中国已经实现了从落后的农业大国向先进工业国的跨越式发展。中国在已经基本满足人民群众的物质文化"硬需要"的同时，更要发挥民生等"软需要"在推动、稳定社会进步的重要作用。习近平总书记在十九大报告中明确提出，要"构建养老、孝老、敬老政策环境和社会环境"。郑功成评价该政策体现了"现代与传统、中国与西方养老模式的有机结合，对于我国养老服务业的健康发展具有特别指导意义"。市场经济与道德建设是国家建设的两大支柱，市场经济是实现经济增长的利器，道德建设是建设公平社会的基石，市场经济在经济人利己动机的驱动之下，削弱了道德建设，致使道德滑坡，孝道削弱。家庭功能的变化往往带来新的社会风险，进而引致新的家庭政策出台。西方国家很早就重视家庭政策的作用，将其作为社会政策的必要分支，主要弥补工业化过程中家庭功能的缺失，

以中、日、韩为代表的东方国家家庭政策则出现"去家庭化"的趋势。经济合作与发展组织（OECD）将家庭政策分为现金政策和服务政策。对韩国家庭政策的研究表明，现金政策对低收入家庭的家庭化和再家庭化效果明显，而对中高收入的家庭影响不大；服务政策刚好相反，家庭收入越高，去家庭化效果越明显。① 构建养老、孝老、敬老政策体系和社会环境，推动养老事业走向完善，将是中国在2035年前后迈入深度老龄化的重要保证。发挥儒家文化当中的积极因素，重视品德教育，减少教育中的功利色彩。

第九节　依托高校优势打造养老服务业的"志愿服务"

美国有200多万个非营利机构，在美国社会扮演着十分重要的角色，其中大多数直接为老年人、儿童、妇女及残疾人群体服务，构成了支撑美国社会保障体系的重要力量。而中国各种社会组织截至2018年年底才80多万家，其中认定为慈善组织的有5000多家，无论资金动员能力还是为社会服务的能力均极其有限。② 我国有1亿实名注册登记的志愿者，但是志愿者在全国分布不均衡、人群不固定、服务无标准，导致了庞大的人群没有产生相匹配的人群效应。吉林省高校林立，具有志愿服务稳定的人力资源，"老吾老以及人之老"的孝道思想在吉林省具有一定的传承，发挥志愿服务在养老服务中的担当具有一定的可行性与适用性。志愿服务作为社会服务的重要组成部分，志愿者作为社会服务的重要人力资源补充，其适用范围可以涵盖养老服务、儿童服务、残疾人服务以及殡葬服务、社区服务等方方面面，发

---

① 中国社会保障学会理论研究组：《全球经济发展与社会保障的关系和实践——第13届社会保障国际论坛论要》，《社会保障评论》2018年第1期。

② 郑功成：《多层次社会保障体系建设：现状评估与政策思路》，《社会保障评论》2019年第1期。

展空间巨大，发展潜力无穷，应当加以重视，而老年人群体中低龄、健康的老年人应当是最具有开发潜力的志愿者队伍。① 吉林省可以对志愿者人群加以分类，效仿美国的志愿服务模式保证养老服务的提供。第一，构建高中学生参与养老志愿服务的制度。中国的传统孝道在当今社会面临一定程度的削弱，必须要为市场经济的"经济人之手"加上道德的约束。所以孝道必须在各级教育中体现，高中生可以利用寒暑假期为养老机构提供志愿服务，这与习近平总书记在2018年召开的全国教育大会上提出的"培养德智体美劳全面发展的社会主义建设者和接班人"有效契合。第二，对大学生以及中青年志愿者可以采取激励的措施，从就业机会、积分累计返回、税收减免、征信体系等多方面进行摸索。大学生群体是我国就业三大特殊群体（大学生、退役军人和农民工）之一，企业林林总总、五花八门的歧视随处可见，政府可以通过与企业合作，为提供志愿服务的大学生提供更为公平的就业机会。中国在经济发展中长期以来存在这样的问题，政府与企业只有管理之责，而无责任共担之机制。第三，健康的低龄老年群体。这一群体身体健康、赋闲在家，可以充分效仿西方的时间储蓄银行的养老模式，做好时间储蓄与养老服务的兑换，如中国的上海、南京、广州等地都在运行，而且效果良好。正如《国务院办公厅关于推进养老服务发展的意见》中所提到的"打造'三社联动'机制，以社区为平台、养老服务类社会组织为载体、社会工作者为支撑，大力支持志愿养老服务，积极探索互助养老服务。大力培养养老志愿者队伍，加快建立志愿服务记录制度，积极探索'学生社区志愿服务计学分'、'时间银行'等做法，保护志愿者合法权益"。②

吉林省经济发展位居全国下游，人口流失严重，人力、财力以及严重依赖财力的制度建设都制约着吉林省养老服务的发展。截至2019

---

① 中民：《顺势而为 推进民政事业高质量发展——访全国人大常委会委员、中国人民大学教授郑功成》，《中国民政》2019年第5期。

② http://www.gov.cn/zhengce/content/2019-04/16/content_5383270.htm.

年年末，吉林省60岁及以上人口已经高达20.48%，超过了深度老龄化的20%的国际指标；65岁及以上老年人口为13.93%，接近14%的国际深度老龄化指标。无论哪一种统计口径，我们都可以看到，吉林省正在一脚踏入深度老龄化的门槛。吉林省作为东北老工业基地，国有企业众多，人口老龄化发展不仅要考虑老年人口数量的增加，还要考虑规模庞大的独生子女家庭。财力的薄弱意味着吉林省机构养老与社区养老发展面临短板，着力家庭养老、居家养老的政策设计是吉林省应对深度老龄化的关键。我们既要按照"收入—需求"对应设计养老服务，进行"多层次养老服务"的布局，做好分层、分类，走标准化养老之路；还要建立赡养老人的照护制度，夯实家庭养老的基础地位，避免走西方"家庭养老—机构养老—社区养老和家庭养老"的迂回之路。

参考文献

一 期刊论文

白玉冬：《城镇化进程中失地农民养老保障问题探究》，《农业经济》2012年第10期。

班晓娜、葛稣：《国外发展养老服务产业的做法及其启示》，《大连海事大学学报》（社会科学版）2013年第3期。

陈文华：《我国失独家庭问题研究综述》，《老龄科学研究》2016年第6期。

成伟、张灿贤、牛喜霞：《中国传统养老模式面临的挑战及多元化养老方式探索》，《理论与现代化》2012年第3期。

戴维、铃木博志、长谷川直树：《北京养老服务机构入住理由及位置选择的初探》，《城市规划》2012年第9期。

丁方等：《我国养老模式研究综述》，《中国市场》2014年第15期。

杜少英、张艳文等：《城市居家养老现状及对策》，《中国老年学杂志》2013年第6期。

段诗云、马搏、刘杨：《中国失独家庭生活困境及其化解途径研究》，《青春岁月》2013年第5期。

付诚、韩佳均：《我国养老服务产业化发展的现实困境与改进策略》，《经济纵横》2015年第12期。

傅亚丽：《国内城市机构养老服务研究综述》，《南京人口管理干部学院学报》2009年第1期。

高阳：《论失独家庭的政府救助》，《佳木斯教育学院学报》2013年第6期。

顾大男、柳玉芝：《我国机构养老老人与居家养老老人健康状况和死亡风险比较研究》，《人口研究》2006年第9期。

侯宇峰、刘灵芝、王昕：《日本老龄化进程及应对政策对我国的启示》，《建筑学报》2015年第12期。

胡叠泉、邢启顺：《失独家庭养老的社会保障体系建构》，《三峡论坛》2013年第1期。

胡苏云：《上海养老服务思路与对策研究》，《科学发展》2012年第12期。

黄石松、纪竞：《深化新时代我国养老服务供给侧结构性改革的十条建议》，《中国社会工作》2019年第20期。

李文争：《失地农民养老保障模式浅议》，《商》2016年第1期。

李小梅：《国内外居家养老服务研究综述》，《重庆电子工程职业学院学报》2013年第4期。

李泽：《城市独生子女伤残、死亡家庭情况及其父母养老问题研究综述》，《湖北成人教育学院学报》2012年第5期。

刘飞燕：《"居家养老"新型养老模式研究》，《江苏商论》2007年第12期。

刘月：《国内外养老模式研究》，《现代商业》2014年第5期。

柳志艳：《勇敢地生活下去——呼唤社会关注失独者群体》，《社会研究》2012年第20期。

卢丹蕾：《失独家庭养老困境文献综述》，《法制与社会》2016年第7期。

马凤芝：《世界老龄化国家和地区养老机构规划的经验——以英国、日本和我国香港地区为例》，《社会工作》2013年第5期。

马荣真：《美国养老模式对我国的借鉴意义》，《工会论坛》2011年第3期。

马馼、秦光荣等：《关于应对人口老龄化与发展养老服务的调研报告》，《社会保障评论》2017 年第 1 期。

孟艳春：《对中国居家养老模式的思考》，《河北师范大学学报》（哲学社会科学版）2010 年第 5 期。

穆光宗、姚远：《探索中国特色的综合解决老龄问题的未来之路——"全国家庭养老与社会化养老服务研讨会"纪要》，《人口与经济》1999 年第 2 期。

穆光宗：《独生子女家庭的权益保障与风险规避问题》，《南方论丛》2009 年第 3 期。

穆光宗：《构筑以人为本的人口政策和人口策略》，《学习时报》2004 年 10 月 18 日。

穆光宗：《我国机构养老发展的困境与对策》，《华中师范大学学报》（人文社会科学版）2012 年第 2 期。

宁涛：《浅析日本养老保障制度及养老模式》，《江苏城市规划》2015 年第 6 期。

全国人大内务司法委员会调研组：《关于应对人口老龄化与发展养老服务的调研报告》，《社会保障评论》2017 年第 1 期。

宋小霞等：《近十年来我国养老模式研究综述》，《嘉应学院学报》（哲学社会科学版）2015 年第 10 期。

孙冬晗：《政府责任视角下失独家庭扶助制度研究》，《北京化工大学学报》（社会科学版）2014 年第 4 期。

童星：《发展社区居家养老服务以应对老龄化》，《探索与争鸣》2015 年第 8 期。

王宏禹、王啸宇：《养护医三位一体：智慧社区居家精细化养老服务体系研究》，《武汉大学学报》（哲学社会科学版）2018 年第 7 期。

王建军：《加快推进现代养老服务体系建设》，《中国社会工作》2018 年第 9 期。

王莉莉：《中国城市地区机构养老服务业发展分析》，《人口学刊》2014

年第 4 期。

谢琼：《中国养老模式的中庸之道》，《山东社会科学》2008 年第 11 期。

徐昊：《养老问题中国要有"东游记"："超老龄化国"日本有何真经?》，《新财富杂志》2017 年第 2 期。

徐晓晖、申倩文：《发展养老地产 推进社会养老服务》，《经济研究导刊》2015 年第 26 期。

杨燕绥：《深度老龄化社会的养老制度改革建议》，《中国人力资源社会保障》2017 年第 8 期。

杨宗传：《居家养老与中国养老模式》，《经济论坛》2000 年第 3 期。

张俊浦：《日本养老经验对我国社会养老服务体系建设的启示》，《改革与战略》2014 年第 8 期。

张凯琴：《养老模式选择》，《经营管理者》2016 年第 2 期。

张前龙、刘浩波、张斌斌：《失独家庭面临的困境及对策分析》，《管理观察》2016 年第 17 期。

张文娟、魏蒙：《城市老年人的机构养老意愿及影响因素研究——以北京市西城区为例》，《人口与经济》2014 年第 6 期。

张远索、仲济香：《新型城镇化背景下的农民利益保护》，《云南农业大学学报》2014 年第 8 卷第 1 期。

张志雄、孙建娥：《多元化养老格局下的互助养老》，《老龄科学研究》2015 年第 5 期。

赵晓芳：《健康老龄化背景下"医养结合"养老服务模式研究》，《兰州学刊》2014 年第 9 期。

赵一红：《意识形态福利视角下的养老模式——城市社区养老和机构养老的比较分析》，《中国社会科学院研究生院学报》2015 年第 3 期。

郑秉文：《积极应对老龄化 建"三老"服务协调机制》，《劳动保障世界》2018 年第 10 期。

郑秉文：《中国社会保障 40 年：经验总结与改革取向》，《中国人口科学》2018 年第 4 期。

郑功成：《从物质文化需要走向美好生活需要——改革开放以来的中国民生发展》，《群言》2018年第10期。

郑功成：《多层次社会保障体系建设：现状评估与政策思路》，《社会保障评论》2019年第1期。

郑功成：《知识报国，民生为重》，《群言》2018年第1期。

郑功成：《中国儿童福利事业发展初论》，《中国民政》2019年第11期。

中国社会保障学会理论研究组：《全球经济发展与社会保障的关系和实践——第13届社会保障国际论坛论要》，《社会保障评论》2018年第1期。

中民：《顺势而为 推进民政事业高质量发展——访全国人大常委会委员、中国人民大学教授郑功成》，《中国民政》2019年第5期。

朱传一：《开拓互助组合养老的新模式》，《中国社会工作》1997年第35期。

邹纯青：《新常态下"医养结合"养老服务模式发展路径探讨》，《卫生教育》2015年第5期。

二 著作

陈良瑾：《社会保障教程》，知识出版社1990年版。

葛寿昌：《社会保障经济学》，复旦大学出版社1990年版。

孟醒：《统筹城乡社会保障》，经济科学出版社2005年版。

民政部、老龄办：《国外及港澳台地区养老服务情况汇编》，中国社会出版社2010年版。

吴忠观：《人口科学辞典》，西南财经大学出版社1997年版。

习近平：《决胜全面建成小康社会 夺取新时代中国特色社会主义伟大胜利——在中国共产党第十九次全国代表大会上的报告》，人民出版社2017年版。

杨雄、周海旺主编《上海社会发展报告（2019）》，社会科学文献出版社2019年版。

杨燕绥：《中国老龄社会与养老保障发展报告》，清华大学出版社2014年版。

郑秉文、和春雷主编《社会保障分析导论》，法律出版社2001年版。

郑功成：《社会保障学》，商务印书馆2000年版。

三 报纸

曹玲娟：《上海市养老服务平台正式上线》，《人民日报》2019年6月3日。

陈思秀：《吉林省将全面放开养老服务市场 提升养老服务质量》，《长春晚报》2018年1月22日。

陈斯：《养老机构"一床难求"？并不全面！》，《北京青年报》2019年4月24日。

方喆：《"社区互助养老"在美国悄然兴起》，《经济参考报》2013年8月20日。

贾庆森：《深度老龄化来临，养老变局如何接招？》，《东莞日报》2018年7月6日。

《〈健康上海行动（2019—2030年）〉出台》，《解放日报》2019年8月29日。

李洁：《美国养老保险制度现"裂痕"》，《法制日报》2010年9月7日。

李子君、刘玉飞：《北京筹划建立养老服务产业园》，《北京商报》2013年9月23日。

马道军：《江苏进入"深度老龄化社会" 老龄化率仅次于上海北京》，《南京日报》2018年10月16日。

马丽萍：《一张社区驿站床 就近养老触手可及》，《中国社会报》2019年9月12日。

米红、杨明旭：《"医养结合"内涵界定需要明确六个问题》，《中国社会报》2015年3月23日。

穆光宗:《加拿大的养老方式和养老服务》,《中国社会报》2014年1月20日。

穆光宗:《养老哪种方式适合您》,《健康报》2011年10月7日。

穆光宗:《以日为鉴:中国需要"有备而老"》,《中国社会报》2015年11月2日。

唐悦:《南京市进入"深度老龄化"社会》,《南京日报》2018年4月17日。

王晓枫:《面对老龄化各国如何应对?》,《新京报》2015年11月8日。

王一菲:《美国养老服务业的发展及启示》,《中国社会报》2015年3月16日。

吴洪彪:《瑞士、美国、加拿大养老服务业考察报告》,《中国社会报》2012年9月14日。

《"医养结合"今年落地 北京市养老机构将提供医疗卫生服务》,《北京青年报》2019年3月21日。

于强:《大连进入深度老龄化阶段》,《大连日报》2017年6月28日。

张来明:《积极应对人口老龄化》,《经济日报》2016年4月7日。

郑功成:《澄清对社会福利的几个认识误区》,《北京日报》2013年4月8日。

郑功成:《让社会组织成为养老服务生力军》,《人民日报》2013年11月17日。

郑功成:《习近平新时代中国特色社会主义思想开启民生事业新篇章》,《中国社会科学报》2017年10月31日。

郑功成:《养老服务业需做大调整》,《人民日报》2015年11月20日。

《中国共产党第十九届中央委员会第四次全体会议公报》,《人民日报》2019年10月31日。

祝书林:《让"医养结合"成为养老院发展新趋势》,《长春日报》2016年1月30日。

四 科技报告

北京公旻汇咨询中心:《美国慈善捐款一年3900亿美元》,*China Development Brief*,2018年第1期。
英国慈善救助基金会:《从2018年"世界捐赠指数"看慈善行为》,CAF World Giving Index,2018。

五 电子文献

《"十三五"全省将建设300个城市社区居家养老服务中心》,中国吉林网,http://www.cnjiwang.com/2016-01-19.
《2017年中国上海人口老龄化现状及发展趋势分析》,中国产业信息网,http://www.chyxx.com/industry/201805/645507.html,2018-05-30.
《2018民政事业发展统计公报》,中华人民共和国民政部网站,http://www.mca.gov.cn/article/sj/tjgb/201908/20190800018807.shtml,2019-08-20.
安信证券:《2016年养老产业专题研究报告》,《投资策略主题报告》2016年10月12日。
《北京市"十三五"时期老龄事业发展规划》,北京市人民政府网站,http://www.beijing.gov.cn,2017-01-16.
《北京市"十三五"时期民政事业发展规划》,北京市民政局官网,http://mzj.beijing.gov.cn,2016-07-28.
《北京市2018年国民经济和社会发展统计公报》,北京市统计局,http://www.bjstats.gov.cn,2019-3-20.
《北京市养老服务设施专项规划》,中国政府网,http://www.gov.cn/xinwen/2015-11-26/content_ 501713.

《北京市居家养老服务条例》，北京市政府，http：//www. china. com. cn/cmgc/2016-12/22/content_ 39964602. htm，2015-01-29.

《关于做好购买养老服务工作的通知》，财政部，http：//www. gov. cn/xinwen/2014-09/03/content_ 2744690. htm，2014-09-03.

《超九成北京老人在家养老 养老机构盈利状况严峻》，新华网，http：//www. xinhuanet. com，2019-04-24.

《到2017年5月底吉林省医养结合机构已有61家》，中国吉林网，http：//www. cnjiwang. com/2017-07-11.

戈丽娜：《2020年吉林省老年人口将达到总人口21.35%》，http：//www. cncaprc. gov. cn/contents/37/21351. html.

《关于进一步做好北京市计划生育特殊困难家庭扶助工作的通知》，北京市卫生健康委员会，http：//www. beijing. gov. cn/zfxxgk/110088/qtwj22/2015-11/17/content_ 627497. shtml，2015-11-17.

《关于进一步做好计划生育特殊困难家庭扶助工作的通知》，国家卫生健康委员会，http：//www. moh. gov. cn/，2013-12-26.

《关于深入推进医养结合发展的若干意见》，http：//www. gov. cn/xinwen/2019-10/26/content_ 5445271. htm，2019-10-26.

《关于推进医疗卫生与养老服务相结合的指导意见》，国务院办公厅，http：//www. gov. cn/Zhe-ngce/content/2015-11/20/content_ 10328. htm，2015-11-20.

《国家积极应对人口老龄化中长期规划》，人力资源和社会保障部官网，http：//www. mohrss. gov. cn/SYrlzyhshbzb/dongtaixinwen/shizhengyaowen/201911/t20191122_ 342934. html，2019-11-22.

国家卫健委等12部委：《关于深入推进医养结合发展的若干意见》，中国政府网，http：//www. gov. cn/xin wen/2019-10/26/content_ 5445271. htm.

《国家卫生计生委等5部门关于印发计划生育特殊家庭服务管理信息标准和规范的通知》，http：//www. moh. gov. cn.

国务院：《"十三五"国家老龄事业发展和养老体系建设规划》，http://www.gov.cn/zhengce/content/2017-03/06/content_5173930.htm，2017-03-06.

国务院：《关于全面放开养老服务市场 提升养老服务质量的若干意见》，http://www.gov.cn/zhengce/content/2016-12/23/content_5151747.htm，2016-12-23.

《国务院办公厅关于推进养老服务发展的意见》，http://www.gov.cn/zhengce/content/2019-04/16/content_5383270.htm.

《国务院办公厅转发卫生计生委等部门关于推进医疗卫生与养老服务相结合指导意见的通知》，中国政府网，http://www.gov.cn/zhengce/content/2015-11/20/content_10328.htm，2015-11-18.

《国务院关于印发"十三五"国家老龄事业发展和养老体系建设规划的通知》，中国政府网，http://www.gov.cn/xinwen/2017-03/06/content_5174100.htm，2017-03-16.

《国务院关于印发个人所得税专项附加扣除暂行办法的通知》，中国政府网，http://www.gov.cn/zhengce/content/2018-12/22/content_5351181.htm，2018-12-22.

黄艳丽：《建立面向社会发布制度》，新文化网，http://enews.xwh.cn/shtml/xwhb/20170121/284214.shtml，2017-01-21.

《吉林省2018年国民经济和社会发展统计公报》，吉林省统计局官网，http://tjj.jl.gov.cn/tjsj/tjgbndgb/201904/t20190430_5832413.htm，2019-04-30.

《吉林省2019年国民经济和社会发展统计公报》，吉林省统计局官网，http://tjj.jl.gov.cn/tjsj/tjgbndgb/201904/t20190430_5832413.htm，2019-04-30.

《吉林省老龄事业发展和养老体系建设"十三五"规划》，吉林省人民政府官网，http://xxgk.jl.gov.cn/szf/gkml/201812/t20181204_5347476.html，2017-09-30.

姜伟：《医养结合模式是对传统养老模式的创新与补充》，中国吉林网，http://www.cnjiwang.com/，2016-01-19.

《聚焦"社区嵌入式养老"，上海将打造"15分钟居家养老服务圈"》，新华网，http://www.sh.xinhuanet.com，2019-04-15.

李斌、邰思聪、侠客：《应对老龄化看首都北京如何"攻坚"》，新华网，2018年6月23日。

《李克强对2018世界生命科学大会作出重要批示》，中国政府网，http://www.gov.cn/home/2018-10/28/content_5335152.htm，2018-10-27.

李怡：《北京将建5所养老护理员培训学校 加强养老服务人才建设》，《北京晚报》，https://baijiahao.baidu.com/s?id=1610928541049493056&wfr=spider&for=pc，2018-09-07.

《联合国人口组织预测2050年世界人口将达89亿》，世界人口网，https://www.renkou.org.cn/world/，2016-04-28.

刘平：《到2020年吉林省老年人口比例将达21.35%》，延边新闻网，2012年10月24日。

刘奇明：《不仅要让老人"老有所养"，还必须要"老有所医"》，中国吉林网，http://www.cnjiwang.com/，2016-01-19.

民政部：《民政部关于进一步扩大养老服务供给，促进养老服务消费的实施意见》，http://xxgk.mca.gov.cn:8081/n1360/160822.html，2019-09-20.

《民政统计季报》，民政部官网，http://www.mca.gov.cn/article/sj/tjjb/qgsj/2018/20181201301328.html，2018-12-01.

彭薇：《最新发布！2019上海最高寿老人112岁，这几个区百岁老人最多》，上海观察，https://www.jfdaily.com/news/detail?id=180625，2019-09-30.

《全世界都要工作一辈子了？看看别国怎么延迟退休》，腾讯财经，https://finance.qq.com/a/20160816/033722.htm，2016-08-16.

《"五线谱"照亮生活，上海失独家庭"活出样子给自己看"》，人民网，http://sh.people.com.cn/n2/2017/0321/c1347682988 8460.html，2017-03-21.

《上海老年人权益保障条例5月起实施 按年龄段分五档发放津贴》，上海本地宝网站，http://sh.bendibao.com/news/201646/158902.shtm，2016-04-06.

《上海市民政局关于印发〈上海市社区嵌入式养老服务工作指引〉的通知》，上海市人民政府网站，http://www.shanghai.gov.cn，2019-11-19.

《上海养老机构评价蓝皮书发布 总体发展水平较高》，人民网，http://sh.people.com.cn，2019-05-25.

孙涛：《〈北京市老龄事业发展报告（2018）〉发布 高龄人口多 长寿 特征凸显》，央广网，http://old.cnr.cn，2019-10-12.

田晓航：《上海约18.6万老人受益于长期护理保险试点》，中国政府网，http://www.gov.cn，2019-02-01.

王斌：《北京市老龄事业发展报告：每4名京籍人口就有1名老年人》，中国新闻网，http://www.chinanews.com，2019-10-13.

卫生计生委：《"十三五"健康老龄化规划》，中国政府网，http://www.nhfpc.gov.cn/jtfzs/jslgf/201703/63ce9714ca164840be76b362856a6c5f.shtml，2017-03-17.

吴为：《北京养老机构床位7年增5万余张》，《新京报》，http://baijiahao.baidu.com，2019-09-06.

习近平：《加强顶层设计完善重大政策制度及时科学综合应对人口老龄化》，新华社，http://www.xinhuanet.com/politics/2016-02/23/c_1118133430.htm，2016-02-23.

习近平：《推动老龄事业全面协调可持续发展》，新华社，http://www.cncaprc.gov.cn/contents/2/174584.html，2016-05-29.

习近平：《中国共产党第十九次全国代表大会报告》，中华人民共和国中央人民政府网站，http：//www.gov.cn/zhuanti/2017-10/27/content_5234876，2017-10-27.

习近平：《中央农村工作会议》，http：//news.sina.com.cn/c/sz/2015-12-25/doc-ifxmxxsr3712082.sht-ml，2013.

新华社：《到2050年老年人将占我国总人口约三分之一》，新华网，http：//www.xinhuanet.com/health/2018-07/20/c_1123151851.htm，2018-07-20.

《养老没你想的那么简单》，养老信息网，http：//www.yanglaocn.com/，2019-09-17.

《英国社区养老如何"像在家一样"》，新华网，http：//www.xinhuanet.com/health/2019-02/25/c_1124158974.htm，2019-02-25.

《预期寿命为83.37岁 上海发布本市老年人口和老龄事业发展信息》，中国日报网，http：//baijiahao.Baidu.com，2018-03-29.

《浙江省卫生计生委等部门关于进一步完善计划生育特殊家庭扶助关怀政策的意见》，浙江省卫生和计划生育委员会官网，http：//www.zjwjw.gov.cn/art/2015/10/8/art_1267707_304.html，2015-10-08.

郑国君、綦殿学、亓智勇：《关于对吉林省养老服务发展情况的调研报告》，吉林省民政厅官网，http：//mzt.jl.gov.cn/，2015.

《中共中央、国务院关于加强老龄工作的决定》，中国政府网，http：//www.nhfpc.gov.cn/jtfzs/s3581c/201307/e9f0bbfea6c742ec9b832e2021a02eac.shtml，2000-08-21.

《中国老龄事业发展"十二五"规划》，中国政府网，http：//www.gov.cn/zwgk/2011-09/23/content_1954782.htm，2011-09-23.

《中国养老地产现状报告书》，中国养老地产网，http：//zgyldcw.wcxzg.com/，2016-05-05.

《中华人民共和国国民经济和社会发展第十三个五年规划纲要》，http：//www.xinhuanet.com/politics/2016lh/2016-03/17/c_1118366322.

htm, 2016 – 03 – 17.

六 英文文献

"Charities and Volunteering in the UK", http://www.volunteerchallenge.com/.

Commission on Social Development, "Report of the World Assembly on Ageing Vienna 26 to 6 August 1982", *Australian Journal on Ageing*, 1982 (12).

OECD, "Elderly Population", https://data.oecd.org/pop/elderly-population.htm, 2014.

Office for National Statistics, National Records of Scotland, Northern Ireland Statistics and Research Agency-Population Estimates.

United Nations, "Department of Economic and Social Affairs Ageing, International Day of Older Persons", https://www.un.org/development/desa/ageing/international-day-of-older-persons-homepage.html.

United Nations, "Department of Economic and Social Affairs Ageing, Madrid Plan of Action and its Implementation", https://www.un.org/development/desa/ageing/madrid-plan-of-action-and-its-implementation.html, 2002.

United Nations, Department of Economic and Social Affairs, Population Division, World Population Prospects: the 2017 Revision: Key Findings and Advance Tables, Working Paper No. ESA/P/WP/248, 2017.

United Nations, "Department of Economic and Social Affairs, World Population Ageing 2017 Report", https://www.un.org/en/development/desa/population/theme/ageing/WPA2017.asp, 2017.

United Nations, "Ageing", http://www.un.org/en/sections/issues-depth/ageing/.

United Nations, "Second World Assembly on Ageing", http://www.un.org/en/sections/issues-depth/ageing/, 2012.

United Nations, "World Population Prospects 2019 Highlights", https://population.un.org/wpp/Publications/, 2019.

WHO, "Health Services Must Stop Leaving Older People Behind", http://www.who.int/zh/news-Room/detail, 2017-09-29.

World Health Organization, "Global Strategy and Action Plan on Ageing and Health", https://www.who.int/ageing/WHO-GSAP-2017.pdf?ua=1, 2017.

World Health Organization, "Noncommunicable Diseases and Mental Health Cluster, Noncommunicable Disease Prevention and Health Promotion Department, Ageing and Life Course", Active Aging: A Policy Framework, http://apps.who.int/iris/bitstream/handle/10665/67215/WHO_NMH_NPH_02.8.pdf;jsessionid=AD4F973BF4D1C2E8DBE737A1139FBFC5?sequence=1, 2002-04.

"World Population Prospect", the 2015 Revision.

"The Growth of the U.S. Aging Population", https://www.seniorcare.com/featured/aging-america/, 2019-12-25.

后　记

本书成稿之时恰是北国长春漫漫白雪飘飞之际，思绪沉重，掩卷竟不能自已。

撰写书稿已时光荏苒三年。三年中，曾远赴美国加州访学，远离祖国之孤寂，远离家人之牵挂，唯有远渡重洋方知国家之重、家人之爱、朋友之情。后不足一年父亲病重，家人虽全力以赴，亦不能回天，老父在73岁离世，竟不达我国之平均寿命，心痛！无奈！黯然伤心之处，感怀父母俱已老去，为人子女者尚不能为父母养老而有所作为，深感惭愧，继而想起，我之惭愧想必亦是天下子女之惭愧，我之无奈亦必是天下子女之无奈！作为社会保障研究者，深感养老责任之重大，唯有殚精竭虑、尽力耕耘方能回报一二。

20世纪70年代中国实施了计划生育国策，成为少数控制人口出生的国家，21世纪少子化、高龄化给养老问题带来了巨大挑战。家庭养老功能日益削弱，老龄化、深度老龄化、超老龄社会成为人类社会发展的必经之路。本文正是基于此，在国家软科学项目与吉林财经大学资助之下，对于中国养老服务展开全方位的探索，在针对吉林省省情基础之上，做出了养老服务的相关研究，希望借此既能对养老服务进行综合全面的梳理，同时也能对养老服务模式中的理论混淆加以厘清。吉林省经济在中华人民共和国成立初期出现过辉煌历史，近几年国家更是积极实施东北振兴战略，然而吉林省经济增长速度仍居全国下游。吉林省已经一脚踏入深度老龄化，养老的财政支撑不够强大，必须另辟蹊径寻找应对深度老龄化之策。吉林省家庭养老观念较重，孝道思想根深蒂固，如果在家庭养老方面着力探索，做好百分之九十的人群养老，无论对于家庭养老需求的满足，还是为国家和吉林省财政减压，都是一个很好的尝试。同时利用吉林省丰富的人力资源优势，做好养老服务的供给，搭建多层次的养老服务供给，进而满足多元化、多层级的养老需求，以应对深度老龄化。

马姗伊
2020 年 1 月